历史与宗教之间

蒲慕州 著

陈平原 主编 文书系

复旦大学出版社

出版说明

本丛书原为陈平原先生应香港三联之约编就,并于2008年起在香港陆续出版繁体字版,反响颇佳。因为发行等方面的限制,丛书少为内地读者所见,实在是一个不小的缺憾。蒙香港三联授权,我社于2010年起陆续推出简体字版,但愿对内地读书界是一种补偿。

陈平原先生曾为本丛书香港三联版撰有总序,略述丛书的编选宗旨和出版的因缘际会,无不精妙绝伦,读者诸君于丛书总序中可以品味。关于该丛书的编选,作为主编的陈平原先生认为,"与其兴师动众,组一个庞大的编委会,经由一番认真的提名与票选,得到一张左右支绌的'英雄谱',还不如老老实实承认,这既非学术史,也不是排行榜,只是一个兴趣广泛的读书人,以他的眼光、趣味与人脉,勾勒出来的'当代中国人文学'的某一侧影。若天遂人愿,旧雨新知不断加盟,衣食父母继续捧场,丛书能延续较长一段时间,我相信,这一'图景'会日渐完善"。

于今,陈先生的宏愿,经由我们的"加盟"和内地读者的捧场,可以说已部分得以实现;无论如何,为中国学术的繁荣做点传薪的工作,也是复旦出版人的志趣所在。

复旦大学出版社

总 序

老北大有门课程,专教"学术文"。在设计者心目中,同属文章,可以是天马行空的"文艺文",也可以是步步为营的"学术文",各有其规矩,也各有其韵味。所有的"满腹经纶",一旦落在纸上,就可能或已经是"另一种文章"了。记得章学诚说过:"夫史所载者,事也;事必藉文而传,故良史莫不工文。"我略加发挥:不仅"良史",所有治人文学的,大概都应该工于文。

我想象中的人文学,必须是学问中有"人"——喜怒哀乐,感慨情怀,以及特定时刻的个人心境等,都制约着我们对课题的选择以及研究的推进;另外,学问中还要有"文"——起码是要努力跨越世人所理解的"学问"与"文章"之间的巨大鸿沟。胡适曾提及清人崔述读书从韩柳文入手,最后成为一代学者;而历史学家钱穆,早年也花了很大功夫学习韩愈文章。有此"童子功"的学者,对历史资料的解读会别有会心,更不要说对自己文章的刻意经营了。当然,学问千差万别,文章更是无一定之规,今人著述,尽可别立新宗,不见得非追韩摹柳不可。

钱穆曾提醒学生余英时:"鄙意论学文字极宜着意修饰。"我相信,此乃老一辈学者的共同追求。不仅思虑"说什么",还在斟酌"怎么说",故其著书立说,"学问"之外,还有"文章"。当然,这里所说的"文章",并非满纸"落霞秋水",而是追求布局合理、笔墨简洁,论证严密;行有余力,方才不动声色地来点"高难度操作表演"。

与当今中国学界之极力推崇"专著"不同,我欣赏精彩的单篇论文;就连自家买书,也都更看好篇幅不大的专题文集,而不是叠床架屋的高头讲章。前年撰一《怀念"小书"》的短文,提及"现在的学术书,之所以越写越厚,有的是专业论述的需要,但很大一部分是因为缺乏必要的剪裁,以众多陈陈相因的史料或套语来充数"。外行人以为,书写得那么厚,必定是下了很大功夫。其实,有时并非功夫深,而是不够自信,不敢单刀赴会,什么都来一点,以示全面;如此不分青红皂白,眉毛胡子一把抓,才把书弄得那么臃肿。只是风气已然形成,身为专家学者,没有四五十万字,似乎不好意思出手了。

类似的抱怨,我在好多场合及文章中提及,也招来一些掌声或讥讽。那天港岛聚会,跟香港三联书店总编辑陈翠玲偶然谈起,没想到她当场拍板,要求我"坐而言,起而行",替他们主编一套"小而可贵"的丛书。为何对方反应如此神速?原来香港三联书店向有出版大师、名家"小作"的传统,他们现正想为书店创立六十周年再筹划一套此类丛书,而我竟自己撞到枪口上来了。

记得周作人的《中国新文学的源流》1932年出版,也就五万字左右,钱锺书对周书有所批评,但还是承认:"这是一本小而可贵的书,正如一切的好书一样,它不仅给读者以有系统的事实,而且能引起读者许多反想。"称周书"有系统",实在有点勉强;但要说引起"许多反想",那倒是真的——时至今日,此书还在被人阅读、批评、引证。像这样"小而可贵""能引起读者许多反想"的书,现在越来越少。既然如此,何不尝试一下?

早年醉心散文,后以民间文学研究著称的钟敬文,晚年有一妙语："我从十二三岁起就乱写文章,今年快百岁了,写了一辈子,到现在你问我有几篇可以算作论文,我看也就是有三五篇,可能就三篇吧。"如此自嘲,是在提醒那些在"量化指标"驱赶下拼命赶工的现代学者,悠着点,慢工方能出细活。我则从另一个角度解读:或许,对于一个成熟的学者来说,三五篇代表性论文,确能体现其学术上的志趣与风貌;而对于读者来说,经由十万字左右的文章,进入某一专业课题,看高手如何"翻云覆雨",也是一种乐趣。

与其兴师动众,组一个庞大的编委会,经由一番认真的提名与票选,得到一张左支右绌的"英雄谱",还不如老老实实承认,这既非学术史,也不是排行榜,只是一个兴趣广泛的读书人,以他的眼光、趣味与人脉,勾勒出来的"当代中国人文学"的某一侧影。若天遂人愿,旧雨新知不断加盟,衣食父母继续捧场,丛书能延续较长一段时间,我相信,这一"图景"会日渐完善的。

最后,有三点技术性的说明:第一,作者不限东西南北,只求以汉语写作;第二,学科不论古今中外,目前仅限于人文学;第三,不敢有年龄歧视,但以中年为主——考虑到中国大陆的历史原因,选择改革开放后进入大学或研究院者。这三点,也是为了配合出版机构的宏愿。

陈平原

2008年5月2日

于香港中文大学客舍

目录

自序 / 1

神仙与高僧
　　——魏晋南北朝宗教心态试探 / 1
汉代薄葬论的历史背景及其意义 / 37
睡虎地秦简《日书》的世界 / 93
中国古代鬼论述的形成（先秦至汉代）/ 159
先秦两汉的尊古思维与政治权威 / 183
循理以明情
　　——中国宗教研究管窥 / 225

作者简介 / 244
著述年表 / 245

自序

收集在这本小书中的一些文章，都是曾经在不同期刊及书籍中发表过的，承蒙香港三联书店的邀请及支持，现在能集成一册，方便读者，实在令人感激。对个人而言，现在回顾过去的作品，却有些陌生之感。为什么？也许如同个人的记忆一样，在一段时间中的经历、想法，事过境迁之后，就被推到记忆深处，甚至不再留存在脑海中，直到其他的机缘重新勾起。但这情况也许有其他的说法：一个作者，就说历史学家吧，当他发现自己其实不记得曾经有过的想法，不记得曾经讨论过的问题，那么那些想法和问题还能算是他的吗？换个角度看，他之所以不记得自己想过或者说过什么话，是否表示那些话其实不是他真正的主意，或许是他道听途说，或者接受了别人的想法，不是自己的原创？这些情况也许都有部分是事实。想到这里，不禁觉得有些丧气。但，人的思想有多少是真正的原创？我们不都是接受别人的想法刺激之后，才能发展出一些自以为独特的看法的吗？或者，如果再换个角度，把这本小书当作史料，是否可以有不同的看法呢？

我假设有兴趣翻阅本书的读者大概对历史有些兴趣和了解，那么就把本书当作史料来看吧。历史学家对于搜集史料，一般都希望了解那材料是谁留下的，在什么样的环境之下留下，又是为了何种目的而留下的？有了这些了解，史家才能比较有把握地做进一步的分析。除了检讨材料的真实性，也要讨论材料的限制，它能告诉我们什么，又不能告诉我们什么。这本小书中的文章，写于不同的时间，在一定程度上反映了个人在不同时间的关切重心。显然这些问题与许多其他的历史问题一样，很难有什么最终的答案。因而这些文章的作用可能只是呈现了一些问题，提供了一些看法。它们反映了作者一时一地的思绪，有其在知识和理论上的限制。对于个人而言，它们是个人学思历程的记录；对于所谓学界而言，它们可能是一个世代中学术潮流的一些具体反映。至于反映出什么样的潮流，读者可能会有各自的看法，我就不必在这里多说了。至于写作的环境，就我的经历而言，应该算是有很大的自主性的，没有人或机构指定我做什么研究，或者限制我的表达，可说相当自由而幸运。也因为如此，作品的一切不足和错误也就没有什么借口可卸责。收集在此的文章，除了极少数错字更正之外，一仍旧貌，以示存真，尚望读者诸君有以教之。

历史与宗教之间

神仙与高僧
——魏晋南北朝宗教心态试探

一、引论：宗教心态的探索——以神仙与高僧为例

（一）宗教心态

本研究之目的在借神仙与高僧两类人物来探讨魏晋南北朝时代一般人之宗教心态。何谓"宗教心态"？宗教心态与宗教信仰不同。宗教信仰，一般指的是人们的思想或习俗中，对于超自然力量与人之间的关系所形成的某种认识和解释。讨论宗教信仰，主要注意的是人们所持的信仰内容，包括教义、仪式，以及其起源、流变等问题。而所谓的"宗教心态"，指的是人之所以会持有某种信仰的心理因素，和一些默然存在，但并不在信仰中凸显出来，不一定为信仰者自己所感觉到，也不一定有任何系统的习惯和传统。这些心理因素与习惯和传统是影响人们之所以会接受某种宗教的原动力，是一种宗教信仰生长的精神土地。讨论"宗教心态"，目的在于更进一步地探索一个社会的文化性质。我们不但要了解人们具有何种宗教信仰，还要了解这种信仰所根据的心态。[1]

宗教信仰的形成有其历史因素，这历史因素包括了一个时代的政治、社会、经济、思想等各方面的情况。用实际的例子来说，一般讨论汉魏之际宗教情况的学者多会注意到两类历史因素：一为政治秩序混乱所造成的社会和经济问题，包括各种天灾人祸；一是居统率地位的儒家思想的式微和道、法、名家等各种思潮的兴起。这些因素在民

---

[1] 有关宗教心态的意义的讨论，可参见 A. Gurevich, *Medieval Popular Culture: Problems of Belief and Perception*, Cambridge: Cambridge University Press, 1988, pp. xiii - xx.

间造成了老百姓追求解脱世间苦痛的需要,在知识分子间则激起了追求解脱思想苦闷和怀疑的风尚。[1] 而论佛教能传入中国的原因,也常以为是由于初期佛教教义在智识方面援引中国固有,尤其是道家的一些概念和语汇,使得中国士人较容易接受;而在情感方面则说人世之苦空而助一般人化解生活中的苦痛。[2] 那么这种对解脱世间苦难以及思想苦闷的追求是否就是"宗教心态"的一部分?这些因素的确可以被认为是宗教心态的一部分,但是并非全部。人世之间的战乱、天灾,导致社会秩序的破坏及改变,的确常常是导致人们向宗教求助的因素,如希腊化时代救赎性宗教的兴起,就有学者解释,是由于当时地中海地区社会秩序纷乱,城邦生活瓦解,大领土国家出现,于是与城邦生活密切结合的旧宗教信仰也就失去重心,不能对一般人精神的空虚有所帮助,再加上百姓生活的困苦,贫富之间差距的增大,这些都是促使新宗教兴起的原因。[3]

不过,很显然的,希腊化时代之前的古典希腊时代也有丰富的宗教信仰和活动。所以人类社会对于宗教的需求,也不一定是由于有特别的天灾人祸才会出现。任何一个正常发展的社会,其中所有的生老病死等问题,已经足以提供宗教发展所需的环境,因而在分析一个战乱时代(如魏晋南北朝时代)的宗教发展时,我们固然要注意外在的社会环境的变动可能带来的影响,也不能忽略了社会

---

[1] 参见余英时:《汉晋之际士之新自觉与新思潮》,载《中国知识阶层史论(古代篇)》,台北:联经出版事业公司1980年版,第205—329页;E. Balazs, "Nihilistic Revolt or Mystical Escapism", in *Chinese Civilization and Bureaucracy*, New Haven: Yale University Press, 1964, pp. 226-254.
[2] 有关的论述极多,参见汤用彤:《汉魏两晋南北朝佛教史》,台北:河洛图书出版社1962年版,第188页;任继愈编:《中国佛教史》卷一,台北:谷风出版社1987年重排印版,第100页。
[3] 参见 F. C. Grant, ed., *Hellenistic Religions*, N. Y.: Bobbs-Merrill, 1953, pp. xx-xxxix; A. D. Nock, *Conversion—The Old and the New in Religion from Alexander the Great to Augustine of Hippo*, Oxford: Oxford University Press, 1933, pp. 1-16; F. E. Peters, *The Harvest of Hellenism*, New York: Simon & Schuster, 1970, pp. 446-479.

本身的正常潜力。因为，若强调社会动乱为人心思解脱而求助于宗教的原因，就不能理解在一个"平常"的社会中宗教如何能出现，而又如何能继续下去。基于这样的了解，我们在讨论此一时代的宗教心态时也应该设法观察能影响一般人宗教信仰的"平常因素"。

在此我们必须厘清的是，所谓的"一般人"指的是哪些人？目前我的兴趣是以非知识分子为主，但是这并不是说非知识分子的宗教心态和知识分子绝不相同。研究心态史和通俗文化（popular culture）的学者早已指出，一个文化中的精英（elite）部分和所谓的通俗部分有相重之处，并且能够相互影响。而通俗文化的主体虽以非知识分子为主，其中也包括了社会中的上层阶级，盖因所谓的"上层阶级"并不一定为智识活动的参与者，反而可能是通俗文化的支持者。[1] 这一点，在秦汉时代的中国的例子有如秦皇、汉武的求长生不死药，以及贵族墓葬中的各种与民间信仰有关的随葬品或装饰（如铜镜、摇钱树、画像等）。这些对不死和鬼神精怪的信仰，显然不属于所谓儒家大传统的范围之内，然而却广泛地流行在当时的上层社会之中。在魏晋南北朝时代，文化精英分子的思想，不论是固守儒家传统的保守分子，还是以老庄佛道为追求目标的激进分子[2]，都留下了不少的文献材料可资研究。但是此时属于非知识阶层的人们的情况如何？他们在接受佛教或道教时，所根据的基本宗教心态是什么？这方面的材料就不多了。也许就是因为如此，这些问题以往学者不甚留意。这正是本文想要努力解决的。因为，不论是研究道教史还是佛教史，若在研究了其表象之后（教义、仪式等），来

---

[1] 参见 P. Burke, *Popular Culture in Early Modern Europe*, N. Y.: Harper & Row, 1978, pp. 23ff.
[2] 参见汤用彤：《魏晋玄学论稿》，台北：庐山出版社1972年版，第131页。

与这宗教心态相印证，应能得到一种比较完整的对当时人宗教生活的了解。

（二）材料的选择

要讨论一般人的宗教心态，首先遇到的就是材料问题。如同所有讨论通俗文化——尤其是中古以前的古代——的情况一样，由于讨论的对象本身很少留下表达自己观念的文献，研究者就必须利用一些间接的材料，如考古文物，或者一些由知识分子所写的、但可以反映出一般大众的思想的文献。[1] 讨论魏晋南北朝时代的通俗宗教心态，可以利用的也不外乎间接材料。本文现在所尝试用的是《神仙传》和《高僧传》两部书。之所以选这两部书，并非认为它们足以完全代表此一时代的通俗宗教心态。实际上，这两部书应该算是道教和佛教思想史上重要的典籍。不过，正由于它们是道、佛两教的要籍，而神仙和高僧两类人物又是一般信奉道教和佛教的人们的景仰的对象，因此，我们应该能够从这两类人物的身上找到某些特质，可以反映出当时人之所以为道教或佛教吸引的原因，进而比较神仙与高僧的这些特质，来推论一般人的宗教心态。显然，利用这种材料所做的讨论，其涵盖面是有限的。但即使是以有限的情况而言，仍然值得做一个初步的尝试，其目的主要在于提出一个研究的方向，并且看看是否能表现出至少一部分人的宗教心态。

如果此种探讨方式能够成立并且得到一些成果，以后就应该扩大讨论的范围，进一步使用其他的相关材料，如正史、魏晋时代的志怪小说、诗文、碑传、佛道典籍、地理书（《水经注》《洛阳伽蓝记》）、考古材料等。本文仅有限度地引用此类材料，以支持《神仙传》和《高僧传》

---

[1] P. Burke, *Popular Culture in Early Modern Europe*; A. Gurevich, *Medieval Popular Culture*.

两书中所反映出的宗教心态。

（三）材料性质

在利用这两部书中的材料进行讨论之前，我们应当先对它们的性质有一了解。前面已经大致指出其作为宗教传统典籍之性质，以下再对作者的写作动机及资料来源稍做讨论。

1. 作者的身份背景和写作动机

（1）《神仙传》

传世《神仙传》的作者为东晋道教学者葛洪。葛洪本人出身士大夫家庭，其学问背景极广，可以说是属于东晋初年精英分子的一员。[1] 根据他所著《抱朴子》外篇自叙，他曾经著有《神仙传》十卷。[2] 在他之后，刘宋裴松之《三国志注》曾引《神仙传》之文，并且说是葛洪所著，"其书文颇行世"[3]。而南朝道教的中心人物陶弘景据说在少年时因为读了《神仙传》，而对道教产生了兴趣。[4] 由此可见，《神仙传》在南北朝时代已经是相当为人所知的作品。根据《神仙传》传世本序文，葛洪写此书的动机是因为要回答弟子的问题："古之得仙者，岂有其人乎。"因此《神仙传》的目的就在于证明神仙的确存在。他的预设读者为"知真识远之士"，显然不是一般人，所谓"系俗之徒，思不经微者"。[5]

---

[1] 有关他的生平事迹，学者论述甚多，参见王利器：《葛洪论》，《东方宗教》1982年第59期，第18—41页；王明：《论葛洪》，载《道家和道教思想研究》，北京：中国社会科学出版社1984年版，第55—79页；胡孚琛：《魏晋神仙道教》，北京：人民出版社1989年版。

[2] 葛洪：《抱朴子外篇》卷五〇《自叙》，台北：世界书局1969年版，第203页。

[3] 裴松之注：《三国志》卷六三《吴书·赵达传》，北京：中华书局1982年点校本，第1428页。

[4] 《梁书》卷五一，中华书局1973年点校本，第742页；《南史》卷七六，中华书局1975年点校本，第1897页。

[5] 《神仙传》，文渊阁《四库全书》本第1059册，台北：台湾商务印书馆影印1983年版，第257页。有关《神仙传》的成书和版本传承问题，牵涉甚广，非本文所能及，可参见小南一郎：《神仙传の復元》，《入矢教授小川教授退休紀念中國文學語學論集》，京都：京都大学文学部中国语学中国文学研究室1974年版，第301—313页。本文引用以《四库全书》本为准。

（2）《高僧传》

《高僧传》为南朝梁代慧皎所著。[1] 他的写作动机在其序言中也说得很明白，他是有鉴于前人所著的僧传不够完备和平实，才有志于重新编写一部自佛教入中国以来，直到他的时代（梁）的重要僧人的传记。他说："自前代所撰，多曰名僧，然名者，本实之宾也。若实行潜光，则高而不名；寡德适时，则名而不高。名而不高，本非所纪，高而不名，则备今录。"他自称其写作为"删聚"，"述而无作……其有繁辞虚赞，或德不及称者，一皆省略"。[2] 由此看来，凡是他编订的传记，应该能反映出他以为重要的消息。

2．作品的资料来源

（1）《神仙传》

目前所见《神仙传》，主要有两种版本。一是《广汉魏丛书》本，收录92条仙传（《增订汉魏丛书》《龙威秘书》《说库》等皆同，《道藏精华录》所收多两条），而《广汉魏丛书》本又似由《太平广记》中辑录而成。此外又有《四库全书》所收的毛晋刊本，内容大致与《广汉魏丛书》相同，收录仙传82条。此两版本何者较为接近《神仙传》原本，学者论说纷纭。《四库提要》认为毛晋刊本近原本，而日本学者小南一郎则主张《广汉魏丛书》本更近。[3] 将这两个版本做一比较，可以发现，在某些篇章中，凡传记内容基本相同而字句有细微差异时，毛晋刊本

---

[1] 参见陈垣：《中国佛教史籍概论》，台北：三人行出版社1974年版，第22—28页。
[2] 以上引文见《高僧传》，台北：台湾印经处1973年版，序第4页。有关慧皎作《高僧传》的动机、使用的材料、方法，参见 Arthur F. Wright, "Biography and Hagiography: Hui-chiao's Lives of Eminent Monks", in *Silver Jubilee Volume of the Zinbun-kagaku Kenkyusyo Kyoto University*, Kyoto: Kyoto University, 1954, pp. 383-432；苏晋仁：《梁释慧皎及其〈高僧〉》，《世界宗教研究》1981年第1期，第133—140页。
[3] 参见小南一郎：《神仙伝の复元》，福井康顺《神仙传考》（《东方宗教》1951年创刊号）、《神仙传续考》（《宗教研究》1953年第137期）。

往往比《广汉魏丛书》本更精确[1]，可推知毛晋刊本所据之本应为较早而较完善之本子。又如《焦先传》，毛晋刊本中的焦先甚少神异之处，与裴松之所引《魏略》中焦先事迹甚为接近[2]，而《广汉魏丛书》本中的焦先则有火不能烧、雪不能冻的异能，与张华《博物志》卷五所载相近。[3] 如果考虑故事的流传通常是由平实渐入神异的趋势来看，毛晋刊本《焦先传》所据的本子应该比《广汉魏丛书》本为早。

不过，这并不就等于说整部毛晋刊本比《广汉魏丛书》本都更近葛洪《神仙传》的原本。因为在另外一些篇章中，广汉魏本又比毛晋刊本详尽。[4] 基本上，毛晋刊本和《广汉魏丛书》本所据的本子应该是相当接近的，否则不会大部分的仙传均雷同。也就是说，《神仙传》的原本的面貌应与现行的两种版本相去不远。

根据现行本《神仙传》序中的自述，其写作的方式是"抄集古之仙者，见于仙经、服食方及百家之书，先师所说，耆儒所论"[5]。因此主要是一种纂集的工夫，这就与他在《抱朴子》中以论述的方式来证明神仙之真实的方式有所不同。《抱朴子》中的论点如果可以代表葛洪的神仙思想[6]，《神仙传》中所收集的流传在当时的神仙故事则应该

---

[1] 如卷一《广成子》《彭祖》、卷二《魏伯阳》、卷三《王远》、卷七《程伟妻》（以上均为毛晋刊本卷数）。
[2] 《三国志》卷一《魏书》，第363页，裴松之注引《魏略》；皇甫谧：《高士传》，台北：中华书局《四部备要》本卷下，第11页。
[3] 张华：《博物志》卷五，文渊阁《四库全书》本1047册，台北：台湾商务印书馆影印1983年版，第592页。
[4] 如卷十《王仲都》《宫嵩》《鲁女生》《封衡》等。
[5] 《神仙传·序》，第257页。
[6] 如《抱朴子》，孙星衍校正本，台北：世界书局1969年版，《论仙》《道意》《极言》等篇。有学者以《神仙传》中与《抱朴子》思想的差异之处，来说明《神仙传》有非葛洪原作的部分。这种说法的先验假设是葛洪在编写《神仙传》时，态度是与他写《抱朴子》的态度完全一致的。这种假设固然合理，但是否应绝对排除在某些地方有不一致的可能，却是不无疑问的。讨论见小南一郎：《魏晋时代的神仙思想—〈神仙传〉为中心にして》，载山田庆儿编：《中国的科学与科学者》，京都：京都大学人文科学研究所1978年版，第573—652页。

不只表现了葛洪自己的观点,还应该包括了当时普遍流行的神仙思想,而这些思想的细节就不一定会与葛洪的神仙观念完全相同。这一点在下面有进一步的讨论。

(2)《高僧传》

慧皎说他编纂《高僧传》时,"遇览群作,辄搜检杂录数十余家,及晋、宋、齐、梁春秋书史,秦、赵、燕、凉荒朝伪历,地理杂篇,孤文片记,并博咨故老,广访先达,校其有无,取其同异"[1]。显然他收集材料的态度和苦心和一个撰写史传的史家并无二致。他所采用的材料,除了亲访口传之外,包括晋代以来的许多僧传,如竺法济的《高逸沙门传》、僧祐的《出三藏记集》、宝唱的《名僧传》等,又有史籍如崔鸿的《十六国春秋》、徐爰的《宋书》、沈约的《宋书》等,以及法显的《佛国记》、刘义庆的《宣验记》《幽明录》、任昉的《述异记》等。[2]

由此看来,《神仙传》和《高僧传》的资料中都有本于文献,也有本于口传的部分。两者基本上为编纂作品,编者个人的意见固然难免会影响材料的选择和叙述的方式,我们也应该承认其中包括了不少非编者所能左右的事实,足以透露出较广层面的思想情况。

3. 人物之描述与大众心态之间的关系

神仙与高僧两类人物,通常都具有某些特定的超人或超自然的能力,而为人所传道、景仰,甚至崇拜,那么这些能力或特质应可反映出一般信奉其教的人们心目中所重视的条件,以及对于宗教人物的印象和期许。而我们可以认为,这些条件共同组成一组"宗教心态",或者共同反

---

[1] 《高僧传·序录》,第2—3页。
[2] 参见《高僧传》,序第4页;Arthur F. Wright, "Biography and Hagiography: Hui-chiao's Lives of Eminent Monks", in *Silver Jubilee Volume of the Zinbun-kagaku Kenkyusyo Kyoto University*, Kyoto: Kyoto University, 1954, pp. 383-432;苏晋仁:《梁释慧皎及其〈高僧〉》,《世界宗教研究》1981年第1期,第133—140页。

映出信奉者宗教心态的一部分。在实际的例子中，我们所可能遇到的问题是，如何分辨神仙和高僧所具有的特质中，哪些可以被认为是通俗宗教心态的反映，哪些则是精英文化的产物。

二、《神仙传》中神仙的特质

以往学者论神仙的特质，主要的注意力多放在神仙本身异于常人的方面，如长生不死、白日升天等。他们虽然已经非常详尽地讨论了当时文献中所呈现出来的神仙的各种面貌，或者神仙世界的特质[1]，却没有检讨那些所谓的仙人在成为仙人之前的社会身份，以及他们成仙之后的作为与社会有些什么关系，也就是说，未能就神仙与社会之间的互动关系来观察神仙在一个时代人们心中的形象。以下就针对此方面的不足来讨论成仙者的背景、求仙的原因、成仙的条件，以及仙人的作为和社会关系等方面的问题。

（一）成仙者的背景：知识、身份

首先，是社会中的哪一类人物有成仙的可能？根据《神仙传》中的记载，成仙者中出身知识阶层的人物大约有18人：

卷二
［魏伯阳］本高门之子，而性好道术。
［沈 建］世为长史。
卷三
［王 远］博学五经，尤明天文图谶，河洛之要。
卷四
［墨 子］外治经典，内修道术。

---

[1] 可参见福井康顺等编：《道教》第三卷，东京：平河出版社1983年版，第432—433页所列之书目。

［刘政］高才博物,学无不览。

［孙博］有清才,能属文,著书百许篇。

卷五

［张道陵］本太学书生,博采五经。

［阴长生］少生富贵之门,而不好荣位。

卷六

［刘安］淮南王。

［刘纲］上虞县令。

卷七

［刘京］孝文皇帝侍郎也。

［蓟子训］少仕州郡,举孝廉,除郎中。

卷八

［葛玄］生而秀颖,性识英明,经传子史,无不该览。

［左慈］少明五经,兼通星纬。

［刘根］少时明五经。

卷九

［尹轨］博学五经,尤明天文理气,河洛谶纬,无不精微。

［介象］学通五经,博览百家之言。

卷十

［黄敬］少读诵经书,仕州为部从事。

少数人属于下层官吏家庭:

卷五

［马鸣生］少为县吏。

卷六

［王真］少为群吏。

另有一些人则出身平民：

卷二
［皇初平］年十五，而家使牧羊。
卷三
［陈安世］为灌叔平客。
卷十
［王兴］本凡民，不知书，无学道意也。

或者家贫：

卷七
［严青］家贫，常在山中烧炭。

此外，大部分的仙人都只知姓名、乡里，而不知其教育背景和社会身份。这中间又大致可分为两类，一类是比较渺茫的传说人物，如古之仙人[1]，其他的则似乎离当时社会较近。

由这样的背景分布看来，仙人在人间之身份和知识并不一定是成仙的必要条件。至少，由大部分仙传人物的身份、知识、背景不是其传记中所要保留的资料，我们可以推测，在传记作者或传说者的心中，这种资料是不重要，或是次要的。这个结论可以配合葛洪在《抱朴子·内篇》中的一段话来看，卷二《论仙》云："夫求长生，修至道，诀在于志，不在于富贵也。苟非其人，则高位厚货，乃所以为重累耳……是以历览在昔，得仙道者，多贫贱之士，非势位之人。"[2]

---

1 如《神仙传》卷一《广成子》《若士》。
2 《抱朴子·内篇》卷二《论仙》，第5—6页。

（二）求仙的原因

在诸仙传之中，有关仙人求仙的原因的资料，大致可以归纳为以下三类：

1．感叹人世间生命的短促、荣华富贵的不可恃，或者对传统以儒家经书为代表的思想的失望等，于是有求长生不死的愿望。在仙传中明白说出这类原因的很少，大约有九人。

卷一

［彭祖］少好恬静，不恤世务，不营名誉。

卷四

［墨子］年八十有二，乃叹曰："世事已可知矣，荣位非可长保，将委流俗以从赤松游矣。"

［刘政］深维居世荣贵须臾，不如学道，可得长生，乃绝进取之路，求养性之术。

［玉子］少学众经，周幽王征之不起，乃叹曰："人居世间，日失一日，去生转远，去死转近，而贪富贵，不知养性，命尽气绝即死，位为王侯，金玉如山，何益于是为灰土乎？独有神仙度世，可以无穷耳。"

卷五

［阴长生］少生富贵之门，而不好荣位，专务道术。

［张道陵］本太学书生，博采五经，晚乃叹曰："此无益于年命。"遂学长生之道。

卷七

［蓟子训］少仕州郡，举孝廉，除郎中。又从军，拜驸马都尉，晚悟治世俗综理官，无益于年命也。

卷八

［葛玄］经传子史，无不该览。年十余，俱失怙恃，忽叹曰："天下有常不死之道，何不学焉。"

〔左慈〕少明五经，兼通星纬，见汉祚将尽，天下乱起，乃叹曰："值此衰运，官高者危，财多者死，当世荣华，不足贪也。"乃学道术。

此外，有一些人的背景为儒家经学，传中称"晚乃学道"，虽然没有直接说出他们之所以得道，是由于对世间荣华或儒家思想的失望，但似亦可以由字里行间推出这样的结论，如：

卷四
〔孙博〕有清才……诵经数十万言。晚乃学道。
卷七
〔刘京〕汉孝文皇帝侍郎也，后弃世从邯郸张君学道。
卷八
〔刘根〕少时明五经……举孝廉，除郎中，后弃世道，遁入嵩高山石室中。
卷九
〔尹轨〕博学五经……晚乃奉道。
卷十
〔黄敬〕少读诵经书，仕州为郡从事，后弃世学道。

2. 大约十位成仙者，其求道的原因仅仅为"好道、好服食"[1]"少好道"[2]"弃世为道、好道不仕"[3]等，没有进一步申明为何好道。

3. 大部分的仙传中，对于成仙者求道的动机完全没有交代。

---

1 《神仙传》卷二《吕恭》《沈建》《乐子长》；卷三《陈安世》。
2 《神仙传》卷六《李少君》；卷七《东郭延》。
3 《神仙传》卷二《魏伯阳》；卷三《王远》；卷十《黄敬》。

由上面这种情况来推论，仙人们为何要追求长生不死之道，也不是仙传主要想传递的信息。这是否反映出一种心态，即人们求仙的原因是不待解说而自明的，或者求仙已经是一种普遍的社会心理，因而毋庸多加解说？如果此推论可以成立，那么应该更进一步探究的是，这种心态是作者的，还是他所用的资料的？如果说所有的仙传都经过作者删订，而作者有意在传中加入自己的思想，包括提供仙人当初求仙的原因，那么他没有全面加入这求仙原因的资料，一方面可能是因为他所搜集的材料本身即缺乏，另一方面也可能是他自己并不以为这消息是不可或缺的。从另一方面来说，或许有人会认为，葛洪收集的资料中原本就有许多口传资料，而口传资料在传写时，事迹易存，思想则较不易被记录，因此缺少这类消息并不表示原本不存在。这当然是一种可能。但反过来说，《神仙传》中仍然保存了许多其他的思想，那么某一类思想之所以未被保存下来，不论是故事本身在流传时即如此，或者是由葛洪删订后才如此，仍然有其性质上的因素。因此，不论事实上是哪一种情况，都可以反映出一件事，即当时流行在人们之间的神仙观念已经是一种习闻，人们所感觉有兴趣的消息不是那些成仙者当初为何求仙，而在于一些其他和仙人有关的、也和一般人自身比较有关的要素，其中包括欲成仙者所应具备的条件、成仙的各种方法，以及仙人的作为等。

（三）成仙的个人条件：诚意、专心、机运、骨相

如果说《神仙传》的主要目的在传达一种人间世如何能与神仙界相通的信息，那么成仙者的条件和方法当为重要的方面。成仙有一定的条件，其中又可分为个人条件和外在条件两类。

由于求道的过程中，通常要经过一段长时间的锻炼，

因此求道者个人必须具有超乎常人的毅力，这是合理而容易想象的。如卷三李八伯试验唐公昉的故事，唐公昉求道不得，仙人李八伯伪作佣人，要求仙者唐公昉舐其恶疮，以测其心志。[1] 在《壶公传》中，壶公以"噉溷"来试验费长房，"溷臭恶非常，中有虫长寸许，长房色难之，公乃叹，谢遣之，曰：'子不得仙也'"[2]。

除此之外，求道者本人要有诚意，也就是说，他不能怀疑仙道的真实性。因而求道者接受各种试验，以显示其诚信之心是仙传中的一项主题。如魏伯阳以服后会暂死之丹试验其弟子之信心[3]，陈安世相信仙人指引等。[4]

此外，求仙者是否应具备某些道德上的水平？在《王远传》中，仙人王远要求仙者背对阳光，他自己在后面观察，然后对求仙者说："君心不正，影不端，终不可教以仙道也，当授君地上主者之职。"[5] 此言似乎对求仙者的品格有某种程度的道德要求。然而细究文意，王远所谓的"心不正，影不端"实际上是一种非道德性、物理性的观察，而与此人的行为和品德无直接关系。

当然，在一些其他的例子中，一个人的品行是否端正和他是否有资格成仙仍有某些关系。如《皇初平传》，皇初平之所以被道士选中，并传以道术，是因为道士"见其良谨"[6]；《沈羲传》，沈羲本不知服食药物，其为天神选中而成仙的理由是"有功于民，心不忘道，从少已来，履行无过"[7]。

然而若就整个仙传传统来看，这种勉强可称为个人心

---

1 《神仙传》卷三，第268页。
2 《神仙传》卷九，第303页。
3 《神仙传》卷二，第265页。
4 《神仙传》卷三，第268页。
5 《神仙传》卷三，第271页。
6 《神仙传》卷二，第267页。
7 《神仙传》卷三，第266页。

志的条件并不受重视。有相当多的成仙者之所以能够得道,主要并非靠毅力或诚心,反而常常是靠机运等非个人自主的因素。例如:

卷五

[马鸣生]少为县吏,因逐捕而为贼所伤,当时暂死,得道士神药救之,遂活,便弃职随师。[1]

卷七

[严青]家贫,常在山中烧炭,忽遇仙人,云:"汝骨相合仙。"乃以一卷素书与之。[2]

[赵瞿]病癞历年,众治之不愈,垂死,或云不及活,流弃之,后子孙转相注易。其家乃赍粮将之送置山穴中……有仙人行经过穴,见而哀之……以一囊药赐之。[3]

或者靠其骨相:

卷三

[王远](蔡)经者,小民也,骨相当仙。[4]

卷八

[刘根]神人曰:坐,吾将告汝,汝有仙骨,故得见我。[5]

这样的论点是否站得住?我们再以《抱朴子》中的一段话作为对照:"为道者当先立功德,审然否?抱朴子答曰:有之。按《玉钤经》中篇云,立功为上,除过次之。为道者以救人危使免祸,护人疾病,令不枉死,为上功

---

[1]《神仙传》卷五,第278页。
[2]《神仙传》卷七,第292页。
[3]《神仙传》卷七,第292页。
[4]《神仙传》卷三,第269页;又卷七《严青》,第292页,前引文。
[5]《神仙传》卷八,第301页。

也。欲求仙者，要当以忠孝和顺仁信为本。若德行不修，而但务方术，皆不得长生也。"[1] 这段话表示葛洪重视个人道德在求道之功夫上的重要性。但是这样的意见，也正好可以作为一项反证，显示在一般大众的心中，正是以为求长生只要务方术即可。实际上在整部《抱朴子》内篇中，葛洪所强调的神仙黄白之术基本上仍然只是"方术"，他所说的成仙条件并不一定扣紧道德修养。如他曾说："抱朴子曰：欲求神仙，唯当得其至要。至要者，在于宝精行炁，服一大药便足，亦不用多也。"[2] 这种心态，恰与葛洪所记载的神仙传记中所透露出的心态相符合。由于两者均为葛洪留下的有心文字所无意中反映出的情况，应该值得注意。

（四）成仙的外在条件：服食、咒术、仙人指引

除了个人的条件之外，求道者所赖以成仙的条件为各种修炼的方术，包括服食、导引（所谓内丹、外丹）、仙经等，不少时候也包括了仙人的指引。这一类的消息在《神仙传》中是最为普遍的，许多仙人的事迹主要就在描述他们如何服食药物神丹，及练导引之术，颂仙经符咒等。在此我们暂不准备详细讨论这些成仙之术的问题，因为历来道教史的研究中已经对此类问题有很多的讨论。[3]

综合以上成仙的两类条件来看，《神仙传》在此所反映出的心态可以说有两重：一是肯定个人的道德行为在成仙得道的过程中有一定的影响力，然而此种道德的条件在仙传中并不突出，而求仙者所具有的毅力和信心虽亦为个

---

[1]《抱朴子》卷三《对俗》，第11—12页；类似的主张见于卷六《微旨》，第27页："欲求长生者，必欲积善立功……如此乃为有德，受福于天，所作必成，求仙可冀也。"
[2] 如卷八《释滞》，第33页。
[3] 可参见傅勤家：《中国道教史》，台北：台湾商务印书馆1975年版，第121—141页；福井康顺等编：《道教》第一卷，东京：平河出版社1983年版，第239—328页；B. H. Maspero, *Taoism*, F. A. Kierman, trans, University of Massachusetts Press, 1981, pp. 265-298；村上嘉实：《中国の仙人—抱朴子の思想》，京都：平乐寺书店1971年版。

人能力的一种表现，其本身却是中性的，甚至可以说是功利主义式的，不具有道德的意义；另外一重，从大多数仙传的情况来看，不论是机运、骨相等个人条件，或外在的服食、导引等，都反映出一种乐观的、非道德性的、唯物的心态。而这两种心态并存而不并重的情况，也反映出此一时代道教神仙思想的根本问题，即道德上超越的要求在肉体不朽的强烈渴望的牵涉之下，不能有深刻的进展。

（五）仙人的作为

仙人之所以有其吸引人的神秘之处，一部分原因是他们的活动地区通常都在一般人不常出入的山中，行踪飘忽，但更重要的应该是他们所具有的各种神奇的法术和异能。在这些法术和异能之中，有一类的性质是与外在世界较无关联的，如腾云驾雾、变化隐形、坐在立亡、日行百里、尸解升天、役使鬼神等。[1] 这一类的异能在神仙传说中的作用，主要就在勾绘出一种和凡人有极大差别的形象。

但是仙人虽然和凡人有极大的差别，却又并非绝无可能与凡人交通，因为所有的仙人全是由凡人变成的。他们的思想和行为和尘世有很深的关系，实际上，他们和尘世的关系是他们之所以能够在民间得到崇信的主要原因。这就要牵涉到另一类与外在世界有关涉的奇才异能，如起死回生、治病、济贫、知凶吉、传丹书道术等。[2] 就是由于

---

[1] 腾云驾雾：卷二《卫叔卿》，第264页。变化隐形：卷四《刘政》，第274页；卷六《樊夫人》，第288页；卷九《壶公》，第302页。坐在立亡：卷五《张道陵》，第282页；卷八《左慈》，第292页；卷九《尹轨》，第304页。日行百里：卷二《华子期》，第264页。尸解升天：卷三《王远》，第270页；卷六《李少君》，第286页；卷八《葛玄》，第296页。役使鬼神：卷六《淮南王》，第284页；卷八《左慈》，第296页；卷八《刘根》，第300页。

[2]《神仙传》中至少有25人有此类异能，如起死回生：卷一《凤纲》，第262页；卷五《茅君》，第280页；卷七《蓟子训》，第294页。治病：卷三《沈羲》，第267页；卷四《黄卢子》，第278页；卷六《陈长》，第288页；卷八《葛玄》，第296页；卷十《董奉》，第308页。济贫：卷三《李阿》，第268页；卷七《帛和》，第292页；卷九《壶公》，第302页。知未来凶吉：卷三《伯山甫》，第272页。传丹书道术：卷一《沈文泰》，第259页；卷二《皇初平》，第263页；《吕恭》，第264页；《华子期》，第264页等。不一一列举。

有了这些能力，神仙可以成为一般人慕求的对象——人不但可以希望他的现实苦难能因为神仙的帮助而得化解，更可以希望自己也成为神仙的一员。这其实是一种相当乐观的心态。

另外，神仙思想的乐观面也表现在人间天上均可为乐土的想法上。仙人有地仙之流，是一些不愿即刻升天的仙人。他们之所以不愿即刻升天，有的时候是不愿因为到了天上之后，又要受到一批天上官僚的干涉，而宁愿在地上，因不受世俗政治的管束而逍遥自在。如《白石生传》中，白石生说："天上无复能乐于此间耶！但莫能使老死耳。天上多有至尊相奉事，更苦人间耳。"[1] 这在另一方面也间接地显示出一种对现实世界的极端失望的心态，因为天上的官僚世界其实也是地上世界的反映。[2]

（六）仙人与社会的关系

由《神仙传》中对仙人的作为的叙述，我们可以看出，仙人与社会的关系主要可分为两方面。

1. 有一类仙人的事迹中，只有个人自求长生，与社会不发生关系。这是说，传记中所记载的仅限于传主个人的能力，不提他是否将其道术传给别人，或者和别人有所往来。这一类的仙人其实在《神仙传》中所占的比例并不太高。[3]

2. 另外，有些仙人不但求仙，也参与社会中的某些活动，主要替人解决一些生活上的问题，如前面已经提到的治病、济贫、预卜凶吉未来等。在《神仙传》中，这类人和其他人多少有某种往来，而不仅是表演神术，入山仙去

---

[1] 《神仙传》卷一《白石生》，第261页。
[2] 关于此点，可参见 W. Bauer, *China and the Search for Happiness*, New York: Seabury, 1976, pp. 95-109.
[3] 例如卷一《黄山君》《凤纲》；卷二《华子期》；卷四《刘政》《孙博》《班孟》；卷六《孔元》《刘纲》《王烈》；卷七《严青》《官嵩》《容成公》《董仲君》；卷十《鲁女生》等。

的人物至少有47人，占仙传人物一半以上。由仙人与社会的关系可以看出，一般人心中所希求的仙人是要与社会有关系的，而这关系中最紧要的，则是仙人一般均愿意将他所得到的道术传给他人，有了这一种特性，仙人就成为人们所愿意"宁可信其有"的对象了。因此，仙人的能力、作为及其与社会的关系就成为仙传的主要成分。

三、《高僧传》中高僧的特质

（一）高僧的个人背景：知识、身份

在《高僧传》中，高僧的身份背景可考者，确知来自上层社会，包括王侯、世家、官宦之家者约有23人，而确知来自平民或贫苦家庭者仅约10人，其余大多数人均不知其家世。但值得注意的是，在这些不知家世背景的高僧中，一定有不少是来自知识阶层，也就是社会中上阶层的。因为许多高僧自幼就有机会接触经典、佛书，而《高僧传》中描述这些高僧风格的文字，如：

［支遁］幼有神理，聪明秀彻。[1]

［支孝龙］少以风姿见重，加复神彩卓荦，高论适时。[2]

［竺僧度］虽少出孤微，而天姿秀发。至年十六，神情爽拔，卓尔异人。[3]

［释慧远］弱而好书，珪璋秀发。[4]

［天柱山释慧静］居贫履操，厉行精苦，风姿秀整，容止可观。[5]

［释僧瑾］少善庄老及诗礼。[6]

---

[1]《高僧传》卷四，第100页。
[2]《高僧传》卷四，第93页。
[3]《高僧传》卷四，第110页。
[4]《高僧传》卷六，第137页。
[5]《高僧传》卷七，第194页。
[6]《高僧传》卷七，第200页。

［释超进］笃志精勤，幼而敦学，大小诸经，并加综采。神性和敏，戒行严洁。[1]

［释慧通］少而神情爽发，俊气虚玄。[2]

类似此种文字，其风貌与《世说新语》相去不远，显然不适合描述非知识阶层出身的人。当然，我们必须承认慧皎在编写《高僧传》时，在这些描述高僧风格的地方很可能加上自己的赞美之辞，不能完全采信。但即使是他的手笔，我们仍然可以认为，他之所以要加上这些消息，是为了反映出当时的一种心态，即高僧们的风格与清谈名士相比并不逊色。而这些有关高僧出身和知识背景的消息，同时也就是他们之所以能够成为高僧的条件。

（二）求道的原因

这些高僧当初是出于何种原因而出家？《高僧传》中只有少数传记提到，如：

［安清］深惟苦空，厌离形器。[3]

［竺僧度］（父母俱亡）世代无常，忽然感悟，乃舍俗出家。[4]

［竺叔兰］少好游猎，后经暂死，备见业果。因改厉专精，深崇正法。[5]

这是由于对生命的无常的反省而致求道的例子。又如：

［昙柯迦罗］叹曰："吾积学多年，浪志坟典，游刃经

---

[1] 《高僧传》卷七，第203页。
[2] 《高僧传》卷七，第205页。
[3] 《高僧传》卷一，第3页。
[4] 《高僧传》卷四，第110页。
[5] 《高僧传》卷四，第93页；又卷一二，第342页。

籍，义不再思，文无重览。今睹佛书，顿出情外，必当理致钩深，别有精要……"[1]

［慧远］闻（道）安讲波若经，豁然而悟，乃叹曰："儒道九流，皆糠秕耳。"[2]

［僧肇］尝读老子道德章，乃叹曰："美则美矣，然期栖神冥累之方，犹未尽善也。"后见旧维摩经，欢喜顶受，披寻玩味，乃言始知所归矣。[3]

这些例子中的高僧，在比较佛书与俗典之后，觉得佛义更深切，因而皈依佛门，则为纯从思想面上入道之例。

此外，有些例子则较与高深的思想无关，有因见沙门的法术高明而生信心的，例如：

［维祇难］世奉异道……睹沙门神力胜己，即于佛法大生信乐。[4]

又有因实际衣食的需要而皈附佛门的，如：

［昙无忏］（其母）见沙门达摩耶舍……道俗所崇，丰于利养，其母羡之，故以忏为其弟子。[5]

也有因遭家庭变故，心情受打击而出家者，如：

［释法悟］年五十丧妻，举家郁然慕道，父子七人，悉共出家。[6]

---

[1] 《高僧传》卷一，第9页。
[2] 《高僧传》卷六，第137页。
[3] 《高僧传》卷六，第166页；第82、129、156、321页所记均类同。
[4] 《高僧传》卷一，第15页；又卷二，第44页。
[5] 《高僧传》卷二，第51页。
[6] 《高僧传》卷一一，第302页。

除了这些少数的例子之外,大部分的传记中均不谈高僧们出家的原因。值得注意的是,在整本《高僧传》中,仅有一则有关高僧出家的原因的记载,勉强可以算是因为历经战争的惨酷,而感悟人生无常的例子:

[释智称]幼而慷慨,颇好弓马。年十七,随王玄谟、申坦北讨狁狁。每至交兵血刃,未尝不心怀恻怛,痛深诸己……事宁解甲。遇读瑞应经,乃深生感悟,知百年不期,国城非重。乃投南涧禅房宗公。[1]

而在其他高僧传记中,生活可能曾受到战乱波及的例子亦不多见。

若从高僧们出家时的年纪来考察,在所有高僧中,可确知为少年出家(18岁以下)的至少有91人,占1/3。而再结合前面对身世背景的讨论,可以推测,虽然促使这些高僧出家的原因不能完全确定,但其中因有感于人世的苦难和生命的虚幻而出家的人,可能远少于因为知识上的好奇而出家者。

(三)高僧的作为

慧皎在编写《高僧传》时,就依高僧的特殊才能,将其分为十科,即:译经、义解、神异、习禅、明律、遗身、诵经、兴福、经师、唱导。

不过这十科其实只是一些一般的重点,并不是互不包涵的。就我们目前的讨论方向来说,可以另外做一种分类:

1. 与佛教教义本身有直接关系的,如译经、义解、习

---

[1]《高僧传》卷一一,第313页。

禅、明律、诵经、经师、唱导等。

2．行神术有异能。在"神异"一科中，《高僧传》作者收集了20位高僧（附10人）的神异事迹。慧皎在卷十一后的论中为这些有神术异能的僧人的作为辩解说，认为他们的神术是为了有益于社会大众，因此和所谓的方技左道有所不同。这是从神术的目的上来立说。至于他们所行的神术的本质如何？试举一些例子来看。

[佛图澄] 治病、役使鬼物、预言、祈雨、尸解。[1]
[单道开] 退山树诸神，绝谷，在山中每有神仙去来。[2]
[竺佛调] 伏虎，尸解。[3]

另有"分身术"[4]"焚尸舌不坏"[5]"预言"[6]"神术治病"[7]"日行数百里"[8]"变化隐形"[9]"念咒驱鬼"[10]等。这些神术异能的性质基本上与神仙方士所有的能耐是相同的。

实际上，能行神术，或者其事迹具有神异性质或部分的高僧，并不限于"神异"一科，而是散布在整部《高僧传》之中。初步统计，在257篇传记中，至少有86位高僧的事迹或多或少具有某种神异的性格，占1/3。因此我们可以说，神术异能是高僧传记中一项颇为重要的因素。高僧们虽有极高洁之心志，但毕竟仍然生活在一个充满精灵鬼怪的世界中，这世界之存在于当时一般人的主观思维之中，

---

[1] 《高僧传》卷九，第240—253页。
[2] 《高僧传》卷九，第254—255页。
[3] 《高僧传》卷九，第256页。
[4] 《高僧传》卷九，第258页。
[5] 《高僧传》卷二，第41页。
[6] 《高僧传》卷七，第186页。
[7] 《高僧传》卷六，第133页。
[8] 《高僧传》卷二，第45页；又卷九，第259页。
[9] 《高僧传》卷二，第47页。
[10] 《高僧传》卷二，第53页。

是一项客观的事实。即使是高僧，亦不能摆脱这种心态的要求。因此，《高僧传》中的高僧必须不时展示其神术，以证明其道行之高妙。如慧皎所言："神道之为化也，盖以抑夸强，摧侮慢，挫凶锐，解尘纷。"[1]他并不否认鬼神的存在[2]，只是不以为神仙法术有益于人世："若其夸衒方伎，左道乱时，因神药而高飞，藉芳芝而寿考。与夫鸡鸣云中，狗吠天上，蛇鹄不死，龟灵千年，曾是为异乎。"[3]高僧之所以有这些神术异能，并不一定是为了与神仙道士较量，毋宁说和仙人道术一样，都是同一种宗教心态的反映。

（四）高僧与社会的关系

在讨论了高僧的个人能力之后，也应该注意到他们所具备的能力与社会之间的关系。佛教初来中国时虽以小乘为主，传教事业并不稍懈，大部分的僧人都积极争取信徒，因而与社会的关系相当密切，高僧往来的对象上至国君，下达庶民，可分为三个类型：

1. 与王公贵族往来，并参与政治社会活动

有不少高僧由于受到国君的尊崇而被咨询国家政事。有关道、佛两教在南北朝时代与政治的关系，前人早有论说，此处暂不讨论。[4]这类高僧的人数占《高僧传》人物的一半以上（132人）。他们往来的对象不是国君卿相，就是士大夫阶层的人物。当然，他们并非完全不在一般民间场合讲道。

2. 在民间传教

有不到一半的高僧（约104人）主要的活动是在民间传教，由传记中看不出他们是否与社会上层阶级有密切往来。

---

[1]《高僧传》卷十，第284页。
[2] 例如卷二的昙无忏；卷五的释昙翼、竺法旷；卷六的慧永、释昙邕；卷十二的帛僧光、竺昙猷；卷十四的慧果、慧敬等人的传记中均有关于鬼神的记载。
[3]《高僧传》卷十，第285页。有关高僧的神异与佛教教义中神通的关系，参见村上嘉实：《高僧伝の神異について》，《東方宗教》1961年第17期，第1—17页。
[4] 参见汤用彤《汉魏两晋南北朝佛教史》第十三、十四章。

3．隐居出世

只有少数的高僧可以说是避世隐居，不与俗人往来（约21人）。

这三种与社会的关系显现出的高僧的集体形象，是积极地参与人世活动的，而其往来的对象又以统治阶级为主。当然，实际上佛教在中国发展的过程中是否循着这样的模式，尚有待进一步观察。

四、由神仙与高僧的特质论魏晋南北朝时代之宗教心态

在试图讨论魏晋南北朝的宗教心态时，首先应该注意到的问题也许不是"此时的宗教心态是什么"，而是"此时是否有一种普遍的宗教心态"。这也就是要问，在研究者的心中，是否已经假定他所讨论的社会中的"宗教心态"是一个对象，或是不止一个？对于此一问题，我们也许应该承认，即使是同一个社会，仍然有可能会有不同的宗教心态同时并存。

除此之外，就时代而言，《神仙传》成于东晋，较《高僧传》要早了100多年，其反映出的时代心态若有所不同，应该是不足为异的，而两者若有相似之处，才是值得注意的现象。当然，我们也不能不考虑现在所见到的《神仙传》与葛洪的原本有出入的可能性。

《高僧传》与《神仙传》的预设读者群均为知识阶层，是没有问题的。这两种传记的目的都在保存其宗教传统中得道者的故事，这与欧洲中古以来流传的圣徒传有相似之处。[1] 但是这种传记之所以值得流传，主要的原因恐怕仍然

---

[1] 参见 R. Brooke and C. Brooke, *Popular Religion in the Middle Ages*, London: Thames Hudson, 1985, pp. 31 - 45; A. Gurevich, *Medieval Popular Culture*, pp. 39 - 77。

是因为有宣教之价值，而宣教的对象应该就不止限于知识阶层了。要吸引非知识分子，就不能靠义理的推衍，或者说，主要靠的不是义理。要能够为一般非知识分子所接受，必须设法利用他们所能了解而且认同的概念，也就是说，仙传和僧传中必须包含这类因素，才能达到其传教的目的。所谓一般人能了解而且认同的因素，就是那些能够解决他们生活和生命中的苦痛和疑惑的东西。至于非知识分子如何能接触到这些消息，就要靠知识分子作为媒介了。

从另一方面来看，我们也不能忽略，在南北朝时代流行的仙人和高僧的事迹，除了形成文字的《神仙传》和《高僧传》之外，应有不少是以口传的方式存在于民间的。因为葛洪和慧皎当初编书时，也从民间搜集了不少的口传资料。这些传记以文字的方式流传在知识分子之间，和它们以及其他我们现在已经无从得知的故事以口传的方式流传在民间，是平行的现象。这些故事流传的情况，也可以由一些神仙传说出现在不同的文献中而看出。如《神仙传》中焦先的传说，见于裴松之《三国志》注引之《魏略》、皇甫谧的《高士传》以及张华的《博物志》，可见是一则流行甚广的故事。所以，这些传记可以作为那个时代有关道教神仙和佛教高僧的信仰心态的抽样，应该是合理的假设。

当然，正如由传记中所有的、所偏重的消息，我们可以推测其所反映的宗教心态，而从其所忽略的消息中，我们也可看到这心态的另一面。

《神仙传》所反映出的宗教心态是什么？由其中所强调的神仙所具有的长生不死、容貌不老、不食五谷、飞举升天等性质，我们可以觉察到一种企图将人在世间生活的情况做180度的翻转的心态，人希望能脱离生、老、病、死的限制。本来宗教信仰的特质之一就是人想要因他的信仰而得到一个新的生命。这新生命可以和原本的生命断绝，如基督教所谓"死后反得永生"，也可以是原本短暂的生命的无限延长，在基本上将生命的有限性改变为无限性，神仙思想正是这样的一种例子。不仅如此，这心态中还包含了其他的因素，就是人在企求脱离肉体给人的限制时，对于他们如何能够达到这一愿望持抱一种非道德性、唯物或机械性、并且乐观的态度。一个人是否能够得道成仙，虽必须循一定途径，服食、导引、存想，在实际的实行上可能并不容易，但在《神仙传》中，这一修炼的过程并不被强调。所谓"唯好道便得耳"[1]。求仙者能否得道，主要看他是否吃对了药，或者是否运气好，遇到仙人传授仙道。个人的努力在仙传中虽然被予以肯定，但不是重要的因素，因此我认为它反映出一种乐观的态度。

这种心态是否能代表一般人的心态？虽然我们在前面已经根据《神仙传》的性质做了一些推测，大致肯定《神仙传》中的材料应可反映出一群人物的情况，而不是葛洪或者其他编者一人的创作，但仍然可以借一些其他的材料来支持上面这种论点。首先需要考虑的是求仙和道德行为之间的关系。自战国末年神仙思想开始出现，到秦皇汉武的求长生不死之药，如《史记》的《始皇本纪》《孝武本纪》《封禅书》中所记载，其中并没有什么道德上的条件是求仙者所必须具备的。在相传为刘向作的《列仙传》中，我们也看不到仙人之成仙有何道德上的特殊条件。[2]

---

[1]《神仙传》卷二《皇初平》，第262页。在《抱朴子》中，葛洪实际上认为神仙之术是人人都可以学得的。讨论可参汤一介：《魏晋南北朝时期的道教》，台北：三民书局1988年版，第179—188页。
[2] 见《列仙传》，台北：台湾商务印书馆影印文渊阁《四库全书》第1058册。当然，传中如黄帝、老子、吕尚等"古圣先贤"原本就具有极高的德行，是可以想见的。但其他列仙的传记中并不提及诸仙人得仙的原因，只是述其事迹而已。有关汉代的神仙思想，学者论述多矣。如津田左右吉：《神仙思想的研究》，收入《津田左右吉全集》第七卷，东京：岩波书店1964年。本书论神仙思想极详，竟不曾论及道德修养和成仙之关系，亦可为一注脚。

汉末五斗米道虽有设"静室"使病人处其中思过的类似道德教诲的方法，却和成仙之道没有太大关系。[1] 和道教关系极深的《太平经》对其信徒有各种道德伦理的训诫，和五斗米道的精神大致一样，也主要是一般的修养原则，明显主张成神仙应具有某种道德条件的例子并不多见。[2] 这当然不是否认道教思想中有道德的因素，然而即使如葛洪在《抱朴子》中所云："人欲地仙，当立三百善；欲天仙，当立千二百善。"[3] 这"立善"的观念仍然反映出一种机械的、非自发性的、功利主义式的心态。在南北朝时代，一些有关得道者（不一定是神仙）的故事在谈到他们得道的过程时，机运仍然是一个相当大的因素，如：

［吴猛］年四十，邑人丁义始授其神方。[4]

［戴洋］年十二，遇病死，五日而苏，说死时天使其为酒藏吏，授符箓，给吏从幡麾。[5]

可见《神仙传》中反映出的有关神仙之道的非道德性、乐观的心态，是相当普遍的。

至于个人的身份背景不受重视，则反映出神仙信仰的大众化，和人人皆可以成仙的心态。由此可以看出，在葛洪编写《神仙传》之时，神仙信仰在当时民间的流传已经相当广泛。这是道教在经历了曹魏西晋时期官方的压制之后，在西晋末期东晋初期逐渐再度广泛流传于民间的一个

---

1 《三国志》卷八《张鲁传》注引《典略》，第263—264页。
2 王明：《太平经合校》卷四七，北京：中华书局1960年，第138页。《上善臣子弟子为君父师得仙方诀第六十三》："今天地实当有仙不死之法，不老之方，亦岂可待耶？……然，可得也。天上积仙不死之药多少，比若太仓之积粟也……人无大功于天地……故天不予其不死之方仙衣也。"
3 《抱朴子》卷三《对俗》，第12页。
4 《晋书》卷九五，第2482—2483页。
5 《晋书》卷九五，第2469页。又如《北齐书》卷四九第674页由吾道荣之得道，与同卷第677页吴遵世之得符，均是这类例子。

旁证。[1] 东晋南朝时代门第观念流行，在道教方面的反映，则是在其神仙世界中构造一种类似门第的阶级制度，但是对于一般平民之有机会得道是肯定的。仙人之为何求仙也不是仙传所关心的问题。由此所反映出的心态，是在当时社会中，所谓神仙的存在对许多人而言是一件毋庸置疑的事，人们不需要知道仙人是否存在，或者人为何要求仙、人是否有成仙的可能等问题。这一点也很容易在《神仙传》之外的材料中找到佐证。以《晋书》而言，在《艺术传》中，"史臣曰：……鲍、吴、王、幸等或假灵道诀，或受教神方，遂能厌胜禳灾，隐文彰义，虽获讥于妖妄，颇有益于世用者焉"[2]，显然并不怀疑这些传说中有神仙之术的人的神术的真实性，虽然仍要称之为"妖妄"，也不得不承认他们"有益于世用"。

此外，神仙升天之后的仙界情况到底如何？仙传中偶有描述，但亦着墨不多。[3] 传中所述神仙事迹以仙人在人世间的活动为主。由此亦可知，人们所有兴趣的是仙人和人间的关系，也就是说人如何能够借着与神仙的往来而得道。

凡人和神仙的差别不是创造者和被创造者的差别，而是属性的差别，人在属性变化之后就可以成仙。但是人成仙后不一定要完全离弃人世，人的世界也可以是神仙（地仙）所住的世界。虽然神仙升天后另有一天上世界，那天上世界实际上只是一个理想化的人世间。从一方面说，这是贪恋此生此世的表现，从另一方面说，则又表现了对当下生活现实情况极端失望的心态。魏晋时代的文人诗，主要虽是知识分子的心声，却也反映出相似的情况，如《古

---

[1] 汤一介：《魏晋南北朝时期的道教》，台北：三民书局1988年版，第133—140页。
[2] 《晋书》卷九五，第2504页。
[3] 参见小南一郎：《魏晋时代的神仙思想》，载山田庆儿编：《中国の科学と科学者》。

辞·善哉行》：

> 来日大难，口燥唇干。今日相乐，皆当喜欢。经历名山，芝草翻翻。仙人王乔，奉药一丸。[1]

阮籍《咏怀诗》：

> ……生命无期度，朝夕有不虞，列仙停修龄，养志在冲虚，飘飘云日间，邈与世路殊。荣名非己宝，声色焉足娱。采药无旋返，神仙志不符。逼此良可惑。令我久踌躇。[2]

> 昔有神仙士，乃处射山阿，乘云御飞龙，嘘噏叽琼华。可闻不可见，慷慨叹咨嗟。自伤非俦类，愁苦来相加。下学而上达，忽忽将如何。[3]

又如曹植《赠白马王彪诗》：

> 苦辛何虑思，天命信可疑。虚无求列仙，松子久吾欺。变故在斯须，百年谁能持。离别永无会，执手将何时……[4]

这些诗都透露出一种对神仙世界既羡慕又怀疑的矛盾心情。[5]

总括《神仙传》所透露出的宗教心态，是一种虽然对人世和生命之短暂失望，但是对于永生之道的追求却抱有

---

1 引自铃木修次：《漢魏詩の研究》，东京：大修馆书店1967年版，第416页。
2 逯钦立辑校：《先秦汉魏晋南北朝诗》，台北：木铎出版社1983年版，第504页。
3 逯钦立辑校：《先秦汉魏晋南北朝诗》，第510页。
4 逯钦立辑校：《先秦汉魏晋南北朝诗》，第454页。
5 参见铃木修次：《漢魏詩の研究》，东京：大修馆书店1967年版，第415—419页。

相当乐观希望的心态。这乐观的心态一方面表现在人人可以成仙的信念上，一方面则表现在得道成仙似乎并不困难的印象之上。这种心态不单是《神仙传》所有，也可以在其他材料中得到佐证。

与《神仙传》相比，《高僧传》所能反映出的一般人的宗教心态似乎较为有限。这可能是因为《高僧传》所收录的对象和预设的读者群原本就属于比较高层次的人士。这一点慧皎在他的序言中已经说明，他所选录的是有真才实学的"高而不名"的僧人，当然难免曲高和寡。

虽然如此，我们仍然可以从《高僧传》中推测通俗宗教心态的某些面貌。由高僧的出身背景和出家求道的原因来看，属于下层阶级、而且其求道原因是基于对人世间战乱和社会动荡不安而生感悟者，其实是极少数。从这一点而言，认为佛教之所以能在中国社会大乱之际传入，是由于人们在备尝生活上的苦痛之后祈求解脱，这样的解释，至少从《高僧传》中的材料看来是不够完备的。汤用彤《综论魏晋佛法兴盛之原因》："自汉通西域，佛教入华以来，其始持精灵报应之说，行斋戒祠祀之方，依傍方术之势，以渐深入民间。……其时奉佛以求福祥，民间当更流行。而自汉末世乱，以至五胡之祸，民生凋敝，验休咎报应，求福田饶益，当更为平民之风尚。"[1] 汤说前一半论佛教始传入时，只是依傍方术，尚没有与民生凋敝发生关系，后一半则认为汉末社会政治情况有重要影响。他所举的例子有侯子光聚众称帝，道恒《释驳论》《佛图澄传》等。然而，这些材料并没有直接指出一般人接受佛教，是为了在思想上从生活的苦难中求解脱。倒是讨论南北朝佛教发展的学者常常提到，人们之所以崇佛出家，有很大一

---

[1] 汤用彤：《汉魏两晋南北朝佛教史》，第188—189页。这是他所举的四个原因之一，另三个为魏晋之清谈，一为胡人之统治，一为大师道安等人的传教译经。

部分是因为出家之后在经济生活上可以享受到实质的益处。[1] 因此《高僧传》所反映的不单是一些佛教中居正统思想的僧人如慧皎的心态，也可以代表部分一般人的情况：人之出家，主要原因不是想在思想上摆脱生活的苦难。高僧们之所以出家求道，主要是个人的资质和好道，与个人的生活经验较无关系；而一般人则是为了实际生活的好处。两者均和"由个人生活之苦闷，苦痛，而寻求心灵上之出路"的说法不完全相合。

其次，从少数与智识阶层较无关的例子来看，《高僧传》也透露出了部分非知识分子的宗教心态。这些包括对高僧的神异之术的信服：

［佛图澄］（石勒）召澄问曰：佛道有何灵验？澄知勒不达深理，正可以道术为征……即取应器盛水，烧香咒之，须臾生青莲花，光色曜目，勒由此信服。[2]

［安慧则］（于灰中得经）于时同见闻者，莫不回邪改信。[3]

［释昙霍］并奇其神异，终莫能测，然因之事佛者甚众。[4]

显然，这种因为见到常识不能解释的事情而遂信其道的心态，与神仙道士之信徒的心态并无二致。

此外，佛家虽不言长生，承认人皆有死，但仍不能完全放弃死后升天、尸解，或死而复活的观念。至少，他们会在高僧们临死时或死后发现一些神异之事，表明他们心

---

1 相关之研究可参见冢本善隆：《僧祇戸の仏図戸制度に就いて》，《東洋史研究》1937年第2、3卷，第99—140页。
2 《高僧传》卷九，第241页。
3 《高僧传》卷十，第261页。
4 《高僧传》卷十，第264页。

中的"道"是一种会给人以超凡能力的东西。这些应该也属于通俗宗教心态的一部分。这也正是宗教心态中现实世界与超自然世界的相互交织所产生的情况。[1] 即使不牵涉到神异之术，从高僧的一些作为中也可以看出另一方面的宗教心态，即高僧们常被认为具有治病、济贫等对一般人生活有直接影响的能力。与道士所具有的治病济贫的能力相似，这类能力应该是他们能够吸引信徒的主要因素。因为以今日的知识而言，神术是无稽的，但医药之学在道教和佛教的传统中均有相当的成就，道士和高僧之能够治病，是完全可以理解的事。如于法开"妙通医法"[2]，耆域以杨枝拂水治人之病[3]，以及《魏书·殷绍传》中所提到的释昙影和法穆、和公等佛徒的医术，可以为证。[4]

通观这两部书所反映出的神仙和高僧的特质，两者有同，有不同。不同之处主要是《高僧传》中对高僧的描绘较重个人的伦理道德，同时高僧与社会的关系比神仙来得更为密切。但是这两点也正好是道、佛两教本身特质所造成的。至于相同之处，在于两者均不强调求道的过程和条件。在高僧和神仙的传记中，人之能够得道，基本上是并不困难的。此外，对于求仙出家的原因，两者也反映出类似的情况：一方面，在两位作者的心中，人们求仙修道的原因是不用多说、其理自明的。另一方面，两传中均看不出人之所以求仙求道，主要是由于生活苦痛而追求心灵的解脱。这种心态也许应该从神仙和高僧两传所具有的"宣教"的目的来了解：难以实现的救赎方式并不容易吸引信徒。反过来说，他们之所以会产生这样的文字和观念，或

---

1 参见 J. Le Goff, *Constructing the Past*, Cambridge: Cambridge University Press, 1985, p. 173.
2 《高僧传》卷四，第 106 页。
3 《高僧传》卷十，第 257—258 页。
4 《魏书》卷九一，第 1955—1956 页；陈寅恪：《魏晋南北朝史讲演录》，合肥：黄山书社 1987 年版，第 351—357 页。

正可以反映出其对象所共同具有的心态。至于神仙与高僧均具有的神异之术和治病、济贫的能力，则反映出了当时人深植在心中的世界观和对于宗教的希求：世界中仍存在着不可思议的超自然现象，而这些现象是可以被高僧或神仙控制和利用的；仙道与佛法应该助人解决生命中实际的生养、老病、死亡等问题。至于具有类似的宗教心态的人们是根据何种指标而在佛、道之间或之外而做抉择的，是一个必须更进一步探讨的问题。

（本文原载《汉学研究》1990年第2期）

历史与宗教之间

汉代薄葬论的历史背景及其意义

汉代为一厚葬的时代。然而在厚葬的风气中，政府及知识分子都有薄葬的主张。这些薄葬的主张在思想上的渊源如何？在汉代思想的发展史上有何意义？相应的社会风尚为何？这是本文主要的讨论重点。第一节即讨论先秦时代文献中与薄葬有关的言论，厘清其思想上的渊源。第二节利用文献及考古材料说明汉代的厚葬风气，并指出若能全面分析墓葬材料，而不仅做重点举例式的说明，所得之结果有出乎文献资料之外的情形。第三节讨论汉代薄葬言论，分析主张这些言论者之身份及思想背景。最后，对于薄葬言论在汉代思想之发展和传承中的地位稍做推论。

一、引言

近数十年来，中国考古学和考古发掘的成果已经吸引了众多学者的注意。一种大的研究趋势就在利用新出土的考古文物来重塑以往对古代中国文明各方面的了解，一方面补充文献材料之不足，一方面纠正文献的谬误，发明其晦暗之处。在考古发掘之中，墓葬占最主要的地位，而墓葬中丰富器物的出土，从殷王大墓以下，以至于马王堆汉墓，似乎表明中国古代社会中有一厚葬的风俗。[1] 此厚葬风俗形成的原因为何？一类主张认为，厚葬之俗起源于对死后世界的信仰，为了要让死者在来世有富足的生活，故

---

1 有关先秦、秦汉时代墓葬之综合报道，可参见中国社会科学院考古研究所编：《新中国的考古发现和研究》，北京：文物出版社1984年版。

以丰盛之器物随葬。这种说法虽可以解释随葬习俗之起源[1]，但似乎尚不能完全解释厚葬之原因。若从世俗性的角度来看，为了显示死者生前具有相当高的政治与社会地位（不论此地位是死者实际曾有过，或只是一种希望），同时也借以表现提供其葬礼之亲族的地位与财富，则厚葬应该是一种自然的表现方式。[2] 在现代人的眼中，厚葬也许指的是墓葬中有多层的棺椁和丰富的随葬品。但是在古代社会中，葬礼之"厚"或"薄"的标准何在？这标准应是一个为当时社会大众所普遍遵行的埋葬方式。而随着死者身份地位之不同，又有不同的礼仪和随葬品。因此，若不清楚墓主身份，一个墓葬是厚是薄并不易分辨。在商代，商王大墓的存在说明了商王室在整个社会中的地位。然而，王墓之巨大、随葬器物之丰富，固然代表商王地位之重要，但尚不足以作为当时有厚葬之俗的证明。由于目前我们对于商代葬礼等级制度尚不清楚，故对商代之厚葬风俗暂不置论。就周代而论，从考古材料来看，其墓葬制度所反映出的身份等级从西周开始经过一段很长时期的发展，至西周晚期和春秋早期而完备[3]，代表的是社会统治

---

1 惟此随葬习俗以及对来世之信仰在各早期文明中到底有多普遍，并无定论，有关此问题的人类学经典之作为 James Frazer, *The Belief in Immortality and the Worship of the Dead*, Vol. I, London: Macmillan, 1913, pp. 23ff；晚近有关原始社会中之来世观念之讨论，参见 T. P. van Baaren, "Conceptions of Life after Death", *History of Religions*, Chicago: University of Chicago Press, 1986, pp. 10‑34；有关史前人类之来世信仰之讨论，参见 J. Ozols, "Über die Jenseitsvorstellungen der vorgeschichtlichen Menschen", in H. J. Klimkeit, ed., *Tod und Jenseits im Glauben der Völker*, Wiesbaden: Harrassowitz, 1983, pp. 14‑39。

2 希腊古典时代，社会中亦流行厚葬之风气，各城邦甚至订定法律来加以规范。从这些法律中我们可以知道许多有关葬礼的细节，也可以知道，葬礼正是希腊人表现财富、家族势力和声誉的最好时机。可见厚葬的现象有着人类社会中某些共同的心理因素作为基础。参见 R. Garland, *The Greek Way of Death*, Ithaca: Cornell University Press, 1985, pp. 21ff。

3 俞伟超认为代表周代身份制度的鼎制兴起、发展于西周，在春秋时代受到破坏。见俞伟超：《周代用鼎制度研究》，载《先秦两汉考古学论集》，北京：文物出版社1985年版，第62—114页；而王飞则以为周鼎制在周代并不完全被遵从，倒是在春秋时代被比较严格遵行，至战国而衰。见王飞：《用鼎制度的兴衰异议》，《文博》1986年第6期，第29—33页；杜正胜则认为周礼身份制至西周晚期春秋早期始趋完备，其说表面上与王说相似，然而其理由实不相同，今从杜说。

阶层内部秩序（以礼仪为代表）的形成[1]，其本身与墓葬风气之偏重厚薄亦并无绝对之关系。

若就文献中古人的说法来看，所谓厚葬者，应包括僭礼和奢侈两方面。春秋中叶，成公二年秋，《左传》记载：

> 八月，宋文公卒，始厚葬，用蜃炭，益车马，始用殉，重器备，椁有四阿，棺有翰、桧。[2]

《春秋经》载，次年二月始葬文公，则在僭礼（如七月而葬、椁有四阿、棺有翰桧等，均为天子之制）和奢华（用蜃炭，益车马，重器备等）两方面均逾尺度，故《左传》作者用"厚葬"称之。春秋时代秦公墓规模的巨大，甚至超越了商王大墓[3]，可为宋文公僭礼厚葬之注脚。[4]

这种僭礼厚葬的情况反映出既有政治社会秩序的松懈，为春秋战国时代周天子权威不断下降、封建诸侯和卿大夫势力交替膨胀的结果。[5]然而此厚葬风气的形成虽有上述宗教与政治社会的因素，但并不为一班知识分子所赞许。《左传》作者显然不以厚葬为然，而春秋战国之时更有薄葬的主张出现，要抗拒时代的潮流。这薄葬的主张到了汉代仍有继承者，其人数虽不多，却形成汉代思想史中特殊的一环。诚然，所谓"汉代知识分子"并非一同质性的整体，但借着分析他们对同一问题的意见，以显现出他

---

1 许倬云：《西周史》，台北：联经出版事业公司1984年版，第159—164页。
2 杨伯峻：《春秋左传注》，北京：中华书局1981年版，第801—802页。
3 韩伟：《略论陕西春秋战国秦墓》，《考古与文物》1981年第1期，第83—93页。
4 《左传》僖公二五年晋文公请隧之事，历来学者议论纷纷，其中以认为"隧"字指天子之葬礼者居多数。参见杨伯峻：《春秋左传注》，第432页。但近来有彭益林：《晋文公"请隧"辨正》，《晋阳学刊》1983年第5期，第97—104页，主张"请隧"非要求天子葬礼，而为"设乡隧"之意，其说相当有力，值得重视。
5 许倬云：《春秋战国间的社会变动》，载《历史语言研究所集刊》第34本下册，台北："中研院"历史语言研究所1963年版，第559—587页；《春秋封建社会的崩解和战国社会的转变》，载《中国上古史待定稿》第三本，台北："中研院"1985年版，第585—602页。

们思想中相通和相异之处，或可使我们对这些士人的思想之性质有进一步的了解。然而欲讨论汉代的薄葬思想，仍应先厘清这类思想在先秦时代思潮中之背景。

二、先秦时代与薄葬有关之言论

以孔子为首的儒家非常重视礼，也就是有秩序、有阶级分别的社会规范。孔子在解释"孝"的意义时说："生，事之以礼；死，葬之以礼，祭之以礼。"[1]不论在生时或死后，人必须以合于其身份的礼数来对待其亲人，不多也不少。因此当颜渊死时，门人想要厚葬，孔子反对。《论语》中记载：

> 颜渊死，门人欲厚葬之，子曰："不可。"门人厚葬之。子曰："回也，视予犹父也，予不得视犹子也。非我也，夫二三子也。"
>
> 颜渊死，颜路请子之车以为之椁，子曰："才不才，亦各言其子也。鲤也死，有棺而无椁，吾不徒行以为之椁，以吾从大夫之后，不可徒行也。"[2]

这两段文字主要在说明孔子反对厚葬颜回，但是反对的根据是什么？《正义》引邢昺《疏》，以为孔子所持的理由是颜回家贫，而"礼，贫富有宜"，贫者不应厚葬。然而，这以贫富之别为解的说法可能尚未触及问题的核心，也就是说，葬礼基本上要合于死者的身份。贫富可以由金钱的累积而改变，但身份则不然。孔子反对厚葬颜回，主要应该是由于厚葬不合颜渊的身份，而不是考虑颜渊家贫

---

[1] 《论语注疏》卷二《为政》，台北：艺文印书馆《十三经注疏》本，1970年版，第2页；又见于《孟子注疏》卷五《滕文公上》，第3页。以下所引《十三经注疏》版本均同。
[2] 《论语注疏》卷一一《先进篇》，第2—4页。

无法负担费用，否则当门人集资厚葬颜回时，孔子应该没有理由反对。

对于"予不得视犹子也"，《集解》云："回自有父，父意欲听门人厚葬，我不得割止之。"但此话的意义应不止于"回自有父"，而是由于孔子与颜回的身份不同。虽然颜渊与孔子之间的关系极近（"视予犹父也"），但孔子"从大夫之后"，而颜渊却为一平民，故在葬礼上，孔子不愿意逾越礼制，也就是"不得视犹子也"[1]。何况，孔子连自己的儿子孔鲤的葬礼都没有给予椁具，似乎也没有很好的理由给颜渊椁具。[2] 孔子这种重视礼制的态度在《礼记》中也可以得到印证。《檀弓》中记载："子贡曰：昔者夫子之丧颜渊，若丧子而无服，丧子路亦然。"[3] 可见孔子不是不对颜渊的去世悲哀，但在礼制上孔子仍然要遵守一定的规范而"无服"，不将颜渊当作亲人。

不过孔子也注意到，外在的礼仪文饰并非伦理的最高境界，所谓"人而不仁，如礼何"[4]，因此他又说："礼，与其奢也，宁俭；丧，与其易也，宁戚。"[5] 治丧时重要的是表现出哀戚的情怀，而不止于提供合乎身份的礼仪。这一点可能会为后世的薄葬论者所赞同，但孔子毕竟没有放弃那合于身份的外在仪节。《礼记》中有一段记载：

> 子游问丧具，夫子曰："称家之有亡。"子游曰："有无恶乎齐？"夫子曰："有，毋过礼；苟亡矣，敛首足形，

---

[1] 对于"不得视犹子也"的解释，《集解》说："回自有父，父意欲听门人厚葬，我不得割止。"笔者认为这话的意义尚不止于"回自有父"，而是由于孔子与颜回的身份不同。下文引《檀弓》中"夫子之丧颜渊若丧子而无服"可为"不得视犹子也"的注解。
[2] 有关孔鲤究竟是否先颜回而亡，参见《论语注疏》卷一一，第3页。
[3] 《礼记注疏》卷七，第14页。
[4] 《论语注疏》卷三《八佾》，第3页。
[5] 《论语注疏》卷三《八佾》，第3页；《礼记注疏》卷八，第18页。原文为："子路曰：'吾闻诸夫子，丧礼与其哀不足而礼有余也，不若礼不足而哀有余也。'"

还葬，县棺而封，人岂有非之者哉。"[1]

这一段话似乎是对一个士庶之家而发的建议，主要说明没有财力依礼而葬并非过失，然而这并不等于主张薄葬。

孔子学说的继承者孟子在丧礼方面的主张与孔子相近，在他丧父时身份尚为士，故以三鼎随葬，而丧母时身份已为大夫，故以五鼎随葬。鲁平公在知道了这件事之后，颇不以为然。有乐正子者遂往见鲁平公：

> 乐正子入见（鲁平公）曰："君奚为不见孟轲也？"曰："或告寡人曰：'孟子之后丧逾前丧。'是以不往见也。"曰："何哉，君所谓逾者？前以士，后以大夫，前以三鼎，而后以五鼎与？"曰："否，谓棺椁衣衾之美也。"曰："非所谓逾也，贫富不同也。"[2]

鲁平公虽可以接受孟子"前三后五"的用鼎法，但是认为孟子在准备衣衾棺椁时用的材料过于奢华。乐正子的答辩认为孟子没有逾礼，因为孟子后来有财力提供较好的葬具。所谓"非所谓逾也，贫富不同也"，就是在他有财力时提供"棺椁衣衾之美"。不过，乐正子在此其实并没有正面回答鲁平公的话。因为鲁平公认为，"棺椁衣衾之美"的重点在于孟子所提供的丧礼在制度上虽然合乎规定，但他所使用的材料却过分奢华，这就是一种逾礼的行为，所以与孟子后来是否有财力无关。

---

[1] 《礼记注疏》卷八，第13页；相类的主张见于《礼记注疏》卷十，第3页。原文为："子路曰：'伤哉贫也，生无以为养，死无以为礼也。'孔子曰：'啜菽饮水其欢，斯之谓孝，敛手足形还葬而椁，称其财，斯之谓礼。'"
[2] 《孟子注疏》卷二下《梁惠王下》，第13页。

在另一次谈到棺椁葬制时，孟子又表示他赞成用美材为棺的态度：

> 古者棺椁无度，中古棺七寸，椁称之，自天子达于庶人，非直为观美也，然后尽于人心。不得，不可以为悦；无财，不可以为悦。得之，为有财，古之人皆用之，吾何为独不然？且比化者，无使土亲肤，于人心独无恔乎？吾闻之，君子不以天下俭其亲。[1]

由这两件事可以看出，孟子似乎比较倾向于厚葬。但他所认可的"厚"仍是在一定礼制之内的"厚"，并不至于违礼。而丧葬之礼是否恰当，其实并不容易界定，奢侈厚葬之风多少与这种观念上所可能产生的混淆有关。

儒家另一重要思想家荀子对于丧葬礼制有一套更严谨的主张。基本上，他认为礼是维系社会秩序、调和人与人之间欲求纷争的工具：

> 礼起于何也？曰：人生而有欲，欲而不得，则不能无求。求而无度量分界，则不能不争。争则乱，乱则穷。先王恶其乱也，故制礼仪以分之，以养人之欲，给人之求。使欲必不穷乎物，物必不屈于欲。两者相持而长，是礼之所起也。[2]

要将这一套礼推展到实际的仪节之上，荀子自然会赞成那给人的生命或死亡各方面都带来秩序的系统，丧葬之礼正是其中之一，所谓"天子棺椁七重，诸侯五重，大夫三重，士再重，然后皆有衣衾多少厚薄之数，皆有翣萋文

---

[1] 《孟子注疏》卷四下《公孙丑下》，第1页。
[2] 王先谦：《荀子集解》卷一三《礼论》，台北：世界书局1971年版，第231页。

章之等以敬饰之，使生死终始若一，一足以为人愿，是先王之道，忠臣孝子之极也。"[1] 依此种理路，丧葬之礼其实是为生人而设的礼仪的一部分，只有"事死如事生，事亡如事存"[2]，社会才能依礼而运行，否则若"事生不忠厚、不敬文，谓之野，送死不忠厚、不敬文，谓之瘠，君子贱野而羞瘠"[3]。荀子也不赞成任何过犹不及的情形，他说："刻死而附生谓之墨，刻生而附死谓之惑，杀生而送死谓之贼。"[4] 又说："厚其生而薄其死，是敬其有知而慢其无知也，是奸人之道而倍叛之心也。"[5] 薄葬的主张自然不在他的考虑之内。

在大原则上，儒家思想中，埋葬逾制或薄葬都是没有立足之地的。但由于儒家主张建立一个有阶级、有等差，并且以礼来维持其结构稳定的社会，而此礼的推行实际上必须以一种繁复的仪节来表现，自然容易朝奢华厚葬的方面发展。前面已经提到孟子的厚葬倾向，儒家的这种倾向在《韩非子》一书中也有论及：

> 墨者之葬也，冬日冬服，夏日夏服。桐棺三寸，服丧三月，世主以为俭而礼之。儒者破家而葬，服丧三年，大毁扶杖，世主以为孝而礼之。[6]

在当时的统治者眼中，以厚葬为孝道之表现已经是儒家的特征之一。《史记·孔子世家》中有一段晏婴的话，说儒者"崇丧遂哀，破产厚葬"[7]，也是与《韩非子》相似

---

[1] 王先谦：《荀子集解》卷一三《礼论》，第239页。"七"字原文为"十"字，应为"七"之误，见王先谦引郝懿行文。
[2] 王先谦：《荀子集解》卷一三《礼论》，第251页。
[3] 王先谦：《荀子集解》卷一三《礼论》，第239页。
[4] 王先谦：《荀子集解》卷一三《礼论》，第246页。
[5] 王先谦：《荀子集解》卷一三《礼论》，第238页。
[6] 王先慎：《韩非子集解》卷一九《显学》，台北：世界书局1974年版，第351—352页。
[7] 《史记》卷四七，北京：中华书局点校本1959年版，第1—91页。以下所引正史皆同。

的看法。

然而，儒家思想在动荡的战国并非社会习俗发展的主导力量。考古发掘可以印证，表现在丧葬制度中的周代礼制到了战国时代已经由于各种僭越的行为而接近崩溃：一方面是低身份者使用高级礼制，一方面是礼制本身的失去秩序。但不论如何，大的趋势是以厚葬为风尚。厚葬一方面表现在丰富的随葬品，一方面表现在象征高级身份的礼器或仿礼器。因此葬礼的僭越并非表示当时人放弃了固有的礼制，而是想借着使用高级礼制而提高死者的身份。对于这种情况，道家与墨家都发出了强烈的批评，不过两者的基本立场却不相同。

《墨子》书中有《节葬》一篇，主要论旨是站在墨子一贯的功利立场来看厚葬久丧，批评当时的厚葬风气：

> 此存乎王公大人有丧者，曰棺椁必重，葬埋必厚，衣衾必多，文绣必繁，丘陇必巨。存乎匹夫贱人死者，殆竭家室，（存）乎诸侯死者，虚车府，然后金玉珠玑比乎身，纶组节约，车马藏乎圹，又必多为屋幕，鼎鼓、几梴、壶滥、戈剑、羽旄、齿革，寝而埋之。[1]

在墨子的眼中，这种风气是不能"富贫众寡定安危治乱"的，不能达到这些有利于天下的目标，就是应该废止的风气。他又说，厚葬久丧，穷财力去办丧事，而无益于贫困的生者，也非"圣王之道"：

> 古者圣王制为节葬之法曰：衣三领，足以朽肉，棺三寸，足以朽骸，堀穴深不通于泉，流不发泄则止。死者既

---

[1] 孙诒让：《墨子间诂》卷六《节葬下》第二五，台北：世界书局1972年版，第106—107页。

葬，生者毋久丧用哀。[1]

因此，墨子一方面从功利的角度来批评厚葬无益于天下国家，一方面援引"古圣王之道"作为他主张的权威根据：

> 昔者尧……道死，葬蛩山之阴。衣衾三领，榖木之棺，葛以缄之……舜……道死，葬南己之市，衣衾三领。榖木之棺，葛以缄之……禹……道死，葬会稽之山。衣衾三领，桐棺三寸，葛以缄之。[2]

在他的讨论中，主要考虑的是丧葬礼制对于生者社会的经济所产生的影响。在这种考虑之下，人要如何埋葬死者就成了不甚重要的问题。在这一点上，墨子甚至展现了一点类似现代人类学的眼光：

> 昔者越之东，有輆沭之国者，其长子生，则解而食之，谓之宜弟；其大父死，负其大母而弃之……然后埋其骨，乃成为孝子。秦之西，有仪渠之国者，其亲戚死，聚柴薪而焚之，熏上谓之登遐，然后成为孝子。[3]

因此，关于如何埋葬或处理死者，其实并无绝对正确的方法，人若以此为要而大事铺张，当然于国家社会不利，"此为辍民之事，靡民之财，不可胜计也。其为毋用若此矣"[4]。墨家的主张是否得到当时人的赞同？现在已不易得知。考古材料也无法在这一点上提供证据，那些真正

---

[1]《墨子间诂》卷六《节用中》第二一，第103页；类似句子亦见《节葬下》，第111—112页。
[2]《墨子间诂》卷六《节葬下》，第112页。
[3]《墨子间诂》卷六《节葬下》，第115—116页。
[4]《墨子间诂》卷六《节葬下》，第115页。

赞同者的棺木及尸骨大约早已如其所愿地化为朽土了。

在此我们必须考虑的问题是有关死亡的观念，因为人对死亡的想法自然会影响到他对于丧葬之礼的态度。对于儒家而言，他们主要关心的是生者所处的社会，因而他们对死亡本身并没有做太多的考虑。一般而言，既然孔子强调尊崇祖先，儒者就不能完全反对世间有鬼神的观念，也就必须承认死者多少总应有某种知觉。所谓"祭如在，祭神如神在"[1]，或"敬鬼神而远之"[2]，都必须以死者变成的鬼神有知觉为前提。但原则上，他们不愿对这类的问题多做发挥。孔子简短的几句话可以说明这种立场："未能事人，焉能事鬼？……未知生，焉知死？"[3] 这种立场到了汉代，基本上仍然没有改变。《说苑》中有下面的一段记载：

> 子贡问孔子："人死，有知将无知也？"孔子曰："吾欲言死人有知也，恐孝子妨生以送死也。吾欲言死人无知也，恐不孝子孙弃亲不葬也。赐欲知人死有知将无知也，死徐自知之，犹未晚也。"[4]

孟子解释人之所以要葬其亲，是不忍见到亲人暴尸山壑之惨状[5]，这是儒家"圣人缘情制礼"思想的产物。荀子曾说"夫厚其生而薄其死，是敬其有知而慢其无知也"。但这只是说，这样做的人是以为死者无知，并不表示荀子自认为死者无知。所以荀子说："丧礼者，以生者饰死者也，大象其生以送其死也，故如死如生，如亡如存，终始一也。"[6] 这是用对待生者的态度来对待死者，但又并没有直

---

1 《论语注疏》卷三《八佾》，第 7 页。
2 《论语注疏》卷六《雍也》，第 8 页。
3 《论语注疏》卷一一《先进》，第 4 页。
4 刘向：《说苑》卷一八，台北：世界书局 1974 年版，第 154 页。
5 《孟子注疏》卷五下《滕文公章句上》，第 11 页。
6 《荀子集解》卷一三《礼论》，第 243 页。

接承认死者有知觉。由此可见，儒家所重视的是生者对死者的态度，他们并不直接触及人死之后究竟有知无知的问题。

至于墨家，则强调鬼神的存在。《明鬼》篇中主张只有用世间有鬼神的观念才可以震服百姓，"今若使天下之人，偕若信鬼神之能赏贤而罚暴也，则夫天下岂乱哉"[1]。然而他们并没有考虑到，这种观念与其薄葬的主张是否会有冲突之处。若死者果真有知，薄葬是否会激起死者的不满？而厚葬是否又会引导死者为生者致福？墨家没有提出明白的答案。[2]

儒、墨之间虽有这样的不同，但两者基本上均主张以主动积极的态度介入世事。以庄子为代表的道家思想却有另一种观点。道家以为，人所经验到的悲苦，如对生死的焦虑，主要来自不了解宇宙万物的本质。如果将人的生命视同宇宙万物的一部分，生命的消长只是宇宙秩序的反映，则生不足喜，死不足悲，生死之间亦无绝对的分别。当庄子临终之时，弟子欲厚葬之，庄子断然拒绝：

> 吾以天地为棺椁，以日月为连璧，星辰为珠玑，万物为赍送。吾葬具岂不备邪？何以加此！[3]

在这种生死观和宇宙观之中，丧葬之礼，尤其是厚葬，都是不必要的"外物"。《外物》篇中有一段文字：

> 儒以诗礼发冢。大儒胪传曰："东方作矣，事之何若？"小儒曰："未解裙襦，口中有珠。《诗》固有之曰：'青青之麦，生于陵陂。生不布施，死何含珠为？'"接其鬓，压其

---

[1] 《墨子间诂》卷八《明鬼下》，第138页。
[2] 王充在《论衡》中曾经以此非难，认为墨子"明鬼"与"薄葬"的主张自相矛盾。详见下文。
[3] 郭庆藩：《庄子集释·列御寇》第三二，台北：明伦出版社1975年版，第1063页。又参见庄子丧妻的故事，《庄子集释·至乐》第一八，第614—615页。

颊，儒以金椎控其颐，徐别其颊，无伤口中珠！"[1]

这可能是讽刺当时的儒者，也可以作为道家对厚葬风气的批评：厚葬不但不能保全尸骨，还会因为珠宝等身外之物成为盗墓者凌辱的对象。

《庄子》这段故事也反映出，厚葬招致盗墓已是战国时代社会中的普遍现象，否则不会被庄子取来作为讽刺的对象。在《吕氏春秋》中，这也成为反对厚葬的主要原因。《吕氏春秋》的《节丧》与《安死》两篇提倡薄葬，首先指出人类社会埋葬死者的原因：

> 凡生于天地之间，其必有死，所不免也。孝子之重其亲也，慈亲之爱其子也，痛于肌骨，性也。所重所爱，死而弃之沟壑，人之情不忍为也，故有葬死之义。葬也者，藏也。[2]

所以埋葬死者的主要目的是保护死者，不但要避开狐狸、蝼蚁、蛇虫的侵扰，还要不受"奸邪盗贼寇乱之患"。厚葬，有如立碑招人盗掘：

> 今有人于此，为石铭置之垄上，曰："此其中之物，具珠玉、玩好、财物、宝器甚多，不可不抇，抇之必大富，世世乘车食肉。"人必相与笑之，以为大惑。世之厚葬也，有似于此。[3]

在作者看来，厚葬的行为乃是与"葬也者藏也"的立

---

[1]《庄子集释·外物》第二六，第927—928页。
[2]《吕氏春秋》卷十《节丧》，台北：台湾中华书局《四部备要》本1971年版，第3—4页。
[3]《吕氏春秋》卷十《安死》，第6页。

场背道而驰的。他更进一步指出,世人之厚葬其亲并不是为了死者,而是为了生者之间彼此相炫夸富,其观察颇能深入社会心理:

> 今世俗大乱,人主愈侈其葬,则心非为乎死者虑也,生者以相矜尚也。侈靡者以为荣,俭节者以为陋,不以便死为故,而徒以生者之诽誉为务。[1]

作者也援引了古圣先王节丧的例子,不过对于这些例子的解释,又与墨家的专从经济层面着眼不同:

> 是故先王以俭节葬死也,非爱其费也,非恶其劳也,以为死者虑也。先王之所恶,惟死者之辱也,发则必辱,俭则不发,故先王之葬,必俭![2]

因此作者反对厚葬,基本原因不是经济上的,而是为了"不辱"死者。但若能达到不辱先人的目的,又应如何面对厚葬的问题?作者也曾有过一番考虑:"苟便于死,则虽贫国劳民,若慈亲孝子者之所不辞为也。"[3] 由此看来,《节丧》《安死》两篇作者虽在反对厚葬方面有似墨家,而在另一方面又与主张孝慈的儒家相近,只不过多考虑了儒家在讨论丧葬制度时没有考虑到的现实问题——盗墓,因而得到了一种"修正"的答案。[4] 另外值得注意的

---

[1]《吕氏春秋》卷十《节丧》,第4页。
[2]《吕氏春秋》卷十《安死》,第7页。
[3]《吕氏春秋》卷十《节丧》,第5页。
[4]《吕氏春秋》一书思想内容驳杂,此处与儒家和墨家思想相近,他处则又与道家相通。如《安死篇》云:"夫死,其视万岁犹一瞬也,人之寿,久之不过百,中寿不过六十,以百与六十为无穷之虑,其情必不相当矣。以无穷为死之虑,则得之矣。"有关《吕氏春秋》思想的讨论,参见徐复观:《吕氏春秋及其对汉代学术政治的影响》,载《两汉思想史》卷二,台北:台湾学生书局1976年版,第1—184页。至于《吕氏春秋》在《节丧》中企图结合墨家与儒家思想的努力,参见冯友兰:《中国哲学史新编》第二册,北京:人民出版社1983年版,第471页。

是,《吕览》所假设的读者实际上是大一统天下的政治领导者,所以在《安死》《节丧》两文中,均站在对君王告诫的立场上,其所说的死者其实指的主要是君王,而讨论的问题自然也局限在丧葬制度的政治层面上,"不辱其先"主要仍是对在世者的评价,而与死者的情况无关。

大体而言,先秦时代与薄葬有关的言论,不论是站在哪一种立场,主要关心的都是葬礼对生者社会所可能造成的影响。墨家要求节葬以有利于天下,儒家虽不主张薄葬,但他们对葬礼的考虑方式则与墨家无二致:葬礼主要是一种对生者有作用的"礼",与死者无涉。《吕氏春秋》似乎表现出某种对死者的关切,是儒、墨两家均没有注意的,但仔细分析起来,这种对死者的关切,其实只是源于一种保护生者名誉的需要,能够不辱其亲,其实也就是不辱生者自身的名誉。

从这些主张中,我们又可觉察到一种共有的特征,即他们均不讨论人死后是否有来生,或者处理死者的方式是否会对死者的"存在"有影响等问题。只有比较倾向抽象思考的道家,其所具有的生死观使得葬礼多少成为不相干的问题。但是结合道家尚自然的倾向,他们显然不赞同厚葬风气背后那种参不透宇宙之道的态度。而道家对生与死的透视,对汉代一些士人所持的薄葬观仍有相当的影响。

三、汉代的厚葬风气

一般讨论汉代社会风气者,在触及丧葬礼制时,多半认为"厚葬"为汉人所崇尚。除了考古发掘的印证之外,文献材料中亦有不少有关当时厚葬风俗的记载。这些材料可以分为官方与私人两类。官方材料主要是各朝皇帝的诏书。

文帝一朝以节俭为尚,倡导与民休息,遗诏中曾说:

朕闻盖天下万物之萌生，靡不有死，死者天地之理，物之自然者，奚可甚哀。当今之时，世咸嘉生而恶死，厚葬以破业，重服以伤生，吾甚不取。……今乃幸以天年，得复供养于高庙，朕之不明与嘉之，其奚哀念之有！其令天下吏民，令到出临三日，皆释服。毋禁取妇、嫁女、祠祀、饮酒食肉者。自当给丧事服临者，皆无践。经带无过三寸，毋布车及兵器，毋发民男女哭临宫殿中。宫殿中当临者，皆以旦夕各十五举声，礼毕罢。非旦夕临时，禁毋得擅哭。已下，服大红十五日，小红十四日，纤七日，释服。它不在令中者，皆以此令比率从事。[1]

文帝此诏主要是以皇帝的身份谈葬礼，他所主张的薄葬虽可能比前代君王节俭[2]，"治霸陵皆以瓦器，不得以金银铜锡为饰，不治坟，欲为省，毋烦民"[3]。实际上，他死后发丧时，仍然"令中尉亚夫为车骑将军，属国悍为将屯将军，郎中令武为复土将军，发近县见卒万六千人，发内史卒万五千人，藏、郭、穿、复土属将军武"[4]。这样的排场，亦不可说不烦民了。400余年之后，文、宣两帝陵均遭盗发。根据《晋书》记载：

（建兴中）三秦人伊桓、解武等千家盗发汉霸、杜二陵，多获珍宝。（愍）帝问绲曰："汉陵中物，何为多邪？"绲对曰："汉天子，即位一年而为陵，天下贡赋，三分之，一供宗庙，一供宾客，一充山陵。汉武帝飨年久长，比崩而茂陵不复容物，其树皆已可拱。赤眉取陵中物

---

[1] 《史记》卷十，第433—434页；《汉书》卷四，第132页，文字略有出入。
[2] 例如著名的秦始皇陵。见《史记》，第265页；《汉书》卷三六，第1954页。
[3] 《史记》，第433页；《汉书》卷二七上，第1334页。
[4] 《史记》，第434页；《汉书》，第132页。

不能减半，于今犹有朽帛委积，珠玉未尽。此二陵是俭者耳。[1]

可见汉代皇帝陵墓中实有极多奢侈品随葬，以节俭著称的文帝陵亦不免。元帝时，贡禹曾上书，论及武帝死后，"昭帝幼弱，霍光专事，不知礼正，妄多藏金钱财物、鸟兽、鱼鳖、牛马、虎豹生禽，凡百九十物，尽瘞臧之。又皆以后宫女置于园陵，大失礼，逆天心，又未必称武帝意也。昭帝晏驾，光复行之。至孝宣皇帝时，陛下恶有所言，群臣亦随故事，甚可痛也！……及众庶葬埋，皆虚地上以实地下。其过自上生，皆在大臣循故事之皋也"[2]。贡禹指出，民间的丧葬习俗受到上者奢侈行为的鼓励。成帝永始四年（公元前13年）亦下诏曰：

圣王明礼制以序尊卑，异车服以章有德，虽有其财，而无其尊，不得逾制……方今世俗奢僭罔极，靡有厌足。公卿列侯亲属近臣，四方所则，未闻修身遵礼，同心忧国者也……车服、嫁娶、葬埋过制。吏民慕效，浸以成俗，而欲望百姓俭节，家给人足，岂不难哉！[3]

成帝此诏虽然和文帝遗诏均指出当时吏民的厚葬风气，但其反对此种风气的理由，至少从字面上看来是相当不同的。文帝本着道家的理论，认为"死者天地之理，物之自然"，因此不必哀伤而重服厚葬。成帝反对厚葬，却是本着一种以礼制分别贵贱尊卑的态度，以维持一个有秩

---

[1]《晋书》卷六〇，第1651页。
[2]《汉书》卷七二，第3070—3071页。有关汉代的陵墓，参见杨宽：《中国历代陵寝制度研究》，上海：上海古籍出版社1983年版。
[3]《汉书》卷十，第324—325页。

序、顺服权威的社会。所谓"虽有其财，而无其尊，不得逾制"，"逾制"与"奢僭"是其反对的重点。事实上，汉律对葬礼设有定制，不合制度者即可能受罚。景帝时，武原侯坐葬过律而失侯，即是一例。[1] 此外，由于诏书不仅反映出皇帝个人的思想，也代表了那些对皇帝有直接或间接影响的政府重要官员的心态，由文帝和成帝的诏书中，我们也可以看出汉朝意识形态的转变：由多少带有道家倾向的态度，转为与儒家更为相契合。这与成帝时儒家学说受到朝廷大力支持有相当的关系。

然而，这些诏令似乎并没有纠正社会的风尚。到了东汉，情况变得更为严重。光帝建武七年（公元31年）诏：

> 世以厚葬为德，薄终为鄙，至于富者奢僭，贫者殚财，法令不能禁，礼义不能止，仓卒乃知其咎。其布告天下，令知忠臣、孝子、慈兄、悌弟薄葬送终之义。[2]

这里所谓的"仓卒"，可能指的是王莽失败到此诏下达之间的战乱时期，而"乃知其咎"，据李贤注的解释，是"诸厚葬者皆被发掘，故乃知其咎"。《后汉书》记载，东西汉之交时，赤眉发掘诸陵，实际上受害者当不止于皇陵，高官贵族之墓恐亦不免。[3]《吕氏春秋》其实在200多年之前就已经提出同样的警告。此诏也暗示，即使在战乱之中，人们仍然不肯放弃厚葬之俗。等到国家稍稍得到安定，就又变本加厉了。于是又有明帝永平十二年（公元69年）诏：

---

[1]《汉书》卷一六，第587页。
[2]《后汉书》卷一，第51页。
[3]《后汉书》卷一一，第483—484页。

昔曾闵奉亲，竭欢致养。仲尼葬子，有棺无椁。丧贵致哀，礼存宁俭。今百姓送终之制，竞为奢靡，生者无担石之储，而财力尽于坟土；伏腊无糟糠，而牲牢兼于一奠。糜破积世之业，以供终朝之费，子孙饥寒，绝命于此，岂祖考之意哉！又车服制度，恣极耳目，田荒不耕，游食者众。有司其申明科禁，宜于今者，宣下郡国。[1]

章帝建初二年（公元77年）诏：

比年阴阳不调，饥馑屡臻，深惟先帝忧人之本，诏书曰：不伤财，不害人，诚欲元元去末归本。而今贵戚近亲，奢纵无度，嫁娶送终，尤为僭侈，有司废典，莫肯举察。[2]

和帝永元十一年（公元99年）诏：

吏民逾僭，厚死伤生。是以旧令，节之制度。顷者贵戚近亲，百僚师尹，莫肯率从。有司不举，怠放日甚。又商贾小民，或忘法禁。奇巧靡货，流积公行。其在位犯者，当先举正。市道小民，但且申明宪纲，勿因科令，加虐羸弱。[3]

安帝永初元年（公元107年）诏：

秋九月庚午，诏三公明申旧令，禁奢侈，无作浮巧之物，殚财厚葬。[4]

---

[1]《后汉书》卷二，第114—115页。
[2]《后汉书》卷三，第135页。
[3]《后汉书》卷四，第186页。
[4]《后汉书》卷五，第207页。

元初五年(公元118年)又下诏:

> 旧令制度,各有科品,欲令百姓务崇节约。遭永初之际,人离荒厄,朝廷躬自菲薄,去绝奢饰,食不兼味,衣无二采。比年虽获丰穰,尚乏储积。而小人无虑,不图久长,嫁娶送终,纷华靡丽,至有走卒、奴婢被绮縠,着珠玑。京师尚若斯,何以示四远?[1]

考察这些诏令下达的时机,多为社会动乱或天灾流行之时,至于厚葬风气,则多认为是富贵之家彼此竞争夸富所带动的。这些诏令虽然将照顾民生列为禁止厚葬浪费的原因,但也很清楚地表明这种行为违背礼制,因此也是破坏社会秩序的罪行。故这些诏令的另一用意也在于改正那些会威胁到社会政治秩序的豪族贵戚的行为。

然而,若考虑东汉政权的政治基础,就可以知道这些诏令对贵戚近亲和世家家族根本缺乏约束力。[2] 值得注意的是,安帝永初元年及元初五年之诏已经是措辞婉转,不敢直接攻击贵戚近亲,而在安帝元初五年诏之后,约有100年的时间,汉朝廷不再有诏书禁止厚葬。这当然不表示问题已经不存在。相反,这显示朝廷已经无心也无力再管此事。由于政治上的败坏,许多控制朝政的外戚和宦官正是鼓动僭侈之风的主角。如桓帝时,宦者赵忠丧父,僭为玙璠、玉匣、偶人,被冀州刺史朱穆举发。桓帝闻知,

---

[1] 《后汉书》卷五,第228页。
[2] 此点学者已有多有论述,见杨联陞:《东汉的豪族》,《清华学报》1936年第4期,第1007—1063页;余英时:《东汉政权之建立与士族大姓之关系》,载《中国知识阶层史论(古代篇)》,台北:联经出版事业公司1980年版,第109—204页;刘增贵:《汉代豪族研究——豪族的士族化与官僚化》,台北:台湾大学历史研究所博士论文,1985年。

不但不赞许朱穆，反而大怒，"征穆廷尉，输作左校"[1]。又如同时的另一宦官侯览"丧母还家，大起茔冢，督邮张俭因举奏览贪侈奢纵……又豫作寿冢，石椁双阙，高庑百尺……乃诸罪衅，请诛之"[2]，结果侯览不但没事，反而将张俭诬害。像赵忠、侯览这类的人物，当然不希望见到任何谴责他们自己行为的诏令。事实上，东汉末期百年之间，除了桓帝永兴二年（154年）二月癸卯重申明帝时的"故事"，做一般性的鼓励俭约的宣告之外，没有任何诏书再谈到与奢侈风气有关的问题。而即使如此，桓帝在癸卯之诏前三天辛丑却"初听刺史二千石行三年丧服"[3]，又显示了厚葬久丧的风气无法遏止，这正是病入膏肓之象。献帝建安十年（205年），曹操平冀州，下令"民不得复私仇，禁厚葬，皆一之于法"[4]。这显示当时中原地区虽在战乱之中，民间厚葬风气并未稍减，正与200年前光武下诏时之情况相类。

若再考虑汉人的赙赠之俗，可以更明白那些诏令只能是具文而已，对民间风尚毫无影响。自先秦以来，社会中就有由亲友故旧向死者葬礼致赠财物之俗，名为赙赠。汉代政府对于官员死亡有赙赠之定制。《后汉书·羊续传》云："旧典，二千石卒官，赙百万。"[5] 但也有送"赙钱千万、布万匹"[6]，而赐以棺椁[7]的例子。有时甚至赐以原本

---

1 《后汉书》卷四三，第1407页。
2 《后汉书》卷六八，第2523页。
3 《后汉书》卷五，第299页。
4 《三国志》卷一，第27页。
5 《后汉书》卷三一，第1111页。
6 《后汉书》卷三二，第1121页；《汉书》卷九二，第3714页。原文为："天下殷富，大郡二千石死官，赋敛送葬皆千万以上。"有关汉代之赙赠，可参见佐伯富：《汉代の赙赠について》，《史林》第62卷第5期，京都：史学研究中心1979年版，第1—12页。
7 其例甚多，见《后汉书》卷一九，第718页；卷二六，第897、908、911、915页；卷三四，第1177页；卷五四，第1785页；卷七九，第2554、2556页。又见杨树达：《汉代婚丧礼俗考》，台北：华世出版社1981年重印版，第94—95页。

可能为天子之制的樟宫便房、黄肠题凑[1]。而当大臣有意行薄葬时，朝廷并不一定真的鼓励。如顺帝时梁商遗命薄葬，"诸子欲从其诲，朝廷不听，赐以东园朱寿之器，银缕、黄肠、玉匣什物二十八种，钱二百万，布三千匹，皇后钱五百万，布万匹"[2]。这种风气当然不限于朝廷或上层阶级。由前面所引的材料中屡屡提及"贵戚近亲""公卿侯列"的奢华之风为吏民所相仿效，可见汉廷本身应对当时厚葬的民风负一部分责任，而汉代徙郡国豪强于关中的政策，原本是为了便于就近控制地方大族，结果却在京畿一带造成严重的社会问题。《汉书·地理志》就指出：

汉兴，立都长安，徙齐诸田，楚昭、屈、景及诸功臣家于长陵。后世世徙吏二千石、高訾富人及豪桀并兼之家于诸陵。盖亦强干弱支，非独为奉山园也。是故五方杂厝，风俗不纯。……又郡国辐凑，浮食者多，民去本就末，列侯贵人车服僭上，众庶仿效，羞不相及；嫁娶尤崇侈靡，送死过度。[3]

当葬礼成为亲友故旧竞较赠礼奢华之比赛场时，死者的家属在这种社会压力之下，岂能不竭其所能以提供一套隆重的仪式，添置贵重的葬具和随葬品？《盐铁论·散不足篇》讨论到西汉中期的社会风气时指出：

古者瓦棺容尸，木板堲周，足以收形骸、藏发齿而

---

1 《后汉书》志第六，第3144页，原文为："（大丧）……治黄肠题凑便房如礼。"臣子受赐者，如《汉书》卷六八《霍光传》，第2948页，原文为："光薨……赐……樟宫便房、黄肠题凑各一具。"《汉书》卷九三《董贤传》，第3734页，原文为："令将为贤起冢茔陵旁，内为便房，则柏题凑。"《后汉书》卷一六，第615页，原文为：邓夕辛，"太后追思弘意，不加赠位衣服，赐钱千万，布万匹……将葬，有司复奏发五营轻车骑士，礼仪如霍光故事。"有关汉代的黄肠题凑墓，见《试谈大台西汉墓的"樟宫"、"便房"、"黄肠题凑"》，《文物》1997年第6期，第30—33页；又见下文。
2 《后汉书》卷三四，第1177页。
3 《汉书》卷二八下，第1641—1642页。

已。及其后，桐棺不衣，采椁不斫。今富者绣墙题凑，中者梓棺楩椁，贫者画荒衣袍，缯囊缇橐。古者明器有形无实，示民不用也，及其后则有醯醢之藏，桐马偶人弥祭其物不备，今厚资多藏，器用如生人，郡国繇吏素桑楺偶车橹轮，匹夫无貌领，桐人衣纨绨。……古者邻有丧，舂不相杵，巷不歌谣……今俗因人之丧以求酒肉，幸与小坐，而责辨歌舞俳优连笑伎戏。……古者事生尽爱，送死尽哀，故圣人为制节，非虚加之。今生不能致其爱敬，死以奢侈相高，虽无哀戚之心，而厚葬重币者，则称以为孝，显名立于世，光荣著于俗，故黎民相慕效，至于发屋卖业。[1]

由此看来，丧葬之事已经由一家的私事演变为一种社会公共活动与表演。然而《盐铁论》所描述的情况是否可靠？是帝国的哪些地区有这样奢靡的风气？依《汉书·地理志》所述，除京畿之外，至少有：（1）太原、上党地区："多晋公族子孙，以诈力相倾，矜夸功名，报仇过直，嫁娶送死奢靡。"[2]（2）齐地："其俗弥侈，织作冰纨绮绣纯丽之物，号为冠带衣履天下。"[3]（3）卫地："其失颇奢靡，嫁取送死过度。"[4] 实际上，奢侈厚葬之风当不限于这些地区。东汉王符《潜夫论》亦指出，当时民间浮奢厚葬的情况不但于京师为然，从以上的讨论看来，两汉社会中普遍存在着厚葬的风气。然而厚葬的事实之所以能够普遍出现，无疑和当时整个社会的经济实力有直接的关系。汉代社会形态的改变，包括土地私有制度之形成、私营工商业之兴起，都促成社会上官僚富贵之家财富

---

[1]《盐铁论》卷六《散不足》，台北：台湾中华书局《四部备要》本1971年版，第5—6页。
[2]《汉书》卷二八下，第1656页。
[3]《汉书》卷二八下，第1660页。
[4]《汉书》卷二八下，第1665页。

之累积。[1] 前引诸帝诸书以及《盐铁论》，王符、崔寔、吕强等人之言论，其实主要所指责的是这一批资源的占有者。而有能力模仿其奢侈之生活与排场的，如成帝诏中"吏民慕效"的"吏民"，和帝诏中的"商贾小民"，安帝诏中"小人无虑"的"小人"，《盐铁论》中"黎民慕效"的"黎民"等，恐亦多为有相当财力者，才有可能"发屋卖业"（《盐铁论》语）。这些人在整个社会中所占的比例应该不能算多数，但对于一个时代风气之造成，则不能说没有极大之影响。

厚葬的风俗除了源于社会中奢华程度竞争的压力之外，在思想方面还受孝道思想的推波助澜。前举《盐铁论》中已经指出，当时一般人以为厚葬即为孝道的表现，所谓"虽无哀戚之心，而厚葬重币者，则称以为孝"。由此可看出，在当时人的观念中，"孝"已经成为一种可称道的名誉，但表现孝道的方式却与崇尚奢侈的风气相结合，以为所谓的孝道乃是以葬礼中物质的丰盛来表现的。这种对孝道的了解虽然与儒家传统观念不合，却在社会中广泛地流行着。举一例以明之。《汉书·游侠传》记载：

> ［原涉］父哀帝时为南阳太守，天下殷富，大郡二千石死官，赙敛送葬皆千万以上，妻子通共受之，以定产业。时又少行三年丧者。及涉父死，让还南阳赙送，行丧冢庐三年，繇是显名京师。……涉自以为前让南阳赙送，身得其名，而令先人坟墓俭约，非孝也，乃大治起冢舍，周阁重门。[2]

原涉为"游侠"之类的人物，与当时社会流行的价值

---

[1] 有关汉代经济之发展，学者已多有论述，此处不拟申论，参见李剑农：《先秦两汉经济史稿》第十五章，台北：华世出版社1981年版；宋叙五：《西汉货币史初稿》第五章，香港：香港中文大学出版社1971年版。
[2] 《汉书》卷九二，第3714页。

观甚为相契，以庐墓为自己博取高名，又治冢为孝道之表现，均可证明此种孝道观念已弥漫于社会中。故当东汉明帝令"自期门羽林之士，悉令通孝经章句"时[1]，不仅是因为此时朝廷欲提倡孝道，更可能是朝廷有意要导引、利用社会中已经普遍存在的孝道思想，并将之转化为忠君思想，以为巩固政权的基础。在这种情况之下，当人们以《孝经》中"为之棺椁衣衾而举之，陈其簠簋而哀戚之，擗踊哭泣，哀以送之，卜其宅兆，而安措之，为之宗庙，以鬼享之，春秋祭祀，以时思之"[2]的字句为圣人之教时，希望他们了解其本义为尽人之情，而非鼓励厚葬，并且遵从诏令中"令知忠臣、孝子、慈兄、悌弟薄葬送终之义"[3]之指示而行薄葬，显然是缘木而求鱼了。

然而，厚葬久丧的行为不能完全用风气奢华、经济富裕，甚至孝道思想解释。如本文起始所言，人之所以愿意厚葬死者，总是基于某种对灵魂或死后世界之相信。汉代并非厚葬风俗之起源时代，亦非对灵魂及死后世界信仰之开始，但是汉人对于死后世界的想象却明显地比前代更为清楚。这种想象在墓葬上的具体表现有二：一为墓葬形制的改变，一为随葬品内容和性质的改变。整体而言，两汉的墓葬形制由西汉的竖穴木椁墓，逐渐地转变为东汉的横穴砖室墓，其所代表的意义基本上是对于死者的"存在世界"有具体化的想法，要让死者能"生活"在与生前所生活环境相似的地方。[4] 而即使就竖穴墓本身细部之变化而

---

[1] 《后汉书》卷七九《儒林列传》，第2546页。
[2] 《孝经注疏》卷九《孝治》，台北：艺文印书馆《十三经注疏》本1970年版，第2页。
[3] 《后汉书》卷一下，第51页。
[4] 这种由竖穴墓到砖室墓的转变其实是一个缓慢的过程，其源头可以上溯到战国时代。在战国晚期，河南有一种竖穴砖椁墓的出现，这种墓穴之构造基本上与竖穴木椁墓相同，惟木椁的部分为一种以大型长方形空心砖砌成的椁室所代替，砖椁内仍置木棺。汉代所谓的砖室墓，很可能就是将竖穴墓的砖椁移置到洞室墓的横穴中的结果。此猜测有一有力的证据。在郑州出土的一批战国末年至西汉初年墓葬中，依年代早晚排序，最早为竖穴空心砖墓，其次为土洞墓，最后为土洞砖椁墓，也就是横穴砖室墓。（以上资料见牟永杭：《郑州岗杜附近古墓葬发掘简报》，《文物参考资料》1955年第10（转下页）

言，亦可见模仿人居的企图，这就是战国末年已显端倪、到西汉后较为发达的木椁板上的门窗装饰。本来自战国晚期以来的墓中就出现了沟通棺室和头箱或边箱之门或窗[1]，到汉代时，此种习俗乃更为流行。[2] 由于此类门窗一般均无实用价值，故其设置之目的很可能是模仿生人房屋。有的例子在椁室中甚至有楼房的设计[3]，这些都显示出一种墓葬观念的变化，就是墓室的建筑要比较明确或真实地象征人生时居所。在此之前，人们也许早已有了"故圹垄，其貌象室屋也"（荀子）的观念，但是并没有真正用模仿生人屋室的方式来落实此种观念。[4] 这种观念上的转变其

（接上页）期，第3—23页；讨论可参见 Robert L. Thorp, *The Mortuary Art and Architecture of Early Imperial China*, Kansas: University Press of Kansas, 1980, p. 122.）可见砖室墓由竖穴砖椁墓和洞室墓发展而来是很自然的。（至于此转变所代表之建筑技术上的意义，此处暂不讨论）西汉初年，这种砖室墓所使用的砖块仍然是大型空心砖，椁室则为长方形箱，和竖穴墓中的木椁相似，作用亦相同。到了西汉中期，大型空心砖逐渐为小砖代替，椁室的结构也发生变化。在那些仍用空心砖的墓中，开始出现了像房屋顶的"人"字形的椁顶，在小砖墓中，则有所谓的"券顶"。到了西汉晚期，又有四角结顶的"穹窿"顶，砖室墓的结构遂愈形复杂，除了主墓室外，又有前室（或享堂）、耳室等，前室放置案、耳杯、酒具、餐具，象征生时享宴之处，耳室中常置炊煮器和车马具，象征厅厨和马厩。这种发展很明显表示，墓室是模拟生者的居所而造的。从西汉晚期开始的一些墓中，不但砖上的花纹有装饰作用，还在墓室壁上施以彩色壁画，更加强了模拟地上房屋的意味。（有关汉代壁画之意义，可参见邢义田：《汉代壁画的发展和壁画墓》，载《历史语言研究所集刊》第57本，"中研院"历史语言研究所1986年版，第139—170页；谢国桢：《汉代画像考》，载周珏良等：《周叔弢先生六十日纪念论文集》（内部资料），1950年，第345—349页。

1 荆州博物馆：《江陵雨台山楚墓发掘简报》，《考古》1980年第5期，第391—402页；云梦县文物工作组：《湖北云梦睡虎地秦汉墓发掘简报》，《考古》1981年第1期，第27—47页。

2 如《山东文登县的汉木椁墓和漆器》，《考古》1957年第1期，第127—131页；南京博物馆、扬州市博物馆：《江苏扬州七里甸汉代木椁墓》，《考古》1962年第8期，第400—403页；广西壮族自治区文物考古写作小组：《广西合浦西汉木椁墓》，《考古》1972年第5期，第20—30页；《安徽天长县汉墓的发掘》，《考古》1979年第4期，第320—329页；《扬州东风砖瓦厂八、九号汉墓清理简报》，《考古》1982年第3期，第236—242页；《湖北江陵凤凰山一六八号汉墓发掘简报》，《文物》1975年第9期，第1—7页；扬州西汉"妾莫书"木椁墓》，《文物》1980第12期，第1—6页；《江陵张家山三座汉墓出土大批竹简》，《文物》1985年第1期，第1—8页。

3 《光化五座坟西汉墓》，《考古学报》1976年第2期，第149—168页；《扬州邗江县胡场汉墓》，《文物》1980年第3期，第1—10页。

4 殷代大墓中亚形墓室是否象征宫室或宗庙尚无法确定，见高去寻：《殷代大墓的木室及其含义之推测》，载《历史语言研究所集刊》第39本，"中研院"历史语言研究所1969年版，第175—188页；俞伟超：《汉代诸侯王与列侯墓葬的形制分析》，载《先秦两汉考古学论集》，北京：文物出版社1985年版，第117—124页，文章认为战国时代木椁分室之墓葬已经表现出其模拟生人居所的概念。

实影响到了整个墓葬制度，墓形的变化只是改变的其中一环。其次，就随葬器物来说，殷周以来墓中主要陪葬代表身份的青铜礼器（以鼎制为代表），到了战国之后以至于西汉中期，青铜礼器或陶制仿铜礼器逐渐为日常生活使用的陶器以及与生活密切相关的各种明器（如房屋、田地、畜生等）所代替[1]，这种趋势似乎不仅是出于经济上的考虑，更主要的是代表人们对于死者在地下所需的东西有了不同的想法：由强调死者身份为主的礼器转变为代表死者"日常生活"所需的日用器物，也就是说，对死者所处的世界有了比较具体的想法。

与前面的问题密切相关的，就是所谓死后世界观的问题。人死之后，究竟有无知觉？是否以另一种形式继续存在于天地之间？是否有可能再度回到人间？或者完全归于尘土？对于这些问题，不同时代的人有不同的想法。在中国，下面所要谈的薄葬论者大多认为，人死即归尘土，但一般人并不如此想。在葬俗方面，至少自新石器时代以来，墓葬习俗中某些部分可能代表人对灵魂的相信，如仰韶墓葬中人骨涂朱和瓮棺凿孔等。[2] 至于仅仅靠墓葬中有随葬品的出现，是否能代表这些随葬品是为了"死后有知"的死者而置，代表人们相信人死后会在另一个世界中活着，并且有与这个世界相同的需要，是一件不完全清楚的事。现代的研究者想要确定古人是否有灵魂观，拥有有关死后世界的想法，但古人自己却不一定有清楚的概念。类似的情况可以在一些研究古代希腊宗教和墓葬的作品中得到印证。[3] 在缺乏

---

1 《中国古代墓葬说》，《考古》1981 年第 5 期，第 449—458 页；Wang Zhongshu, *Han Civilization*, New Haven: Yale University Press, 1982, p. 20ff.
2 参见蒲慕州：《论中国古代墓葬形制》，《台湾大学文史哲学报》1990 年第 37 期，第 234—279 页。
3 E. Vermeule, *Aspects of Death in Early Greek Art and Poetry*, Berkeley: University of California Press, 1979, pp. 33 - 41; R. Garland, *The Greek Way of Death*, pp. 48 - 76.

文字记载的社会中如此，在有了文字记录之后，有关当时人对灵魂的观念和死后世界的想法，也不见得都保存在文献中。商周时代文献稀少，当时人有关灵魂和死后世界的观念主要表现在他们对政治统治者先祖的信仰上，一般人的情况则无法得知。[1] 到春秋时代，《左传》中常被引述的"郑庄公掘地见母"的故事，有"不及黄泉，不相见也"（隐公元年）的话。此"黄泉"一般都被解释为"死后世界"[2]，但此世界中到底情况如何，则不得而知。由考古学的角度来看，"黄泉"一词很可能最初指的只是在挖掘墓室过程中，到达一定深度时所涌出的地下水，后来遂成为墓穴的代称，并不一定可以引申为"死后世界"。[3]

到了《楚辞》的时代，有关死后世界的观念得到稍微多一点的文献证明。《楚辞》"招魂"中有"幽都"和"土伯"的名词，分别指死后世界和其中的统治者。较《楚辞》晚 100 多年，在汉初楚墓中，长沙马王堆一号墓中出土的帛幡上，绘有墓主人升天的画面[4]，三号墓中出土的木牍上又有"主藏君""主藏郎中"等类似地上世界的地下官僚组织[5]，在同时代江陵凤凰山 168 号汉墓中出土竹简上又有"地下丞""（地下）主"的官名[6]，可见当时人所想象的死后世界已具有和生人世界相类的社会组织，木牍、竹简上所开列的随葬品即为死者在地下的生活必需

---

[1] 余英时：《中国古代死后世界观的演变》，《联合月刊》1983 年第 26 期，第 83 页。
[2] 余英时：《中国古代死后世界观的演变》，《联合月刊》1983 年第 26 期，第 84—85 页；M. Loewe, *Chinese Ideas of Life and Death*, London: Allen & Unwin, 1982, pp. 25-37.
[3] 如《孟子注疏》卷六下《滕文公下》，第 8 页，原文为："蚓上食槁壤，下饮黄泉。"《庄子集释·秋水篇》，第 601 页，原文为："螾无爪牙之利，筋骨之强，上食埃土，下饮黄泉。"《管子·小匡篇》，第 120 页，原文为："杀之黄泉，死且不朽。"王充：《论衡·别通篇》，第 132 页，原文为："穿圹穴，卧造黄泉之际。"《汉书·武五子传》，第 2762 页，原文为："黄泉下兮幽深，人生要死，何为苦心。"这些例子中的"黄泉"都没有"死后世界"的含义。
[4] 讨论见 M. Loewe, *Ways to Paradise*, London: George Allen & Unwin, 1979, pp. 17-59.
[5] 《长沙马王堆二、三号汉墓发掘简报》，《文物》1974 年第 7 期，第 43 页。
[6] 《湖北江陵凤凰山一六八号汉墓发掘简报》，《文物》1975 年第 9 期，第 4 页。

品。这地下世界生活与阳世的相似程度,可以从死者必须要向地下主购买一片土地才能合法地在其中居住一事看出。[1]

结合文献材料与考古材料,我们可以推测,从战国晚期开始,中国人对于死后世界有了比较具体的想法,也有了具体表达此种想法的墓葬方式。汉代厚葬风气的形成与这种对死后世界的想象的具体化应该有相当密切的关系。

汉代厚葬风气既已如上所论,而近数十年来考古发掘所得之汉代墓葬亦以万数[2],这些考古材料是否可以印证文献资料的观察,是一个必须处理之问题。首先应考虑的是,丧葬之厚薄本身是一个相对的观念,只要是葬礼超越某一个公认的身份标准,或者虽没有超越身份标准,但使用过分豪华的材料,或者只是因为葬礼所费超越死者家庭之经济能力,都可能被称为厚葬。宋文公的厚葬属于第一种,鲁文公说孟子的侈逾属于第二种,而崔寔厚葬其父则为第三种。然而我们之所以能判断这些例子为厚葬,主要是因为我们知道死者的身份,以及当时所普遍遵行的丧葬礼制,以之为判断的根据。更重要的是,文献已经明白地告诉我们其为厚葬。就如那些主张薄葬者的葬法之所以为薄葬,不止是因为我们知道其实际的葬法,更是因为文献明白说他是薄葬。而由下节所举的一些例子已经可知,其实每个主张薄葬者对于何谓"薄"都不见得有一致的想法。那么,当我们面对考古发掘所得的墓葬资料时,应如何处理厚葬的问题?

一般引用考古材料以论汉代厚葬之风的论述,多半列

---

1 吴天颖:《汉代买地券考》,《考古学报》1982年第1期,第15—34页;余英时:《中国古代死后世界观的演变》,《联合月刊》1983年第26期,第84—85页;M. Loewe, *Chinese Ideas of Life and Death*, London: Allen & Unwin, 1982, pp. 25 - 37;萧登福:《从汉世典籍及汉墓出土文物中看汉人的死后世界》,《东方杂志》复刊第11期,第17—27页;第12期,第91—99页。
2 1961年夏估计有两万至三万座汉墓出土,见《新中国的考古收获》,北京:文物出版社1961年版,第74页;1978年王仲殊却估计为超过一万座,见 Wang Zhongshu, *Han Civilization*, p. 175。

举某些豪华之墓葬以证当时有厚葬之风。[1] 然而从方法论之观点而言，此种列举式之论证只能说是得见冰山之一角而已，又有以偏概全之危险，并不足以全面性地显示两汉时代普遍之墓葬是否有厚薄之分，又是否有地域性之差别。根据笔者搜集之汉代墓葬资料库之数据，若就棺椁之形制而论，中原地区（包括山东、河南、河北三省）与楚粤地区（包括广东、湖南、湖北）和秦（山西、陕西、甘肃）之长方形竖穴墓之比较略如下表所示（其他形制、地区、时代之资料较少，没有代表性的暂不分析）。

表1 单葬墓墓室长宽平均值（单位：米）

			中原	楚粤	秦
一棺	西汉	长	3.04（19）[a]	3.20（24）[b]	3.10（2）[c]
		宽	1.54（21）	1.48（26）	1.60（2）
一棺一椁	西汉	长	3.16（12）[d]	4.32（17）[e]	4.29（13）[f]
		宽	1.35（8）	2.52（17）	2.03（13）

（注：括号中数字为有效之墓数，英文字母为数据来源或文献出处。）

图表数据来源：

[a]《文物》1984年第11期，第41页，M15；《考古》1975年第6期，第363页，M5；1963年第3期，第122页，M5；第6期，第20、21、25页；1963年第3期，第130页，M10、3、4、6、12、15、16、32、41、47、57、62。

[b]《广州汉墓》，M1005、1006、1007、1008、1009、1010、1012、1013、1014、1016、1017、1018、1019、1020、1021、2003、2006、2007、2008，《文物》1974年第6期，第41页，M7；1976年第2期，第115页，M前7、前11、前16、前22、前36。

[c]《考古》1979年第2期，第122页，傅家沟、陈家山。

[d]《文物》1977年第11期，第24页，M9；《考古》1963年第3期，第136页，半截塔M2、12、6A、6B、9B、20A，史家桥M8、18、19、26；1975年第6期，第363页，M4。

[e]《广州汉墓》，M117，《文物》1974年第6期，第41页，M8、9、10、12；1976年第10期，第31页，M167；1985年第1期，第1页，M247、249；《考古学报》1976年第2期，第115页，M前14；第149页，M1、3；《文物资料丛刊》(4)，第1页，大坟头M1；《考古》1981年第1期，第27页，M1、2、35、39；《考古通讯》1957年第1期，第30页，M67。

[f]《文物》1955年第7期，第88页，M1、2、3、4；1974年第12期，第63页，榆锦M1、2、3、4、5、6、11；1980年第6期，第42页，M2；《考古》1961年第3期，第172页，M26。

---

[1] 参见 Wang Zhongshu, *Han Civilization*；《新中国的考古发现和研究》第四章，第383页及以后；又见李发林：《汉代的厚葬风气》，载《山东汉画像石研究》，济南：齐鲁书社1982年版，第19—24页；段尔煜：《两汉厚葬之风刍议》，《云南社会科学》1987年第1期，第97—102页。

上表显示,在相同形制之墓中,楚粤及秦地区之墓室较大。

若考虑与棺椁本身大小之对应关系,则如表2所示,西汉时代一棺一椁竖穴墓之长宽数值略如下表示。

表2　椁棺长宽平均值(单位:米)

	中原		楚粤		秦	
	椁	棺	椁	棺	椁	棺
长	2.53 (7)	2.18 (7)	3.39 (15)	2.08 (15)	4.24 (12)	207 (12)
宽	0.93 (7)	0.63 (7)	1.89 (15)	0.70 (15)	2.03 (12)	0.73 (12)
	[a]、[b]、[c]					

图表数据来源:

[a]《文物》1997年第11期,第24页,M9;《考古》1963年第3期,第122页,M26;1963年第3期,第130页,M19;1963年第3期,第136页,M2、9B、20A;1975年第6期,第363页,M4。

[b]《广州汉墓》,M2050;《考古学报》1975年第1期,第93页,M6;1976年第2期,第149页,M3;《文物》1974年第6期,第41页,M8、9、10、12;1976年第10期,第31页,M167;1985年第1期,第1页,M247、249;《文物资料丛刊》(4),第1页,M1;《考古》1981年第1期,第27页,M1、2、35、39。

[c]《文物》1955年第7期,第88页,M2、3;1974年第12期,第63页,榆锦M1、3、4、5、6、13;1980年第6期,第42页,M2;《考古》1961年第3期,第172页,M26;1985年第6期,第527页,M1、2。

由此表可看出与表一相同的趋势,即楚粤及秦地区之墓葬一般要比中原之同形制墓葬更大。

再就随葬品分析,仅就西汉时代中原及楚地未曾被盗扰之单葬一棺一椁墓中所出之铜容器、陶容器、漆器、铜镜等较有价值之随葬品而言,楚粤地区之墓所出之随葬品普遍较中原地区之墓丰富。至于当时其他地区之情况,因资料较零散,暂不讨论。(见表3至表6,括号中数字为有效墓数;全国平均数为同一时代所有相同类型之未扰墓中相同器物之平均数量;早期:汉初至文帝时期;中期:武帝至宣帝时期;晚期:元帝至王莽时期。)

表3 铜容器之平均数（单位：件）

		中原	楚粤	全国平均数
一棺一椁	早	0.03（31）[a]	1.13（184）[b]	1.18
	中	0（32）[c]	1.19（31）[d]	1.46
	晚	0（0）	0.38（8）[e]	3.77

图表数据来源：

[a]《文物》1974年第2期，第5页，M1、2；1980年第12期，第7页，M1、2；《考古》1963年第3期，第122页，M6、15、25、26、27、29、31、39、40、41、42、44、45、46、47；1963年第3期，第130页，M5、19、25、26、41、49、57、62；1963年第3期，第136页，M2、4、13、15、23；1975年第6期，第363页，M4、6。

[b]《广州汉墓》，M1005、1006、1008、1009、1010、1012、1013、1014、1016、1017、1019、1021、1022、1025—1033、1035—1043、1045—1052、1054—1078、1080—1083、1085—1096、1098—1101、1103—1105、1107—1123、1123—1127、1130、1132、1135—1139、1141—1143、1145、1147、1148、1150—1152、1154—1173、1175、1177—1180；《考古学报》1957年1期，第93页，M6；1976年第2期，第149页，M2、4、6—10、12；1976年第2期，第115页，M前2、6—10、12；1976年第2期，第149页，M2、4、6—10、12；1976年第2期，第115页，M前13、14、16、20、21、22、24、25、28、31、36、37；《文物》1974年第6期，第41页，M2、6—10、12；1976年第6期，第31页，M167；1985年第1期，第1页，M247、249；《文物资料丛刊》（4），第1页，M1；《考古》1981年第1期，第27页，M1、2、35、39。

[c]《考古》1963年第3期，第122页，M18—22；1963年第3期，第130页，M1—4、6—14、17、18、22、23、32、47、56、69、73；1963年第3期，第136页，M8、12、14、18、22。

[d]《广州汉墓》，M2006—2008、2016—2019、2022—2024、2026、2036、2037、2041—2043、2048—2051、2054、2055、2058、2059；《考古学报》1976年第2期，第149页，M1、3、5、6A、6B、7。

[e]《广州汉墓》，M3005、3006、3008、3015、3017、3020、3026、3032。

表4 陶容器之平均数（单位：件）

		中原	楚粤	全国平均数
一棺一椁	早	4.54（31）	16.67（184）	17.37
	中	6.19（32）	15.53（31）	12.78
	晚	0（0）	44.63（8）	32.92

表5 漆器之平均数（单位：件）

		中原	楚粤	全国平均数
一棺一椁	早	2（31）	3.38（184）	4.03
	中	0.06（32）	2.68（31）	8.33
	晚	0（0）	0（8）	2.23

表 6　铜镜之平均数（单位：件）

		中原	楚粤	全国平均数
一棺一椁	早	0.13（31）	0.51（184）	0.51
	中	0（32）	0.32（31）	0.46
	晚	0（32）	1（8）	1.08

至于东汉时代，仅就未受盗扰之小砖卷顶单室墓，做相同随葬品之分析如下。（漆器数量太少，故暂不分析；早期：光武至章帝时期；中期：和帝至质帝时期；晚期：桓帝至献帝时期）

表 7　铜器之平均数（单位：件）

	中原	楚粤	全国平均数
早	0.21（14）[a]	0.14（7）[b]	0.54
中	2（1）[c]	1.17（6）[d]	2.38
晚	0（2）[e]	0.2（15）[f]	0.23

图表数据来源：

[a]《考古学报》1956年第1期，第19页，M4；1959年第2期，第57页，M8、10、13；《考古》1963年第3期，第130页，M9、24、28、30、43、46、48、55、61；1964年第8期，第385页，M1。

[b]《广州汉墓》，M4030；《考古》1985年第8期，第708页，M6；1985年第11期，第990页，M1；《考古学报》1976年第2期，第15页，M2、30、32；《考古学集刊》(1)，第158页，常南M3。

[c]《考古》1966年第3期，第133页。

[d]《考古》1979年第5期，第427页，M1、8、12、13、19；《考古学集刊》(1)，第143页，水M14。

[e]《考古通讯》1958年第2期，第43页，C5M18；1958年第9期，第61页，M6。

[f]《广州汉墓》，M5014、5015；《考古学集刊》(1)，第158页，常东M2，常南M3、9；《文物资料丛刊》(1)，第198页，M3；《考古学报》1984年第1期，第53页，M1、134、350、496、498、499、511、515；《文物》1982年第3期，第252页，MA。

表 8　陶容器之平均数（单位：件）

	中原	楚粤	全国平均数
早	10.28（14）	11.81（7）	9.28
中	12（1）	13.66（6）	14.01
晚	9（2）	6.73（15）	7.27

表9　铜镜之平均数（单位：件）

	中原	楚粤	全国平均数
早	0.43（14）	0.71（7）	0.68
中	3（1）	1.67（6）	0.68
晚	0（2）	1.6（15）	1.27

以上分析虽仅限于两汉时代一部分地区之一部分墓葬，但由于一棺一椁及小砖卷顶单室墓实为现存两汉墓葬中主要之形式（未扰一棺无椁墓及土洞墓之数量太少，故暂不分析），分析所得之数据仍应有相当之代表性。由这些数据可以看出，不论西汉或东汉时代，中原地区之墓葬一般并不比楚粤地之墓葬更厚，这一结论与文献所显示的情况显然有些距离。若说中原地区有厚葬之风，则在楚粤地区厚葬的风气似乎更盛。尤其是若我们比较这两个区域的随葬器物平均数与全国平均数，可看出楚粤地区的平均数有高于全国平均者，而中原地区则常低于全国平均数，可见若中原地被认为有厚葬风气，则此风气遍于全国，这一点可以由考古数据大致得到印证。

不过，这些计算并没有将墓主的身份一一考虑进去。其基本假设是，形制相同的墓葬大体上其墓主之社会地位亦相近，尤其是一旦考虑数量较多的墓葬时，少数不合常轨的墓葬之影响应较小。然而汉代之葬仪是否有普遍之制度？前引武原侯因埋葬过律而受罚之事显示，当时应有某种规定，但现已不得其详。由考古发掘所得诸侯王及列侯之棺椁制度看来（表10），连本应最讲究礼制的皇族贵戚的墓葬都没有定制，而可能是以各人当时的财势为主要的决定因素。

表10 西汉诸侯王墓葬形制之比较

爵位	姓名	年代	葬制	备注
赵王	张耳	高祖五年（前202年）	二棺一椁 黄肠题凑	[a]
长沙王	吴著	文帝后元七年（前157年）	三棺一椁 黄肠题凑	[b]
长沙王后	曹㛗	西汉早期	三棺二椁 黄肠题凑	[c]
中山靖王	刘胜	武帝元鼎四年（前113年）	多室崖墓	[d]
楚襄王	刘注	武帝天汉元年（前100年）	多室崖墓	[e]
昌邑哀王	刘髆	武帝后元二年（前87年）	单室崖墓	[f]
燕王	刘旦	昭帝元凤元年（前80年）	五棺二椁 黄肠题凑	[g]
中山怀王	刘修	宣帝五凤三年（前55年）	五棺二椁 黄肠题凑	[h]
广陵王		西汉中晚期	黄肠题凑	[i]
楚王		西汉中晚期	多室崖墓	[j]
鲁王		西汉中晚期	多室崖墓	[k]

图表数据来源：

[a]《河北石家庄市北郊西汉墓葬发掘报告》，《考古》1980年第1期，第52—55页。

[b]《长沙象鼻嘴一号西汉墓》，《考古学报》1981年第1期，第111—130页。

[c]《长沙咸阳湖西汉曹墓》，《文物》1979年第3期，第1—16页；又其年代之讨论，见《略谈长沙象鼻嘴一号汉墓陡壁山曹墓的年代》，《考古》1985年第11期，第1015—1024页。

[d]《满城汉墓发掘报告》，北京：文物出版社1980年版。

[e]《铜山龟山二号西汉崖洞墓》，《考古学报》1985年第1期，第119—133页；《对"铜山龟山二号西汉崖洞墓"一文的重要补充》，《考古报告》1985年第3期，第352页。

[f]《巨野红土山西汉墓》，《考古学报》1983年第4期，第471—498页。

[g]《大葆台西汉木椁墓发掘简报》，《文物》1977年第6期，第23—33页；俞伟超：《汉代诸侯王与列侯墓地的形制分析》，载《先秦两汉考古学论集》，第121页，说此墓为元帝时燕广阳顷王。

[h]《河北定县40号汉墓发掘简报》，《文物》1981年第5期，第1—10页。

[i]《江陵高邮发掘一座大型汉墓》，《人民日报》1980年7月18日；《新中国的考古发现和研究》，第445—446页。

[j]《徐州石桥汉墓清理报告》，《文物》1984年第11期，第20—40页。

[k]《曲阜九龙山汉墓发掘简报》，《文物》1972年第5期，第39—44页。

据《后汉书·礼仪志》，天子之丧"方石治黄肠题凑便房如礼"[1]，而诸侯王、列侯以下，并没有用黄肠题凑。[2] 显然，《礼仪志》没有记载，并不表示实际情况即如此，不仅诸侯王得用黄肠题凑，一些特别受尊宠的大臣也可由皇帝赐以黄肠题凑墓，如霍光[3]、董贤[4]及梁商[5]等人。甚至民间也有私自僭用的，如崔寔政论所说："送终之家，亦无法度，至用襦梓黄肠，多藏宝货。"[6]

不仅诸侯王的情况如此，列侯以下的墓葬也与之相似。马王堆二号轪侯墓为二棺二椁，其子之墓为三棺一椁，而其妻之墓却为四棺一椁。[7] 然而，与马王堆诸墓约同时的阜阳双古堆汝阴侯之墓却只有一棺一椁。[8]

东汉初期的广陵王墓[9]与和帝时的中山简王墓[10]均为砖室墓，其规模并没有超过王莽时代的郁平大尹（太守）冯孺人之墓[11]太多。而东汉灵帝时中山穆王、王后之合葬砖室墓则为一前一中二后室加二耳室的规模[12]，与和林格尔护乌桓校尉墓[13]、武威雷台 M1 某将军墓[14]的形制相似，却远不如同时代之望都所药村 M2 太原太守墓二前一中二后

---

[1] 《后汉书》志第六《仪礼下》，第 3144 页。
[2] 《后汉书》志第六《仪礼下》，第 3152 页。
[3] 《汉书》卷六三《霍光传》，第 2948 页，原文为："（光薨）赐梓宫便房黄肠题凑各一具纵木，外藏椁十五具。"
[4] 《汉书》卷九三《董贤传》，第 3734 页，原文为："（哀帝）令将作为贤起冢茔义陵旁，内为便房，刚柏题凑。"
[5] 《后汉书》卷三四《梁商传》，第 1177 页，原文为："赐东园朱寿之器、银镂、黄肠、玉匣什物二十八种。"
[6] 见严可均辑：《全后汉文》卷四六，第 5 页。
[7] 《长沙马王堆二、三号汉墓发掘简报》，《文物》1974 年第 7 期，第 39—48 页。
[8] 王襄天、韩自强：《阜阳双古堆西汉汝阴侯墓发掘简报》，《文物》1978 年第 8 期，第 12—31 页。
[9] 纪仲庆：《江苏邗江甘泉二号汉墓》，《文物》1981 年第 11 期，第 1—11 页。
[10] 敖承隆：《河北定县北庄汉墓发掘报告》，《考古学报》1964 年第 2 期，第 127—159 页。
[11] 黄运甫、闪修山：《唐河汉郁平大尹冯君孺人画象石墓》，《考古学报》1980 年第 2 期，第 239—262 页。
[12] 见俞伟超：《汉代诸侯王与列侯墓葬形制的分析》，载《先秦两汉考古学论集》，北京：文物出版社 1985 年版，第 123 页。
[13] 《和林格尔汉墓壁画》，北京：文物出版社 1978 年版。
[14] 《武威雷台汉墓》，《考古学报》1974 年第 2 期，第 87—109 页。

室外加八个耳室的规模。[1]

一般中下阶层官员之葬制亦不太可能有严格之定制，最清楚的例子是江陵凤凰山10号墓（前153年），一棺一椁；168号墓（前167年），二棺一椁。两墓主均为五大夫，年代相去亦仅数年，而墓葬等级却不同。而凤凰山另外一批九座时代约略相同、亦均为一棺一椁之墓葬，其棺椁之大小厚薄却有明显之不同。[2]

上面这些墓主身份可以确定的具体例子说明，墓葬之形制在同一阶层内有不同，甚至有低阶墓葬较高阶层更厚的情形。这些情况的出现，也从另一方面说明了当时有僭侈厚葬之风气。因此我们可以推论，不论是对大量较低阶层的墓葬中随葬品的分析，或是对诸侯王等较高阶层的墓葬形制的比较，考古材料所呈现的汉代的厚葬风气不但充分支持文献材料中所透露出的信息，而且可以补充文献材料不足之处。

四、汉代之薄葬论

上文已大致从考古及文献材料方面讨论了汉代厚葬的风气。以皇帝诏书为代表的政府态度，虽然基本上禁止厚葬，然而并不能真正触及厚葬所涉及的社会心理层面，只能在政治层面和经济层面上立说，即"僭制"破坏尊卑之序，厚葬破财伤生。当世家豪族的势力不断膨胀，僭制不再被顾忌，奢侈自然无所节制，流风所及，厚葬久丧之风气逐渐弥漫于社会中。厚葬已不仅是为了表达生者的孝思，更是生者在社会舆论中求得佳评，甚至夸富乡里的必要手段。如《吕览》作者早已点明："今世俗大乱之主，

---

[1] 《望都二号汉墓》，北京：文物出版社1959年版。
[2] 《湖北江陵凤凰山西汉墓发掘简报》，《文物》1974年第6期，第41—61页；《湖北江陵凤凰山一六八号汉墓发掘简报》，《文物》1975年第9期，第4页。

愈侈其葬，则心非为乎死者虑也，生者以相矜尚也。侈靡者以为荣，俭节者以为陋，不以便死为故，而徒以生者之诽誉为务。"[1]

当然，丧葬之礼原本就是一项社会制度，当社会风气趋于奢华，节丧仪节之僭侈只不过为社会中流行之价值观之反映而已。

不过，在这种厚葬的风气中，仍然有少数人采取了与众不同的态度，主张薄葬。这些薄葬的主张自然各自源于不完全相同的立场，但基本上可以归为两种主要类型，一种以厚葬的经济后果为关心点，另一种则从宇宙与生死观立论。以下分别讨论。

墨子的节丧说基本上就是从丧葬礼俗的经济层面出发而论厚葬之不当，以为其耗损财力，无利于天下。这种从经济层面立说，以主张薄葬的理论在汉代仍有后继者，不过这些论说均不采取墨子的极端态度，而是融于儒家之思想传统之中。《盐铁论·散不足》篇中，贤良文学对当时民间厚葬风气有生动的描述，其对于厚葬的批评乃是对整个社会奢侈风气批评的一部分。文中虽没有正面主张薄葬，我们亦可推测其态度应有此种倾向。

成帝时，刘向曾上书谏营昌陵延陵之事，主张薄葬。[2] 刘向举黄帝、尧、舜、汤、文、武、周公、孔子等薄葬先例，以及因厚葬而冢墓招致发掘的吴王、秦王、始皇等例，认为薄葬"非苟为俭，诚便于体也"，"德弥厚者葬弥薄，知愈深者葬愈微"，并暗示节俭者国祚长存，奢侈者后嗣再绝。这是以皇室的存亡作为一种"危机"来加强自己的论点。不过刘向的主要论点乃是劝成帝从经济层面上考虑天子之厚葬所带给人民的困扰："及徙昌陵，增埤为

---

[1] 《吕氏春秋》卷十《节丧》，第4页。
[2] 事见《汉书》卷三六，第1950页。

高，积土为山，发民坟墓，积以万数，营起邑居，期日迫卒，功费大万百余。死者恨于下，生者愁于上，怨气感动阴阳，因之以饥馑，物故流离以十万数。"[1] 刘向虽提出人死有无知觉的讨论，"以死者为有知，发人之墓，其害多矣，若其无知，又安用大"，但他自己没有下结论，只是以此种"两难"的情况来说明厚葬之无益，所以讨论的重心并不在生死观之上。总之，为了向皇帝谏言，刘向的薄葬论其实主要是一篇为民请愿的政论。

东汉光武初期，据说以军功封侯的祭遵"临死，遗诫牛车载丧，薄葬洛阳"[2]。祭遵"少好经书，家富给，而遵恭俭，恶衣服。丧母，负土起坟。……为将军，取士皆用儒术，对酒设乐，必雅歌投壶。又建为孔子立后，奏置五经大夫，虽在军旅，不忘俎豆"[3]。可见祭遵的薄葬思想基本上源于他节俭的性格，但并不表示他反对儒家的礼仪和纹饰，为其母负土起坟之事可为一证。

和帝时，司徒张酺有薄葬之志，其遗言为："显节陵扫地露祭，欲率天下以俭。吾为三公，既不能宣扬王化，令吏人从制，岂可不务节约乎？其无起祠堂，可作藁盖庑，施祭其下而已。"[4] 张酺以通《尚书》入仕，为人严正。他的薄葬观念主要仍是由道德性和功利性的角度出发。与他的主张相近的，有顺帝时以外戚居高位的梁商：

> 商病笃，敕子冀等曰："吾以不德，享受多福，生无以辅益朝廷，死必耗费帑藏。衣衾饭含玉匣珠贝之属，何益朽骨。百僚劳扰，纷华道路，只增尘垢，虽云礼制，亦有权时，方今边境不宁，盗贼未息，岂宜重为国损！气绝

---

[1] 事见《汉书》卷三六，第1956页。
[2] 《后汉书》卷二〇，第742页。
[3] 《后汉书》卷二〇，第742页。
[4] 《后汉书》卷四五，第1533页。

之后，载至冢舍，即时殡敛。敛以时服，皆以故衣，无更裁制。殡已开冢，冢开即葬，祭食如存，无用三牲。"[1]

梁商薄葬的主张大旨仍以葬礼的政治和经济后果为主要考虑的对象，他虽然也提到"衣衾饭晗玉匣珠贝之属，何益朽骨"，但非立论中心，他的薄葬论是"虽云礼制，亦有权时……岂宜重为国损"之观念的产物，是一种在特殊政治、经济情势之下所做的权宜之计，故立论基础薄弱。他的言辞是否矫情之论颇值得怀疑，无怪乎"及薨，帝亲临丧，诸子欲从其诲，朝廷不听，赐以东园朱寿之器、银镂、黄肠、玉匣……"[2] 实际上，以梁商家族在朝廷中的显赫地位（商女为顺帝皇后，妹为贵人），是不可能真正行薄葬的。范晔在《后汉书》中的评论甚为中肯："（商）永言终制，未解尸官之尤。"[3] 在位时不力求为国家社会谋福，仅仅遗命薄葬，于事何补。

比较能够从宇宙观和生死观来立论的，则是与道家思想取向有关系的一些人。

《淮南子》一书内容庞杂，然大旨在宇宙观方面发挥道家思想，而在人间世事之伦理方面亦接受不少儒家之思想。[4] 因此他们对于生死的看法，基本上略如《精神训》所说："吾生也有七尺之形，吾死也有一棺之土，吾生之比于有形之类，犹吾死之沦于无形之中也。然则吾生也，物不以益众，吾死也，土不以加厚，吾又安知所喜憎利害其间者乎？"[5] 然而，此种生死观应用到对丧葬制度的讨论

---

1 《后汉书》卷三四，第1177页。
2 《后汉书》卷三四，第1177页。
3 《后汉书》卷三四，第1187页。
4 有关《淮南子》一书在汉代思想史上意义之讨论，参见徐复观：《淮南子与刘安的时代》，载《两汉思想史》卷二，第175页及以后；近年有关淮南子作者之综合讨论可参考 C. le Blanc, *Huai Nan Tzu*, Hong Kong: Hong Kong University Press, 1985, pp. 24-41.
5 《淮南子》卷七《精神训》，台北：中华书局四部备要本1971年版，第4页。

上时，并没有导致极端的薄葬主张，却采取了稍微和缓的态度。《齐俗训》说：

> 夫儒墨不原人情之终始，而务以行相反之制，五缞之服。……古者非不知繁升降槃还之礼也，蹀《采齐》《肆夏》之容也，以为旷日烦民而无所用。故制礼足以佐实喻意而已矣。古者非不能陈钟鼓……非不能竭国靡民，虚府殚财，含珠鳞施，纶组节束，追送死也，以为穷民绝业而无益于槁骨腐肉也。故葬埋足以收敛盖藏而已。……明乎生死之分，通乎侈俭之适者也。[1]

《齐俗训》作者虽在文中排斥儒、墨两家有关丧制的观念，但是他自己所提出的建议却不一定完全与儒、墨的主张相背。儒家自然不会反对"制礼足以佐实，喻意而已矣"的说法，而墨家也应会赞同"葬埋足以收敛盖藏而已"的意见。由此亦可以看出《淮南子》一书中思想的活泼性，能融儒、道、墨各派思想于一炉。[2]

在武帝时，还有另一著名的薄葬论者杨王孙，亦为道家之徒：

> 杨王孙者，孝武时人也。学黄老之术，家业千金，厚自奉养生，亡所不致。及病且终，先令其子，曰："吾欲裸葬，以反吾真，必亡易吾意。死则为布囊盛尸，入地七尺，既下，从足引脱其囊，以身亲土。"其子欲默而不从，重废父命，欲从，心又不忍，乃往见王孙友人祁侯。
>
> 祁侯与王孙书曰："……窃（闻）王孙先令裸葬，令

---

[1]《淮南子》卷一一《齐俗训》，第7页。
[2] 惟《淮南子》书中不取法家思想，此与《淮南子》成书之时代及政治背景有极密切关系，其说详见徐复观《淮南子与刘安的时代》。

死者亡知则已,若其有知,是戮尸地下。将裸见先人,窃为王孙不取也。且孝经曰'为之棺椁衣衾',是亦圣人之遗制,何必区区独守所闻?愿王孙察焉。"

王孙报曰:"盖闻古之圣王,缘人情不忍其亲,故为制礼,今则越之,吾是以裸葬,将以矫世也。夫厚葬诚亡益于死者,而俗人竞以相高,靡财单币,腐之地下。或乃今日入而明日发,此真与暴骸于中野何异!……昔帝尧之葬也,窾木为椟,葛藟为缄,其穿下不乱泉,上不泄臭。故圣王生易尚,死易葬也。不加功于亡用,不损财于亡谓。今费财厚葬,留归鬲至,死者不知,生者不得,是谓重惑。于戏!吾不为也。"[1]

祁侯所说"令死者无知则已。若其有知,是戮尸地下,将裸见先人",正是一般对鬼神或死后世界存在与否无肯定答案的儒者的态度。杨王孙则坚定地站在道家的立场,主张人死之后回归于自然,不再有任何单独的存在,所谓"且夫死者,终生之化,而物之归者也。归者得至,化者得变,是物各反其真也。反真冥冥,亡形亡声,乃合道情"。而他又说:"精神者天之有也,形骸者地之有也。精神离形,各归其真,故谓之鬼,鬼之为言归也,其尸块独处,岂有知哉?"[2] 这完全否认了鬼神的存在,否认死者有任何"有知觉"的可能。

不过,杨王孙对人死之后的情况虽有相当"冷酷"的看法,却并不表示他不重视生命。相反,他生时"厚自奉养,亡所不致",这一点与后来道家重视养生的思想当有继承关系。最后应注意的是,杨王孙的薄葬论虽

---

[1] 《汉书》卷六七,第2907—2909页。关于杨王孙和下文要谈到的赵咨的薄葬思想,参见牧尾良海:《漢代薄葬論の典型—楊王孫と趙咨》,载《那須博士古稀記念論文集》,《智山学報》1964年12/13期,第197—209页。
[2] 《汉书》卷六七,第2907—2909页。

铿锵有力，但并不意味着持论者必须与他一样行裸葬。他的裸葬乃是有鉴于当时的厚葬风气，特行之"以矫世也"，其薄葬的原则只是"不加功于亡用，不损财于亡谓"而已。他的薄葬论显然在后世相当著名，而为人所称道。

至东汉时代，薄葬论者言论中具道家思想取向的，还有光武时的樊宏。樊宏与杨王孙相似，家资巨万，而有"天道恶满而好谦，前世贵戚皆明戒也。保身全己，岂不乐哉"[1]的主张，死时遗令薄葬。然而考察樊宏的生平，却与杨王孙相去甚远。杨王孙终生不仕，而樊宏数任官职，位至封侯。他不但尽忠职守，而且谨言慎行，为人"谦柔谓慎"，极为光武帝所欣赏。他死后，光武帝下诏：

> 今不顺寿张侯意（即薄葬之遗志），无以彰其德。且吾万岁之后，欲以为式。[2]

樊宏的薄葬之志得以贯彻，但光武帝仍然赐给他的家属"千万钱，布万匹"，并且亲自参加他的葬礼。因樊宏为光武帝之舅，厚赐为无可避免之礼俗。

章帝时有蜀郡张霸者，曾任太守、侍中，死时遗命："昔延州使齐，子死嬴、博，因坎路侧，遂以葬焉。今蜀道阻远，不宜归茔，可止此葬，足藏发齿而已。务遵速朽，副我本心。"[3]虽然张霸所引延陵季子葬子的故事为儒家所赞同的"恰当"的行为，他要求"务遵速朽，副我本心"，以及引老子"知足不辱"[4]的言论，似乎表示他有受

---

1 《后汉书》卷三二，第1121页。
2 《后汉书》卷三二，第1121页。
3 《后汉书》卷三六，第1241—1242页。
4 《后汉书》卷三六，第1241—1242页。

到道家思想的影响。

但若考虑他的政治事业，以及学术成就，他显然不能算是道家之徒。他在任会稽太守时，"郡中争厉志节，习经者以千数，道路但闻诵声"[1]。此外，他又是公羊春秋学者，曾删订《严氏春秋》，更名为《张氏学》，这些都可以说明他的儒者性格。

与张霸类似的，有顺帝时的崔瑗。他是著名学者崔骃之子，"尽能传其父业"，年40余始为都郡吏。然而他的宦途并不顺利，在其生命的最后数年又为人诬告而诉讼缠身，最后虽终于得还清白，已为老病所困。他的遗言中，有"夫人禀天地气以生，及其终也，归精于天，还骨于地，何地不可藏形骸"[2]等语，道家的思想亦相当浓厚，但这是否发自一种历经沧桑之后的幻灭感，就不易判断了。他的儿子，也就是著名的崔寔，曾在其《政论》中批评厚葬的风气，但是却似乎没有遵从乃父的遗志。据《后汉书》记载："寔父卒，剽卖田宅，起冢茔，立碑颂。葬讫，资产竭尽，因穷困，以酤酿贩鬻为业。时人多以此讥之，寔终不改。"[3]这虽然不一定表示他在薄葬的主张上有双重标准，但也许可以说明，一个人生命中前后行为与主张因着个人的遭遇和心态的不同而有不一致的地方，是相当自然而可以理解的事。

赵咨者，灵帝时博士，累迁敦煌太守、东海相。赵咨为人正直，"在官清简，计日受奉，豪党畏其俭节"[4]。临终时，他为文论薄葬，先论生死之义：

> 夫含气之伦，有生必终，盖天地之常期，自然之至

---
[1]《后汉书》卷三六，第1241页。
[2]《后汉书》卷五二，第1724页。
[3]《后汉书》卷五二，第1731页。
[4]《后汉书》卷三九，第1314页。

数。是以通人达士，鉴兹性命，以存亡为晦明，死生为朝夕。故其生也不为娱，亡也不知戚。夫亡者，元气去体，贞魂游散，反素复始，归于无端。既已消仆，还合粪土。土为弃物，岂有性情，而欲制其厚薄，调其燥湿邪？但以生者之情，不忍见形之毁，乃有掩骼埋胔之制。[1]

他对古来的埋葬制度做了一番检讨，认为世间的葬俗有愈晚愈趋向奢侈浮华的倾向。他描述当代的厚葬之风为："是以华夏之士，争相陵尚。违礼之本，事礼之末，务礼之华，弃礼之实，殚家竭财，以相营赴。废事生而营终亡，替所养而为厚葬，岂云圣人制礼之意乎？"又"并棺合椁，以为孝恺，丰资重襚，以昭恻隐"。[2] 由此我们也可以看出，赵咨虽持道家的生死观，亦兼顾儒家的礼制和墨家的薄葬之义。因此他说："古人时同即会，时乖则别，动静应礼，临事合宜。王孙裸葬，墨夷露骸，皆达于性理，贵于速变。……彼数子岂薄至亲之恩，亡忠孝之道邪？"[3] 他对自己身后事的安排并没有如杨王孙那样"以身亲土"，而是"但欲制坎，令容棺椁，棺归即葬，平地无坟，勿卜时日，葬无设奠，勿留墓侧，无起封树"。[4]

赵咨的例子与樊宏和张霸有相似之处，就是其言行反映出儒、道，甚至墨三派思想的影响。不过，从另外一个角度来看，也可以说儒、道、墨三家思想在他们的心中并不是以互不兼容的关系存在，而毋宁说是作为共同的智识传统而为他们所接受的。

与赵咨同时代或稍晚，又有张奂、范冉、赵岐、卢植

---

[1]《后汉书》卷三九，第1314—1315页。
[2]《后汉书》卷三九，第1314—1315页。
[3]《后汉书》卷三九，第1314—1315页。
[4]《后汉书》卷三九，第1314—1315页。

等人，均以薄葬著于世。张奂曾学欧阳尚书，举贤良，历任属国都尉、使匈奴中郎将、大司农、太常等职。党锢之祸时为宦官王寓跃诬害，回归乡里，遗言有道家洒脱之气："吾前后仕进，十要银艾，不能和光同尘，为逸邪所忌。通塞命也，始终常也，但地底冥冥，长无晓期，而复缠以犷绵，牢以钉密，为不喜耳。幸有前窀，朝殒夕下，措尸灵床，幅巾而已。奢非晋文，俭非王孙，推情从意，庶无咎吝。"[1] 张奂的这种思想可以说是在历经人世的沧桑之后，终于觉悟到仕宦之途的险恶，从而安然接受那不可避免的常命。他对自己的葬礼虽说"奢非晋文，俭非王孙"，似为一中庸之道，但其"朝殒夕下，措尸灵床，幅巾而已"的要求，仍然是薄葬思想的表现。

范冉曾随马融通经，"好违时绝俗，为激诡之行"，亦曾遭党锢之祸，遗命曰："吾生于昏暗之世，值乎淫侈之俗，生不得匡世济时，死何忍自同于世！气绝便敛，敛以时服，衣足蔽形，棺足周身，敛毕便穿，穿毕便埋。其明堂之奠，干饭、寒水、饮食之物，勿有所下。坟封高下，令足自隐。"[2] 范冉的遗言十分清楚地提出对于他自觉已无法改变的"昏暗之世"的抗议。他的葬礼虽亦有棺有衣，但均以最简单之形式为之，不随葬、不择日，显然为针对当世厚葬之俗而发。

赵岐为著名的学者，其《孟子注释》流传至今。他虽娶马融兄女，然甚不齿其豪族身份。灵帝时，赵岐遭党锢之祸，献帝时任太仆，曾在袁绍和曹操的争霸战中扮演重要的角色，于献帝建安六年卒，年90余，遗命曰："我死之日，墓中聚沙为床，布簟白衣，散发其上，覆以单被，

---

[1]《后汉书》卷六五，第2143页。
[2]《后汉书》卷八一，第2690页。

即日便下，下讫便掩。"¹

汉末另一大儒卢植，少时师事马融，通古今学。灵帝征其为博士，转任太守，黄巾之乱起，任北中郎将击张角，后为宦官左丰所谮，再为董卓所免官，隐居于上谷。"临困，敕其子俭葬于土穴，不用棺椁，附体单帛而已。"² 赵岐与卢植的薄葬主张是缘于何种理由？史料并无明言。但根据其传记，赵岐在临死前"先自为寿藏，图季札、子产、晏婴、叔向四像居宾位，又自画其像居主位，皆为赞颂"³，则他的墓葬仍为所谓的壁画墓。若认为他主张薄葬，则他的"薄"与卢植的"葬于土穴"显然在节俭的程度上有所不同。

同样的，章帝时的郑弘⁴与帝时的何熙⁵、顺帝时的王堂⁶、桓帝时的马融⁷、灵帝时的羊续⁸和郑玄⁹等人均遗言薄葬。这些人主张薄葬的原因及其薄葬的方式为何，并无直接的资料可供检讨，但可以想见的是，他们的主张各自有其特殊的背景。

以马融为例。马融为名门之后，是大儒卢植和郑玄之师，史载"融才高博洽，为世通儒……善鼓琴，好吹笛，达生任性，不拘儒者之节，居宇器服，多存侈饰，常坐高堂，施绛纱帐，前授生徒，后列女乐。……注《孝经》《论语》《诗》《易》《三礼》《尚书》《列女传》《老子》《淮南子》《离骚》……"¹⁰ 但由于他曾曲从梁冀的威势而

---

1 《后汉书》卷六四，第2122页。
2 《后汉书》卷六四，第2119页。
3 《后汉书》卷六四，第2124页。
4 《后汉书》，卷三三，第1157页，原文为："临殁悉还赐物，敕妻子褐巾布衣素棺殡殓，已还乡里。"
5 《后汉书》卷四七，第1593页，原文为："右军临殁，遗言薄葬。"
6 《后汉书》卷三一，第1106页，原文为："年八十六卒，遗令薄敛，瓦棺以葬。"
7 《后汉书》卷六〇，第1972页，原文为："延熹九年卒于家，遗令薄葬。"
8 《后汉书》卷三一，第1111页，原文为："遗言薄敛，不受赗遗。"
9 《后汉书》卷三五，第1211页。
10 《后汉书》卷六〇，第1972页。

草奏李固，并作《大将军西第颂》，因而颇为正直者所羞。这样的一种人格，如何能有薄葬之志？而薄葬是否又必然会恰当地反映出他的思想？这些都是不易解答的问题。[1]

又如，马融的弟子郑玄亦主薄葬。郑玄为经学大家，终生不仕，"年七十，遗令薄葬"。其《诫子书》中曾云："吾虽无绂冕之绪，颇有让爵之高。……末所愤愤者，徒以亡亲坟垄未成。……家今差多于昔，勤力务时，无恤饥寒，菲饮食，薄衣服，节夫二者，尚令吾寡恨。"[2] 由此看来，他仍然希望能有财力为自己的父母建高坟大冢，而他自己的薄葬主张似乎源于他节俭的要求，是出于经济上的考虑，与生死观并没有直接的关系，与乃师马融的薄葬主张亦无必然关系。上面两例提示我们，历史人物的思想与其行为之间的复杂关系常常不是少量的史料所能呈现的。

最后必须讨论的是曾经对厚葬思想的宗教背景做过比较详密论证的王充。王充思想的特点，诸如重知识不重伦理道德、命定论、自然的宇宙观等[3]，是形成他的薄葬思想主要背景。他在《论衡·薄葬篇》中以驳斥儒、墨两家对薄葬的看法为讨论的起点。他认为儒家的问题在于虽然不承认神鬼的存在，但又主张要祭祀，这是自相矛盾的。因为儒家认为："夫言死无知，则臣子倍其君父，故曰：丧祭礼废，则臣子恩泊，臣子恩泊，则倍死亡先，倍死亡

---

[1] 马融的人格与思想是否真实地反映在《后汉书》记载之中？历来论者均大体接受范晔的说法而批评他奢侈贪生。近人王泳曾力图为其翻案，惟其推论过于简单，不足以推翻前人的批评，见《马融辨》，《大陆杂志》第 36 卷第 3 期，第 21—25 页。贺昌群则专从马氏之老庄思想来说明他的作为，见《魏晋清谈思想初论》，商务印书馆 1947 年版，第 16 页。至于马融的外戚与士大夫双重身份对他的思想所可能产生的影响，参见余英时：《汉晋之际士之新自觉与新思潮》，载《中国知识阶层史论（古代篇）》，第 208—210 页。
[2] 《后汉书》卷三五，第 1210 页。
[3] 参考徐复观：《王充论考》，载《两汉思想史》卷二，第 563—640 页；冯友兰：《中国哲学史新编》第三册，第 238 页及以后；J. Needham, *Science and Civilization in China*, Vol. II, Cambridge: Cambridge University Press, 1956, pp. 368ff.

先，则不孝狱多。圣人惧开不孝之源，故不明死无知之实。"[1] 儒家鼓励人们对葬礼采取比较重亲的态度，着眼点在于葬礼的社会意义，但是葬礼背后那种深刻的体认并不能为一般人所了解，反而是仪节本身产生了鼓励厚葬的效果，而丧失了儒家丧祭之礼的原义。墨家的问题也在于有自相矛盾的论点，墨子既主张薄葬，又主张明鬼，在王充看来是不通的：

> 墨家之议，自违其术，其薄葬而又右鬼……则夫死者审有知。如有知而薄葬之，是怒死人也。情欲厚而恶薄，以薄受死者之责，虽右鬼其何益哉？如以鬼非死人，则其信杜伯非也。如以鬼是死人，则其薄葬非也。术用乖错，首尾相违，故以为非。[2]

王充自己的看法是，人死之后，回归自然，不能成鬼，世间之有关鬼神之说法均为人的错误与幻觉所造成，所谓"人之所以生者，精气也，死而精气灭，灭而形体朽，朽而成灰土，何用为鬼？"[3] 人死既无知，又不能成鬼，所以厚葬是对死者无益、对生者有益的事："论死不悉，则奢礼不绝，不绝则丧物索用。用索物丧，民贫耗之至，危亡之道也。"[4] 由此可以看出，王充的薄葬论虽是建立在道家一派的自然主义的宇宙和生命观上[5]，但是他也会从经济层面上考虑厚葬的弊端，则又不完全反对墨家的主张。究其理论的根本，他并不真的反对墨家与儒家的原

---

[1] 《论衡·薄葬篇》，台北：世界书局，第226页。
[2] 《论衡·薄葬篇》，第226页。
[3] 《论衡·论死篇》，第202页；又见《死伪》《订鬼》等篇。
[4] 《论衡·薄葬篇》，第226页。
[5] 至于王充的天道观到底与先秦道家有何差别，参见徐复观：《两汉思想史》卷二，第610—622页。

则，而只是不认为儒、墨两家的理论能够自圆其说而已。他主张薄葬，目的也不仅为了与儒、墨争辩，而是为了纠正世人轻信鬼神祸福的态度，这与他在《论衡》其他篇章中破除迷信、力求实证的精神是一致的。[1] 至于他的推论是否合理，是否真能坚守实证的路线，则往往要受到他个人知识、环境和遭遇的影响，是一个学术史上的问题，此处暂不深论。[2]

五、结论

以上大略讨论了汉代薄葬论的要旨。事实上，我们也很难找到主张厚葬的言论，然而社会上厚葬的风气并不因为少数反对的言论而稍息。在薄葬论者的言论中，我们也不易见到如赵咨和王充那样对厚葬的思想、心理或社会背景等方面做深入检讨的例子，这或许是由于这些言论多为死前遗言之故。

由这些文献看来，薄葬论者所主张的薄葬方式各有不同，主张无棺的有杨王孙、张奂、赵岐、卢植等，不反对有棺的为赵咨、范冉等，其余均不知其是否主张有棺。而即使是主张无棺者中，还有杨王孙的裸葬、赵岐的白衣、张奂的幅巾、卢植的单帛等差别，可见"薄葬"本身并无任何绝对标准可言，重要的是提出一种相对于当时一般流行的厚葬习俗的观念。这些薄葬论共同的基本前提应该都是"人死无知"，并且否认死后世界的存在。这和两汉时代葬俗中所透露出的那种对死后世界和鬼神的信仰正形成强烈的对比，也和东汉中晚期兴起的道教对葬礼的态度有

---

1 参见《论死》《死伪》《纪妖》《订鬼》《四讳》《讥日》《䜛时》《卜筮》《辨祟》《诘术》《解除》《祀义》等篇。
2 参见徐复观《两汉思想史》卷二。前人讨论王充之薄葬论的专文，有大久保隆郎：《王充の薄葬論について》，《人文论究》1966年第26期；佐藤匡玄：《王充の薄葬論について》，《爱知学院大学文学部纪要》1972年第1期，均未及见。

所不同。[1] 而分析其薄葬之理论，可以了解到主张薄葬论者的根本立场，大致有从社会经济之角度出发，以及从道家宇宙人生观出发两大类。不过，值得注意的是，这两种立场并不一定是相互排斥的，而有时薄葬者的用意主要是借此种偏激的行为警世抗俗，因而即使其言辞有道家洒脱之气，其薄葬之主张与事实本身却是一种具有"社会教育"意义的积极劝世的儒家胸怀。这一点可以更进一步从这些薄葬论者的出身、教育背景和生平事迹方面来看。

就年代上来看，大多数薄葬论者均为东汉中晚期人，其中是否有特别的原因？是否由于此时的社会风气日坏，以致知识分子也表现出比较强烈的批判态度？[2] 或者只是有较多的材料可供史家利用？或两者均是？无论如何，仅以这些薄葬言论或行为能够被记载下来的事实本身而言，也可以看出当时的知识界中有一股欣赏这种反潮流言行的力量存在着。

表 11　薄葬论者的身份背景简表

人名	年代	卒年	教育背景	事迹、官职
杨王孙	武帝	公元前 100 年	学黄老之术	家业千金
祭遵	光武	公元 33 年	经学	列侯

---

1 吴天颖：《汉代买地券考》，《考古学报》1982 年第 1 期，第 15—34 页；余英时：《中国古代死后世界观的演变》，《联合月刊》1983 年第 26 期，第 84—85 页；M. Loewe, *Chinese Ideas of Life and Death*, London: Allen & Unwin, 1982, pp. 25 - 37；萧登福：《从汉世典籍及汉墓出土文物中看汉人的死后世界》，《东方杂志》复刊第 11 期，第 17—27 页；第 12 期，第 91—99 页；A. Seidel, "Traces of Han Religion in Funeral Texts Found in Tombs"，载秋月观暎编：《道教と宗教文化》，东京：平河出版社 1987 年版，第 21—57 页。至于汉代的鬼神观念，可以参见林巳奈夫《漢代鬼神の世界》，《東方学報》第 46 本，1974 年，第 223—306 页。道教对葬礼的态度，以《太平经》中《事死不得过生法》为代表，是从阴阳鬼神的观念立论，认为人生为阳、死为阴，故事死不得过生。同时，又以为送终愈为奢华，人心愈不为死者，所谓"流就浮华，以厌生人"，以致于鬼神愈为猖獗。这些观念都是与知识分子的薄葬主张不相同的。见王明：《太平经合校》，台北：鼎文书局 1979 年重印本，第 48—53 页。
2 参见 Chi-yun Chen, *Hsun Yueh (A. D. 148 - 209)*, Cambridge: Cambridge University Press, 1975, pp. 10 - 39。

续 表

人名	年代	卒年	教育背景	事迹、官职
樊宏	光武	公元55年	农商	封侯
郑弘	章帝	公元87年	—	孝廉、县令、太守、尚书令、大司农、太尉
张霸	和帝	公元100年	经学	太守、侍中
张辅	和帝	公元104年	经学	太守、太仆、太尉
王充	和帝	公元104年	博学	郡功曹、从事
何熙	和帝	公元110年	—	谒者、司隶校尉、大司农
王堂	顺帝	约公元140年	—	茂才、太守、有治声
梁商	顺帝	公元141年	—	外戚、大将军
崔瑗	顺帝	公元143年	天官、历数京房易傅	茂才、县令、济北相
马融	桓帝	公元166年	经学、诸子	太守
赵咨	灵帝	约公元180年	经学	孝廉、博士、太守、在官清简
张奂	灵帝	公元181年	欧阳尚书	贤良、属国都尉、使匈奴中郎将、大司农、太常
范冉	灵帝	公元185年	经学	性狷急，不就官
羊续	灵帝	公元189年	—	太守、太常
卢植	献帝	公元192年	经学	博士、太守、侍中、尚书、中郎将
郑玄	献帝	公元200年	经学	茂才、不仕
赵岐	献帝	公元201年	经学	太常

由表中可以看出，这些人物中的大部分都多少具有某种程度的经学背景。其中有些甚至为极有成就的儒家学者。至于那些没有明显经学背景的人，如郑弘、樊宏、何熙、王堂等人，也都是在行事方面有一定成就者。因此我们可以推测，尽管他们之中一些人的薄葬言论流露出某些道家思想的特质，他们的思想背景和生平行事却显示出，这些人本质上并不是出世或避世的道家之徒。因而他们的薄葬主张可能仅仅反映出平时没有机会表现的达观思想。

从另一个角度来看，这些言论中有的也可能是愤世嫉俗的宣言。对照着东汉中晚期天灾人祸流行，政府屡屡下令收埋无主的枯骨，而富豪之家厚葬之风不灭的情形来看，知识分子这种心情是不难理解的。值得注意的是，虽然他们多有儒学的背景，不少人却引用道家的观念来支持其薄葬的理论，反而似乎不觉得一些儒家的主张，如"丧，与其易也，宁戚"也很容易被引申为薄葬的理论基础。这是否由于儒家学说在当时多少成为厚葬风气的支持者（尽管此时所谓的儒家思想与先秦儒家有着相当大的距离），以至于他们不愿意再援引儒家学说、以免造成误解是不明确的。此外，论者常以为儒家思想在东汉晚期由于社会的动荡不安而趋于衰弱，以致各种其他思想活跃[1]，这一现象是否可用来解释薄葬论的思想背景，这是一个最好能个案讨论的问题，因为薄葬的主张与个人主观有相当大的关系。至少就我们所看见的这些例子而言，不少主张薄葬者本人是积极有成的儒者，可见，若以为薄葬思想有根源于道家思想的部分，则此道家的人生观，至少就这些人而言，并不是在他们所持的儒家思想衰微的情况之下而起的。这种情况，可以修正上面所谓儒家思想衰微的论点，更可以显现一个时代和其中的个人思想的多面性。同时，这些薄葬论者能够如此力挽潮流，也显示出一直到东汉晚期，至少仍有些知识分子，即使明习经学，他们的思想也并没有一元化。若从汉代思想史的发展来看，这些薄葬论者所呈现出的面貌或许可以说明，由先秦时代所流传下来的各派学说，到了东汉中晚期，已经在一些知识分子的思想中融合为一体。这些知识分子在与社会国家的交往中表现出积极的儒家精神，但在私人追求心灵的平静时则

---

[1] 如汤一介：《郭象与魏晋玄学》，台北：谷风出版社1987年版，第6—9页。

是道家的信徒。[1] 魏晋时代玄学的兴起，其思想上的背景至少有一部分是源于东汉末年的这种情况的。[2]

（原载《历史语言研究所集刊》第61本，1990年）

---

1 参见 E. Balazs, *Chinese Civilization and Bureaucracy*, New Haven: Yale University Press, 1964, pp. 187-225; Chi-yun Chen, "Confucian, Legalist and Taoist Thought in Later Han", in *Cambridge History of China*, Vol. I, Cambridge: Cambridge University Press, 1986, pp. 767-807.
2 实际上已有学者提出魏晋时代的玄学乃是源于汉代儒学的说法，参见汤用彤:《魏晋思想的发展》，载《魏晋玄学论稿》，台北：庐山出版社1972年版，第131页及以后。汤氏论魏晋有旧学、新学。旧学为承袭汉人旧说，新学又见 Jack L. Dull:《新道教におろ儒教の諸要素》，收入酒井忠夫编：《道教の総合的研究》，东京：国书刊行会1977年版，第7—56页。余英时先生（前引文）则从汉晋之际士之自觉来解释由儒学到玄学的转变，是源于以一种对抽象原则的追求。此追求在汉末时表现为儒学的简化运动，在魏晋时则表现为玄学之发展，因而魏晋玄学的兴起并非单纯对儒学之反动所能解释。此说法与文本之观察亦可相互印证。有关魏晋时代的薄葬思想，参见魏鸣:《魏晋薄葬考论》，《南京大学学报（哲学社会科学版）》1986年第4期，第133—143页。魏鸣认为魏晋时代主张薄葬的知识分子多为"儒家"，而具有道家倾向的知识分子虽亦有可能赞同薄葬，但他们对当时社会并没有太大影响。魏鸣的说法可以部分印证本文关于汉代薄葬论背景的论点，不过他所说的"儒家"是否都没有受到道家的影响这是个疑问。

历史与宗教之间

睡虎地秦简《日书》
的世界

本文主要讨论睡虎地秦简《日书》所透露出的、有关战国末年社会生活之诸问题。除对《日书》之结构及抄本歧异之问题稍做讨论外，本文主体以《日书》所反映出之人际关系、衣食住行、农商经济、政治社会以及宗教等问题为对象。而贯穿全文之主线则为检讨"《日书》为秦文化之代表"以及"《日书》中之宗教代表一种原始、不成熟之宗教"此两种流行之观念。作者认为《日书》所代表者不应为"秦文化"此一不明确之指谓，而应代表流行于战国末年的各地中下阶层之某些文化习俗；而《日书》中之宗教则为一种自足之宗教信仰之产物，吾人不应以现代某些特定之有关宗教之定义去衡量其是否"成熟"，而应讨论此信仰在当时人生活中之意义及影响。

一、引言

（一）《日书》之发现、出版与研究

在对古代世界的探索中，新文献资料的出土总是令人振奋的事。学者们借着新的文献，常可以解答从前无法解答的问题，开展从前未曾设想过的领域的研究。但有的时候，由于研究者或学术界本身视野的限制，原本可以起到极大用处的一些材料却不受重视。秦简《日书》的出土就是这样的一个例子。

1975年，湖北省云梦县一个叫睡虎地的地方发现了一座秦代的墓葬，墓主人名叫"喜"。从他的墓中出土了大批的竹简，包括与"喜"生平有关的《大事记》，和当时法律有关的《秦律十八种》《语书》《秦律杂抄》《封诊式》《法律答问》《效律》，与官僚制度以及官僚意识的形成有很大关系的《为吏之道》，以及和日常生活有密切关系的《日书》。[1] 这批文献公布之后，立即引起中外学者的重视。十余年间，发表的论文和专书总数将近700种。这些研究的主要关心点大都是和法律、社会有关的问题，讨论的对象则以其中各类法律文献简策为主。[2] 然而简数占全部出土秦简（1156枚）1/3的《日书》（425枚）却较少为人注意。至1990年为止，以《日书》为主要讨论对象的研究作品加起来也不过30余件。诚然，简数的多寡和其内容是否具有重要性不一定成正比。这显然也是许多处理秦简出版的学者的共同心态。简单地说，由1976年到1981年所出版的各种秦简释文中，只有一种收录了《日书》全文，就是其正式发掘报告。而一直到1990年9月，始有《睡虎地秦墓竹简》出版，其中包括《日书》的完整释文及注释。以《日书》为研究对象并且附图版、释文和分类索引的第一本专书（正文共100页）为饶宗颐和曾宪通合著之《云梦秦简日书研究》（1982年），这现象足以说明许多学者们对待《日书》的态度——《日书》是不值一顾的"唯心主义的天命论的产物"[3]。那么，《日书》到底是什么样的一种作品？那少数几篇研究《日书》的作品又持何种态度、谈什么问题？

《墨子》中有一段记载：

---

[1]《云梦睡虎地秦墓》，北京：文物出版社1981年版。以下所引《日书》简文均以本书所编订之简号为准。本文完稿之后，又有睡虎地秦墓竹简整理小组：《睡虎地秦墓竹简》，北京：文物出版社1990年版之出版，为全部睡虎地竹简之释文及注释。有关《日书》之部分，本文利用有限，而其图版及简数排列次序不便，不从。
[2] 参见堀毅：《有关云梦秦简的资料和著述目录》，载《秦汉法制史论考》，北京：法律出版社1988年版，第438—442页；吴福助：《新版"睡虎地秦简"拟议》，《东海中文学报》1988年第8期；西文方面一般有关《日书》的介绍有 M. Loewe, "The Almanacs (jih-shu) from Shui-hu-ti", *Asia Major*, 1988, 1 (2), p. 1-27。
[3]《云梦睡虎地秦墓》，第22页。

墨子北之齐，遇日者。日者曰："帝以今日杀黑龙于北方，而先生之色黑，不可以北。"[1]

墨子所遇见的日者，是一些专门依时日来占测行事凶吉的人物。司马迁在《史记·太史公自序》中说："齐、楚、秦、赵为日者，各有俗所用。欲循观其大旨，作《日者列传第六十七》。"[2] 这些日者所用的占测时日之书，也就是秦简《日书》之类的作品，由"日书"两字出现在《日书》乙种最后一简（简1154反）之上可以证明。不过所谓的《日书》并不是一部完整的"书"，而是个别篇章的集结。

至于《日书》研究的几篇早期作品，主要是在讨论《日书》中有关古代历法和天文的一些问题。这些作品并没有触及《日书》的主体，也就是那些"鬼神异辞、相卜之语"[3]。直到1985年之后，学者们才逐渐由一连串的研究成果中窥见《日书》丰富内容之一斑。

这些研究诚然已经触及了许多问题：社会的如经济及奴隶问题、农业问题、家庭及婚姻问题，宗教信仰的如占卜之术、鬼神观等。不足的是，这些研究多半仍然止于现象的归纳和陈述，而一些解释性的文字又相当粗糙、生硬、流于形式，时而情绪化。相关的问题在下文讨论中有机会时再做检讨。

（二）《日书》之重要性及代表性问题

《日书》的重要性显然在于它所提供的有关秦末时社会的一些消息。问题在于，它所反映出的社会到底属于当时中国的哪一地区、哪一阶层？不少学者在引用《日书》

---

[1] 孙诒让：《墨子间诂》卷一二《贵义篇》，台北：世界书局《四部备要》本1972年版，第270页。
[2] 《史记》卷一三〇，北京：中华书局校标点本1960年版，第3318页。
[3] 王桂钧：《〈日书〉所见早期秦俗发微》，《文博》1988年第4期，第63页。

时，不论是谈论宗教还是习俗，都习惯性地以"秦人"为拥有《日书》中的文化的主体，而不再深究这些"秦人"究竟是当时社会中的哪些人。例如有人认为《日书》中的材料代表"秦人"的鬼神观，又用《楚辞》的意识形态来与《日书》的意识形态相比。[1] 这种比较所得的结果或与事实相去不远，但是用《日书》和《楚辞》这两种性质相异甚大、所代表的社会阶层亦不尽相同的作品做比较，而论"秦""楚"文化中鬼神观的不同，在方法上是相当有争议的。有的时候，学者虽然注意到《日书》所代表的社会阶层[2]，但在讨论问题时仍然习惯性地以全称的"秦人"或"秦文化"为《日书》的主体。这些现象说明，不少学者并没有很清楚地意识到他们所使用的材料的性质与所要讨论的问题之间的关系到底如何。这种情况出现的原因可能是材料难得，以至于研究者过度放宽材料所可能反映的问题的范围。

本文的目的就在设法为《日书》所反映的社会阶层及社会现象做适当的定位，讨论《日书》的使用者所生活的世界、使用者的心态，与其他材料所呈现出的生活世界和心态做一对照，借以探讨当时一般人生活之实情。

二、《日书》之结构

（一）《日书》甲之结构

《日书》甲种现共存166枚，《云梦睡虎地秦墓》一书所排定之编号为730至895。正反两面均有文字，反面由895开始倒数，至736反为止，余六枚空简。至于此书总简数是否有脱漏，出版时又是否有排序上的错误，附录中

---

[1] 如李晓东、黄晓芬：《从〈日书〉看秦人鬼神观及秦文化特征》，《历史研究》1987年第4期，第56—63页。
[2] 胡正明、林剑鸣：《〈日书〉——秦国社会的一面镜子》，《文博》1986年第5期，第11页。

将有讨论。

《日书》甲是由许多单篇的文字所组成的作品。这些单篇的文字在性质上可大致分为两类：一是一般性的列举时日吉凶的文字，一是专就某一种问题或事物而论其吉凶的文字。

一般性列举时日吉凶的篇目，有《除》（简730—742）、《秦除》（简743—754）、《稷辰》（简755—775）、《玄戈》（简776—787）、《岁》（简793—796）、《星》（简797—824）六篇。前三篇，即《除》《秦除》《稷辰》，是将每个月中的地支都分别归为一类日子。如《除》篇中，11月的子日为"结日"，丑日为"阳日"，而在12月时，则是丑日为"结日"，寅日为"阳日"，等等。每一类的日子都有共同的吉凶之象，如所有属"结日"的日子都是"作事不成，以祭衾，生子毋弟，有弟必死，以寄人，寄人必夺主室"。由于每一地支与一类日子相对应，因此一年之中的日子总共只有12种。《秦除》的结构基本上与《除》相同。《稷辰》的原则基本相同，但总共只分八类日子。

至于后三篇，则是以岁、星的方位为吉凶的指标。

以上这类的篇目，由于是普遍性地对全年每一天的凶吉所做的报道，并不专指一事，因此在《日书》之中被放在前面。接着这些大原则而来的，就是关于一件件个别事物的篇章。这些篇章大都有名目，如《病》（简797—806）、《祠父母》（简807）、《祠行》（简808）、《人、马、牛、羊、猪、犬、鸡、金钱、蚕》（简809—823）、《啻》（简825—830）、《室忌》（简831—832）、《土忌》（简833—835，又简767反—760反）、《作事》（简839）、《毁弃》（简840—842）、《直室门》（简843—855）、《行》（简856—859）、《归行》（简860—862）、《到室》（简863）、《禹须臾》（简864—868，又简799反—784

反)、《生子》(简869—878)、《人字》(简879—883)、《作女子》(简885)、《吏》(简886—895)、《取妻》(简884、884反、895反—885)、《梦》(简883反—873反)、《诘》(简872反—828反)、《盗者》(简827反—814反)、《衣》(简783反—774反)、《门》(简753反—752反)、《田忌》(简746反)、《五种忌》(简745反—744反)、《反枳》(简743反—741反)、《马》(简740反—736反)。

在这些简中,有些篇章虽无篇名,但根据其内容,我们可以大致推测其篇名。如简836—838上半为与"垣"有关的日子,则简836首有"凡"字,可能为"凡垣"之省。

又有一些篇章,似乎是一些"补白"用的文字,既无篇名,内容亦无重心。如简830至842下半,显然是在上半部的文字都写成之后才塞入的,因而当简835上原来的文字太长时,原本应塞在下面的"毋以已寿,反受其英(殃)"只好放到下一简上,而最后到简842时,这一段补白的文字并没有抄完,就因为没有空间而被迫停止,缺"毋以戌"和"毋以亥"两段。

(二)《日书》乙之结构

《日书》乙种,简号由896至1154,加上1154反面"日书"两字,其结构基本上与《日书》甲相同。如《徐》(简922—941)即《日书》甲之《秦除》,《秦》(简943—958)即《日书》甲之《稷辰》,而缺篇名的简896至920亦即《日书》甲之《除》,简975至1002亦即《日书》甲之《星》。而有关个别事物之占辞,《日书》乙与《日书》甲大同小异,只有少数的篇章是《日书》乙中有而《日书》甲中没有的,如《行行祠》(简1040—1041)、《亡日》(简1044—1045)、《见人》(简1048—1049)、《失火》(简1145—1147)、《祠五祀日》(简935—937)等。

（三）抄本歧异之问题

一般而言，《日书》乙种的文字较甲种更残缺，而且即使篇章内容结构相同，文字细节也不一定一样。如《除》篇中，《日书》甲有下面一段文字：

结日：作事不成，以祭㝱，生子毋弟，有弟必死，以寄人，寄人必夺主室。（《日书》甲，简731）

而《日书》乙中相对的这一段文字则为：

悤结之日：利以结言，不可以作大事，利以学书。（《日书》乙，简909）

这两种"版本"的《除》篇，其文字差异之大由此可见一斑。当然，在一些其他的地方，甲、乙两种抄本的文字也可以相互补充，详见下文附录之释文校正。由甲、乙两种《日书》中相同之篇章内文不完全相同这一点看来，这两种《日书》不是互相抄袭，而可能各自源于另一种或一组性质相近的作品。而由甲、乙两种《日书》中，有许多或实质上相同，或实质与篇名均相同的篇章存在的事实看来，当时社会中所流行的《日书》之类的作品面貌，应该与现存的睡虎地秦简《日书》相去不远。这推论由1989年在甘肃天水放马滩出土的另两件《日书》可以得到印证。由已发表的资料来看，放马滩《日书》的内容篇章也大致均可在睡虎地《日书》中找到。[1] 前引司马迁的"齐楚秦赵为日者，各有俗所用"，在此似乎颇有说服力。最后，由其中不少"补白"的篇章可以说明，《日书》的

---

[1] 何双全：《天水放马滩秦简甲种〈日书〉释文》，载《秦汉简牍文集》，兰州：甘肃人民出版社1989年版，第7—28页。

抄写者应有某种供参考的"祖本"在手边,在他发觉简编中有空白之处时,就从此"祖本"中抽出一段来"补白",而当空间不足之时,补白的文字也就随之中止。[1] 当然,补白的文字也不一定是同时抄上去的,而可能是后来才加上的。

由两种抄本文字差异所引出的另一个问题是,这些不同篇章中有关吉凶时日的记载彼此是否有相互冲突之处?这种情况的确反映在《日书》之中。例如简837下:"毋以午出入臣妾马,是胃并亡。"简839下:"毋以申出入臣妾马牛货材,是胃□□□。"从这两条文字来看,既然没有特别说明是否还有月份的限制,那么原则上应该是指凡是逢午申之日,不宜出入臣妾马牛等。然而若与其他一般时日吉凶的篇章相比,就有冲突之处,如《秦除》中,八月逢午为"收日"(简750),十月逢申亦为"收日"(简752),而"收日可以入人民马牛"(简752);六月逢午为"闭日"(简748),八月逢申亦为"闭日"(简750),而"闭日可以劈决池入臣徒马牛它生"(简754)。《秦除》的记载显然不能和简837及840的说法并存。又如简834:"毋辰葬,必有重丧。"是说凡逢辰之日不可葬死者。但若看《稷辰》篇,七月、八月之辰为"正阳日"(简758),而"正阳……生子吉,可葬"(简763),两者也是互相冲突的。

即使是《除》《秦除》《稷辰》这几篇一般原则性的篇章中,吉凶之日相互抵牾之处也不少。如《除》篇中十一月凡子日为"结日"(简731),而"结日:作事不成"(简731),但在《秦除》中,十一月子日为"建日"(简753),而"建日:良日也,可以为啬夫,可以祠……"

---

[1] 关于甲、乙篇之比较,参见工藤元男:《睡虎地秦墓竹简〈日书〉について》,载《史滴》第七册,早稻田大学东洋史恳话会1986年版,第20页。

(简743)。显然,若我们承认这些不同的篇章各有其内在的一致性,那么它们之间的这些相互抵牾之处显示出《日书》中各篇章是独立的"一家之言",其时日吉凶的推演只限于一篇之中,并不求与其他篇章统合。《史记·日者列传》中有一段文字,经常被引用来说明秦汉时代各种占卜之术彼此之间对时日宜忌的不同认定:

孝武帝时聚会占家问之,某日可取妇乎?五行家曰可,堪舆家曰不可,建除家曰不吉,丛辰家曰大凶,历家曰小凶,天人家曰小吉,太一家曰大吉。辩讼不决,以状闻。制曰:"避诸死忌,以五行为主。"[1]

这段记载反映出秦汉之际占卜术士之间混乱的情况,而《日书》的材料正可以说明这种事实。[2]

三、《日书》中所见之人际关系

在有关时日凶吉的一些篇章中,《日书》的使用者想要知道一些有关人际关系的消息。借着这些材料,我们可以了解一部分流行于当时社会中有关人际关系的观念,甚至可以进一步揣摩社会关系的实情。人际关系,又可以分为家庭关系和社会关系两方面来看。在家庭关系方面,主要可以讨论的有夫妻关系、父母子女关系;而在社会关系方面,主要是上下臣属的关系。

(一)家庭关系

1. 夫妻关系

《日书》中除了有《取妻》一篇(简884、895反至

---

[1] 《史记》,第3222页。
[2] 有关《日书》中的占卜术讨论,可参见张铭洽:《云梦秦简〈日书〉占卜术初探》,《文博》1998年第3期,第68—74页。

884反)[1] 专门记载娶妻的时日凶吉之外，相类似的消息也散布在《日书》各篇章之中。

人在娶妻时，最想知道的消息是什么？娶妻的后果有哪些可能性？所设想的妻子的形象又如何？在有关娶妻的预言中，除了凶、吉两种一般性的判断之外，绝大多数都是不太有利的情况。从这些记载中，我们可以推测，《日书》的使用者之所以想要知道这些不吉的娶妻日，并且还要比较详细地知道不吉的内容，反映出他们心中的忧虑。忧虑娶来妻子之后，能有哪些不祥的后果。于是一个不受欢迎的妻子的形象就从这些不祥的后果中浮现出来。当时人关心的问题大约有四类：

（1）妻子的性格

对于妻子性格的预测有不少例子：

取妻妻多舌（简803—997）
妻不宁（简809—975）
取妻妒（简797—991）
取妻悍（简801—995）

由这些有关娶妻的预测可以推知，当时一个理想中的妻子应该具备的性格上的条件是和上面这些描述相反的。然而，《日书》中在这方面只有消极的表示。因为不"多舌、不宁、妒、悍"，尚不表示真正的安宁、温柔。当然，这些顾虑之所以能成立，也反映出当时人在婚前，其实男女双方彼此并没有太多的认识。

（2）婚姻的久暂

在家庭中，婚姻的久暂当然是婚姻成败的直接后果。

---

1 有关此篇简884位置在图版中误排之讨论，见本文附录。

《日书》中对婚姻久暂的预测有下面的一些例子：

取妻妻不到（简807—1001）
取妻必弃（简823）
不弃、必以子死（简894）
不出三岁、弃若亡（简893反）
取妻不死、弃（简891反）
取妻不终、死若弃（简895反、866反）
妇以出、夫先死、不出二岁（简892反）
以出女、皆弃之（简890反）
取妻不居、不吉（简889反）

影响婚姻久暂的因素，由上面的例子看来，似乎以夫方遗弃妻方为主。妻先死或夫先亡也是常有的事。妻子在生育子女时的危机则表现在"必以子死"的预测上。至于"取妻妻不到""取妻不居"，则似乎是指不成功的婚事。

（3）生育子女的能力

在预测婚姻久暂的字句中，丈夫到底是出于什么原因而遗弃妻子，我们无法知道。但在影响婚姻关系的因素中，妻方是否能生儿育女无疑是重要的一项。娶妻吉否和能否生子，以及生子后能否存活下去都是相关的。如：

东井、百事凶……取妻多子，生子旬而死，可以为土事（简818、984）
不可取妻、毋子；虽有、毋男（简887反）

第一段文字中，"取妻多子"应该是好事，只是若遇到东井这星宿，生子就会早夭。所以这段话等于是说，东井之日，娶妻吉，生子不吉。第二段话是说，此日不可娶妻，否则就不能生育小孩，而即使能生育，也不会生男孩。不能生男孩，在当时当然仍是不被社会所接受的。这些也都可能是造成婚姻破裂的原因。

（4）对父母的影响

在婚嫁的关系中，除了男方的考虑外，也有一些是供女方的家长作为参考的，例如：

以出女、室必尽（简894反）
以出女、父母必从居（简895反）
出女、父母有咎（简896反）

由这些资料看来，在有关婚嫁吉凶的预测中，所反映出的主要是娶妻的男方以及嫁女的家长的观点，至于那将要出嫁的女子本身，除了依着男方所有的那些吉凶之外，似乎并没有另外的考虑。

此外，妻方是否有财产，妻子本人又是否有特殊的能力，也是向《日书》求取答案者所关心的，如：

取妻、妻贫（简799—993）
取妻、妻为巫，生子不盈三月死（简804—998）

依《日书》文气，"取妻、妻贫"指的应是妻子嫁过来之后所发生的事。妻贫，当然也意味着夫贫，不吉。至于"妻为巫"到底是凶是吉，从前后文并不能得到明白的指示。因为《日书》中这种文字多半为独立事项的判断。"生子不盈三月死"固然是不吉，但也不一定能说这必然暗示"妻为巫"也不吉，正如"取妻，妻不宁"（简809）

下面接着"生子为大吏",或"取妻吉"(简806)下面接着"生子三月死"。这些文句的意思是,在此日娶妻或在此日生子所可能有的后果,并非指"取妻后生子如何"。为巫到底是吉是凶,要看巫者在当时社会中的地位如何方能决定。而巫者的地位在上古时代虽相当重要[1],但到了战国末年,其地位已有明显下降的趋势。《韩非子·显学》云:"今巫祝之祝人曰:使若千秋万岁,千秋万岁之声聒耳,而一日之寿无征于人,此人所以简巫祝也。"[2]而《吕氏春秋·季春纪》亦云:"今世上卜筮祷祠,故疾病愈来。……夫以汤止沸,沸愈不止,去其火则止矣,故巫医毒药逐除治之,故古之人贱之也。"[3]这些对巫者的批评当然主要是发自知识分子,显示出当时巫者的社会地位也许已经不如殷周时代,但是他们对巫者的论说却也从反面显示出,巫者在当时社会上仍为相当活跃的一群人物。至少,他们的存在于民间社会有一定的社会功能。而《周礼》有司巫之官,也多少反映出巫者在战国社会中占有相当正面的地位。[4]所以"妻为巫"或"生子男为觋(觋)、女为巫"(简823—989)之类的句子,若是以中下层社会人物的角度去看,并不一定是不吉之事。

至于所谓的娶妻吉(简806—1000、817—983、820—986、822—988),其内容为何,《日书》中有少数的例子:

---

[1] 参见瞿兑之:《释巫》,《燕京学报》1930第7期,第132—345页;陈梦家:《商代的神话与巫术》,《燕京学报》1936年第20期,第485—576页;林巳奈夫:《中国古代の神巫》,《東方学報》1967年第38期,第199—224页;张光直:《商代的巫与巫术》,载《中国青铜时代》,北京:生活·读书·新知三联书店1990年,第39—66页。有关本节所论,可参见吴小强:《试论秦人婚姻家庭生育观念》,《中国史研究》1989年第3期,第102—113页。惟吴文所论多有与本文观点不同之处。
[2] 王先慎:《韩非子集解》卷十一,台北:世界书局1962年版,第365页。
[3] 《吕氏春秋》卷三,台北:台湾中华书局1972年版,第5页。
[4] 有关巫者在汉代的活动和其社会地位由先秦到汉代之转变的讨论,可参见林富士:《汉代的巫者》,台北:稻香出版社1987年版。

奎夫爱妻、以娄妻爱夫（简890反）

胃……以取妻、妻爱，生子必使（简813）

这些都是指夫妻之间和睦相爱的情况。

2. 贞节观念之问题

显而易见的是，《日书》中有关娶妻吉的描述，远不如对娶妻不吉的情况的描述来得丰富。这可能代表何种心态？我们也许可以推测，当时人对于婚姻以及夫妻关系持有一种比较悲观的心态，因为他们对于娶妻不吉的时日以及不吉的事项的关注，要大于对娶妻吉的关注。不过，这些不吉的预测虽然可能显露出了当时婚姻关系中人们所想要避免的情况，但《日书》的作用可能原本就主要是提供人们"不吉"的资料，因为"避凶"也就是"吉"。因此，我们是否能够说这些文字所代表的就是当时人对婚姻的想法，就能如实反映当时的婚姻关系，是不无可疑的。尤其是如果要从这些材料来讨论当时人的"贞节观"，更应谨慎地考虑材料的性质。例如王桂钧在《〈日书〉所见早期秦俗发微》一文中，认为秦人贞节观念淡漠，然而他所举《日书》中诸例，以及对这些例子的解释都甚有可议之处。《日书》中的材料并不足以作为讨论秦人社会中的贞节观念的基础，更不能说它们能证明秦人的贞节观念淡薄。[1]

---

[1] 王桂钧：《〈日书〉所见早期秦俗发微》，《文博》1988年第4期，第68页。如王氏说："下层女子把未婚先孕视若平常，如简807：'取妻、妻不到以（已）生子。'"（第68页）这是误断简文："取妻、妻不到，以生子，毋它同生。"简文是对"取妻""生子"两件事分别所做的预测，而且"以"字是不能释为"已"字的。他接着说："婚外性生活也极为频繁，如简865（按：为805之误），'母逢人，外鬼为祟'；简812：'取妻，男子爱。生子亡者，人意之。'""母逢人"如何可以解释为有婚外性生活？作者并无说明，而"男子爱"一句，是与"女子爱"相对的说法，指的应是对"男"或"女"的子女的爱，而非婚外性关系。他又举《法律答问》"乙、丙相与奸，白昼见某所"以及"甲、乙交与女子丙奸"等记载，认为"秦人并不认为这是一种堕落、可耻的社会行为。"问题是，如果秦人真不以为这是不应当的行为，为什么还要在法律中订立罚则？作者对于秦人习俗的讨论似乎极受个人主观意见的影响。他又引简875："庚辰生子，好女子。"以为这也可作为秦人性生活不检点的证据。但是若考（转下页）

这当然并不是说"秦人的贞节观念淡薄"是一项不正确的观察,但是要证明此说,《日书》中的材料是不足的。而研究者之所以会有这样的问题与结论,毋宁说是受了自身道德观念的影响。例如学者常引《左传》等文献中所记载的一些上层社会的"淫乱"的事实,而推断当时人比较不注重贞操观念[1],然而由这类事情被记载下来的事实来推论,我们只能说,这反映出的是《左传》等的作者是非常重视贞操观念的,因而才不厌其烦地把这些事记载下来。至于在一个社会中,即使是古代的社会,有那样的"淫乱"的事实发生在上层社会之中,和当时人是否普遍不重视贞节,是两件不同层次的事。

(接上页)虑《日书》的性质,此处的"好女子"只是一种预测,最多也只能说明当时社会中有"好女子"之人,就如"生子毂好乐"(简870)、"生子耆酒"(简872)等预测一样,是不能据而说明整个秦人社会中的人都有"好乐""耆酒"的习俗的。王氏这种误解、曲解简文的讨论方式也影响到他对一些其他的婚姻及家庭问题的了解。如在论秦人家庭离异的时候,他认为"正常离婚,《日书》中无此简文,但《法律答问》有'休妻不书,赀二甲'但暗示着一般情况下离异不被认可,秦毕竟是一个法制国家。"(第69页)其实,"休妻不书,赀二甲"所暗示的,不但是离异不被认可,反而应该是"休妻书,则不赀",其重点在休妻时要立下切结文书。更严重的问题是他对"离异日"的讨论,认为"'离异日'可以自由另择偶"。他又举印度等其他民族的"沙特恩节"(Saturn),是"在一个短时期内重新恢复旧时的自由性交关系,并且容许自由私奔或离异的节日。《日书》把'离日'定为'禹之离日'恰好说明这一节日在早期秦地的存在"。其实所谓的Saturn(应为Saturnalia),原为古罗马之农业节庆,每年12月17日至23日举行一周,期间人民狂欢宴饮,贵贱身份有时亦不用遵守。此词后引申为狂欢节之义,但亦不专指"自由性交"。王氏引恩格斯作品中所引19世纪民族志之说法并不可靠。然后他又举出《楚辞·天问》中有关大禹取涂山之女,"而通之于台桑"的资料认为台桑指的是"桑林"或"桑间",是"淫秽之所"的隐语。又说《墨子·明鬼》中有"宋之桑林,楚之云梦,此男女之所乐而观也"。且不论这种解释本身的正确性如何(禹娶涂山之女的日子为何为一大忌日?利以离异的日子又如何成为"自由性交"的狂欢节?),他又说:"《日书》中也有关于'桑间'的直接记载,如简864(按:应为870反):'人毋故则鬼惑之,是鬼,善戏人,以桑心为杖,鬼来而击之,畏死矣。'由此可见,'离日'的来源实即'桑林'聚会时日。"这又是误读了简文:"人毋故则鬼惑之,是鬼,善戏人,以桑心为杖,鬼来而击之,畏死矣。"此处文字根本与"桑林""桑间"无关,他的讨论也就完全落空。而所谓的"离日",根据太田幸男的研究,应与商鞅所立下的家中成年男子两人以上必须分居的规定有关(太田幸男:《睡虎地秦墓竹简の〈日书〉にみえる"室""户""同居"をめぐって》,《东洋文化研究所纪要》1986年第99期,第16—17页),不能望文生义地将之认为是夫妻分离之意,更谈不上王氏所说的"自由性交"的狂欢节了。至于王氏解"夺室"为入寄者与主人妻子私奔(第70页),则是他强解此处的"室"为"妻室"。实际上,由对《日书》中"室"之意义的全面考察看来,"室"在《日书》中的用法是不能解为"妻室"的。(见太田幸男《睡虎地秦墓竹简の〈日书〉にみえる"室""户""同居"をめぐって》。)

1 如陈东原:《中国妇女生活史》,台北:台湾商务印书馆1981年版,第26—29页。

3．对子女的预期

《日书》中有《生子》一篇（简869—878），专门预测生子的吉凶。在许多其他篇章中也有类似的预测。从这些预测中，我们可以大致推测出《日书》使用者对于子女的期望，以及希望能避免的命运。这些期望大致可以分为经济性、社会性以及有关性格气质和相貌的预测三类。

（1）经济性的预测

关于子女未来的发展，《日书》有一些经济性的预测，如"富"（简800、870、876）、"贫"（简802、874）、"贫富半"（简803）、"生子必驾"（简824）等，可以说是比较单纯的期望。此外，有一些比较曲折的预期，如"有疾少孤、后富"（简870）、"耆酒而疾、后富"（简871），则表现出一种对人一生的遭遇可能会有高低起伏的看法。

（2）社会性的预测

《日书》中另有一类预测，反映出当时人心中对于子女将来的社会地位和人际关系的关切。比较乐观的情况如：

生子为吏（简797、811、991）

生子为大夫（简805）

生子为大吏（简809）

生子必使（简813）

生子必有爵（简798、992）

生子人爱之（简801）

生子宠事君、生子有宠（简873）

而比较不吉祥的情况则如：

生子男女为盗（简791）

生子少孤、衣污（简869）

生子必为人臣妾（简874）

这些不同的情况勾画出了当时人所能设想到的、他的子女未来所可能有的社会地位。值得注意的是，在这些不同的社会地位中，由"为大夫"到"为人臣妾"、"为邑桀"（简822、988）、"为盗"，基本上是属于社会的中下层阶级。然而，所谓的"大夫""大吏"是否也可以是比较高的官职？我们不能完全否定其可能性。不过如下文所论，对子息的身份的期望较自身更高是一个自然的倾向，可以说明《日书》使用者的社会地位一般是属于中下阶层的。此外，这些不同的社会地位本身也透露出另一些消息。在比较乐观的方面，《日书》中所设想的其实主要是一种政治性的地位，也就是说，在《日书》使用者的心中，较好的社会地位是进入统治阶层，虽然他们并没有很高的要求。而在这些较好的地位和那些比较不吉祥的情况之间，尚有些其他的社会阶层，如工匠、商贾、小农等，应该是占大多数人口的，却不在预测的情况之中。这种情形也许可以说明，《日书》使用者的心态是想要求他们生活中所可能发生的最好的情况，而避免那些最不可欲的命运。当然，《生子》篇的主要作用是预测子女未来的前途，而当子女已经出生之后，这种预测将如何能够助人避凶趋吉，人们是否又能够照着《日书》上吉凶的日子来生儿育女（除非当时人已经有办法控制生产的时日），这些都是有趣但目前尚无法进一步讨论的问题。

当我们将《日书》中有关子女前途的预测拿来和有关《日书》使用者本身前途的预测比较时，发现《日书》使用者对于自己的社会前途似乎尚不如对子女的期望来得高。从《日书》中其他篇章中，我们知道《日书》使用者可以为贾人，《日书》中与商贾相关的辞句有：

> 须女，祠、贾市（简806）
> 卯，邋、贾市吉（简814）
> 货门所利贾市（简849）
> 市良日：戊寅戊辰戊申戌利初市吉（简818）
> 入货（简824、849）
> 出货（简830）
> 出入货（简773）

《日书》的使用者也可以为农人，例如其中有关于农作的禁忌：

> 五种忌日（简746—751、941、745反）；田忌（简746反）

他们或者又可从军，如下面数简所示：

> 达日，利以行帅出正（征）见人（简736）
> 秀，是胃重光，利野战，必得侯王（简761）
> 利以战伐（简773）

但是在政府中的工作职位中，却只提到啬夫一职（简743、745、763、765、771、752反），而啬夫的地位在当时只能算是低阶层的政府官僚而已。[1] 既然期望子女

---

[1] 有关啬夫之职责，参见裘锡圭：《啬夫初探》，载《云梦秦简研究》，北京：中华书局1981年版，第226—301页；高敏：《论〈秦律〉中的"啬夫"一官》，载《云梦秦简初探》，郑州：河南人民出版社1978年版，第185—200页。

的命运佳于自身是一种自然的倾向，这些材料大致上已可以帮助我们判断，《日书》是主要流传在如墓主人喜之类的低层政府官僚或其他中下阶层人们之间的作品。[1]

（3）性格、气质、相貌

至于有关子女性格、气质、相貌的关切，《日书》中有下面这些例子：

武有力（简869），武以攻巧（简870），武以圣（简871）

武而好衣剑（简877）

毅（穀）而武（简877、869）

饮食急，巧有身事（简869）

好家室，有疵于膻（体）而悪（简871）

好言语，耆酒（简872）

好田埜邑屋，耆酒及田邋（简873）

好女子（简875）

长大善得（简878）

既美且长，有贤等（简761）

生子男女必美（简741）

这些预测诚然不是一套完整的有关当时人性格的目录，因为和有关子女将来社会地位的预测类似，《日书》使用者所期望知道的应是流行于当时社会中、而为一般人所羡慕的特性。在这些特性中，好武是一项相当突出的性格，而"饮食急""耆酒""田邋"也和好武的性格有相当大的关系。相对的，在这些材料中看不见的一条是与较精致的文化有关的特质，譬如说有礼、好学等。这种情况反

---

[1] 根据《大事记》，喜曾任榆史、安陆御史、安陆令史、鄢令史等职（见简010、013、014），可确定是低阶层官僚的一分子。

映出《日书》使用者所身处的是一个尚武乏文的社会。但是这种推论必须考虑到《日书》使用者的社会阶层性，我们是否能够只凭《日书》中的这些材料来推断整个秦代社会的情况，是值得商榷的。这一点下文将再论及。

（二）社会关系

《日书》使用者除了希望知道家庭之中成员的吉凶和彼此关系之外，对个人是否能在社会上成功地立足也相当关切。不同职业分工的人，对于如何才能成功当然也会有不同的期望，如农人希望庄稼丰足，商人希望大发利市，这些也都在《日书》中有所表现。然而就对于人际关系的关注来说，《日书》中比较突出的是和政府之间的来往，这点也许可以间接显示《日书》用户主要的社会阶层。

《日书》中有《吏》一篇（简886—895），主要在预测一个中下级官吏在晋见上司时可能会发生的各种情况。吉凶的安排是将日子依十二支排列，每一个日子又分为"朝""晏""画""日虒""夕"等时段，在不同的时段去晋见上司，结果可能各不相同。其中提到比较有利的几种情况，是上司能够倾听或接受自己的意见或者请求，如"有告听"（简886—892、894）、"请命许"（简889、890、893、894）；或者能够得到上司的赞许，如"说（悦）"（简888、889、892）、"有美言"（简886、887）。而比较不好的情况，则是上司不接受自己的意见，"有告不听"（简886、890、891）、"百事不成"（简892），或者被上司训斥，"有恶言"（简887、895）；假以脸色，"不诒（欺）"（简892、895）、"不说"（简891、893）、"有奴（怒）"（简887、888、889）、"禺奴（遇怒）"（简887、891、893），甚至"不得复"（简888），可能是指不得复见，应该是相当严重的后果。有些时候，也可能会遇到没有结果的晋见，如"令复见之"（简886、895）、"有后言"（简891、895）。

不论如何，这些有关晋见上司的预测，应该可说已经反映出当时政府中下阶层的"吏"在他们的工作中与上司往来的基本模式：上司对于下层的意见与请求或接受，或拒绝，或推诿。在《吏》篇所列的50种可能性中[1]，属于正面性结果的共有26种，占52%[2]；而属于负面性结果的共16种，占32%[3]；其他的情形占16%。若检视其中每一日的吉凶状况，则每一日中总是有比较合宜的时间。这种情况或许反映出当时中下层官吏对于晋见上司一事是相当关切的，而这种关切在投射到《日书》中后，产生了比较乐观的预期结果，这也是可以理解的。

这种对于晋见上司的关切也在一些其他的篇章中表现出来，如《除》篇中有"阴日……以见君上，数达，无咎"（简735），《秦除》中有"开日……请谒得"（简753），《星》篇有"可请谒"（简820，867同）的文字。

与《吏》篇有关的，有《入官良日》篇（简886—895底部，1119—1130同），是预测入仕为吏之日的吉凶之用。这些文字，加上《日书》中其他地方所提到的"临官"（简761、767）、"入官"（简750反）、"为啬夫"之类的例子，都反映出《日书》使用者的社会阶层性格。

在其他的社会关系方面，有一类相当特殊的例子，即所谓的"寄"：

结日作事不成……以寄人，寄人必夺主室。（简731）
不可入寄者。（简772）

---

[1] 原简在892—893和893—894之间少了"未""酉"两段，由反面简文判断，漏抄或原简脱散都有可能。
[2] 有告听八、有美言三、请命许七、说三、得语二、造许一。
[3] 有告不听三、有恶言三、不说二、不诮二、有奴三、禺奴三、百事不成、不得复一。

毋以辛酉入寄者，入寄者必代居其室。已巳入寄者，不出岁亦寄焉。（简786—787）

凡五巳不可入寄者，不出三岁必代寄焉。（简937）

寄人室：毋以戊辰己巳入寄人，寄人反寄之；辛酉卯癸卯入寄之，必代当家。（简1026、1016略同）

子卯午酉不可入寄者及臣妾，必代居室。（简769反）

墨日，利壤垣、徹屋、出寄者。（简741反）

又有"客""寓"：

入客。戊辰……不可入客、寓人及臣妾，必代居室。（简788—789）

宵罗之日……而遇（寓）人，人必夺其室。（简912）

李学勤认为，"寄""客""寓"三者意义相近，但《日书》中的"寄人"可能是庸客之类的人。[1] 由字义和它出现的前后文看来，"寄者""寄人"必然是一种暂时在主人家居住的人，后来才有可能"代居室""代寄""代当家"或"夺主室"。这"代居室"的实质意义或者法律意义为何，目前并不完全清楚。可以知道的是，它必然是不好的情况，而且有"鸠占鹊巢"的意味，也就是说，原本让人在家中寄居的主人后来反而被"客人"强占了家室。这种情况是如何发生的，又代表了当时社会中的何种问题，都是尚待解决的问题。但是无论如何，这不应被解释为"互生爱慕的已婚男女""相约私奔"。[2] 这种误解是由于将"室"解释为"妻子"，但不仅"室"字在《日书》

---

[1] 李学勤：《睡虎地秦简〈日书〉与楚、秦社会》，《江汉考古》1985年第4期，第60—64页。
[2] 王桂钧：《〈日书〉所见早期秦俗发微》，《文博》1988年第4期，第68页。

中不应被解为"妻室"[1],也可由上引《日书》文字的前后文看出,尤其是简789有"寓人及臣妾"的文字,如果"室"是指"妻室"的话,一个"妾"一般是不太可能有办法去"代居室"的。

四、《日书》中所见之社会生活

《日书》的主要功用既然是作为日常生活行事的指引,自然反映出当时人生活中主要关心的一些问题。这些问题当然也并非后人不能想象的,只是现在有了直接的材料说明,使我们对当时人的生活情况有更亲切的认识。以下就由食、衣、住、行、育、乐、疾病死亡等方面,分别来看当时的社会生活面貌。

(一)饮食

《日书》中有不少关于饮食时日吉凶的文字,如:

利以登高歓(饮)食(简741、744、856、1027)
利祠、歓(饮)食歌乐(简761)
歓(饮)食乐(简767、771、773)
居有食(简918)

这些都是一般性有关饮食的例子,并不涉及饮食的实际内容。而在其他篇章中,只有少数地方提到饮食的内容,如:

可以渍米为酒,酒美(简778反、842)
不可食六畜(简814、815、980)

---

[1] 见太田幸男:《睡虎地秦墓竹简の〈日书〉にみえる"室""户""同居"をめぐって》,《東洋文化研究所紀要》1986年第99期,第16—17页。

此外，有关马、牛、羊、猪、犬、鸡等六畜也有专门的宜忌之日，不吉之日当以禁屠为宜，如：

戊午不可杀牛（简814）
毋以己巳、壬寅杀犬，有央（简820）
杀日勿以杀六畜（简829）

而春、夏、秋、冬四时也另有不可杀生的日子，是所谓"天所以张生时"（简794反—790反）。这种禁忌是否与当时人所遵行的一些依动植物萌生孕育的时间而定的杀伐时机有关，从简文中不易看出。但是在其他简中的确有"斧斤以时入山林"的观念，见下文有关农业的讨论。

（二）衣服

与饮食的宜忌相较，《日书》对于衣服的关切似乎尤有甚之，不但在一般性的篇章中提及，如《除》：

秀日……寇、剫（制）车、折衣常（裳）、服带吉。（简742）

《稷辰》：

秀……可取妇家女、剫（制）衣常。（简761）

《星》：

〔轸〕，□乘车马、衣常。取妻吉。（简824）

而且有专以"衣"为篇名的，如简755、783反至778反、777反至774反三篇。其中后两篇其实是同一篇,只是抄写了两次,虽然第二次的简文有脱漏之处,但仍可以显示出《日书》抄写者及使用者对于和衣服相关的事相当关切。而在这些篇章中,与衣服有关的文词有"{制}衣"、"{制}新衣"(简781反)、"衣丝"(简782反、777反、776反)、"材(裁)衣"(简783反、782反、780反、779反、777—775反)。这些有关衣服的占辞是相当为当时人所看重的一些禁忌,从一些不守禁忌所可能发生的后果也可以看出:

> 毋以楚九月己未台始被新衣,衣手□必死。(简755)
> 六月己未不可以{制}新衣,必死。(简781反)

相对而言,有关饮食方面的禁忌则并没有如此严重的后果。由于制衣与"冠",也就是冠礼,常常一同被提及,可以推测有些时候制衣有宗教和礼仪上的意义,因而有禁忌产生。从这一点来看,在《日书》使用者的日常生活中,即使不是特定的祭祀之日,仍然是有某些仪节要遵守的。这种与制衣有关的禁忌在汉代仍流传于民间,王充《论衡》中就提到当时有所谓的"裁衣之书"[1]。

(三)住

不论在何时何地,居住环境始终是人们所极为关心的问题。《日书》在这一方面也有相当多的关注,而其内容则包括了人的住家和一些与生活有关的建筑物,如井、垣、池、囷等。有关的占辞不但出现在一般性的篇章之中,如《除》篇中有:

> 交日利以实事、凿井吉。(简733)

1　王充:《论衡·讥日》,台北:世界书局1974年版,第234页。

《秦除》：

盈日可以筑闲牢、可以产、可以筑宫室。（简745）
闭日可以劈决池。（简754）

《稷辰》：

秀……不可复室盖屋。（简762）
敫……可以穿井行水盖屋。（简767）

《星》：

营室，利祠。不可为室及入之。（简809）
胃，利入禾粟及为囷仓吉。（简813）
七星，百事凶。利以垣。（简821）

更有专为某类建筑活动而用的篇章，例如《啻》篇（简825—830）将一年四季的日子中某些日子分为"为室""剽""杀""四瀤（法）"四类，其中"凡为室日，不可筑室"（简829），"四瀤日，不可筑室"（简830），又说春夏秋冬四季的三个月中，各有一定方位的屋室不可建（简826—828，756反—755亦同），每一方向的门垣也必须在一定的月份及日期修筑。此外，又有《室忌》（简831—832、1005）、《盖屋》（简1006—4007）、《盖忌》（简1008）、《凡（垣？）》（简836—838）、《垣墙日》（简1009）、《困良日》（简753—754）、《门》（简753反—752反）、《直室门》（简843—855）等相当繁琐的禁忌。特别值得注意的是所谓的《直室门》一篇，似乎是将当时人居住的邑邦做一理想式的设计，在长方形的聚落四周设计22个邑门，每一个门都有其特殊的吉凶之道，以供人选择居处。

与建筑有关的是所谓的"土攻（功）"或"土事"，《日书》中有《土忌》两篇（简833—835、767反—757反），说明破土兴工必须遵行的宜忌时日。而《日书》对有关建筑房屋之时日选择的重视，也表现在其对于犯忌之后果的预测，如《土忌》中提到"土神"（简762反）和"地杓神"（简758反），而《啻》篇中也有下面一段极为严重的警告：

凡为室日，不可以筑室。筑大内，大人死。筑右垺，长子妇死。筑左垺，中子妇死。筑外垣，孙子死。筑北垣，牛羊死。（简829）

由这段文辞我们已经可以看出，当时人相信房屋的方位与吉凶有密切的关系。而在《日书》中又有另一篇占辞（简882反—873反），专门说明居住房屋的方位、高下、长短，以及屋四周的池、水渎、圈、囷、井、庑、圂、屏、门、垣、道等建筑物和屋宇的相对关系与吉凶之间的对应。这是风水观念在此时已经存在的证据。[1] 然而，《日书》中虽已有五行的观念（简974—978、813反—804反），并且也有以方位配五行的观念，如"东方木、南方火、西方金、北方水、中央土"（简808反—804反），风水观念中所依据的仍然是东、南、西、北、中、前后、左右等，尚未与五行发生直接的关系。[2]

（四）行

《日书》对于和行有关的吉凶时日也相当注重，与行

---

[1] 有关风水观念的起源，近来有尹弘基：《论中国古代风水的起源和发展》，《自然科学史研究》1989年第1期，第84—89页。
[2] 参见工藤元男：《睡虎地秦墓竹简〈日书〉について》，《史滴》第七册，第20页。

有关的篇章有《行》（简856—859，1027—1032同）、《归行》（简860—862）、《到室》（简863）、《禹须臾》（简863—864，799反—795反同）、《行日》（简1033—1034）、《行者》（简1035）、《行忌》（简1037—1038），还有一些没有题名的篇章，如简865—868、800反—797反之下半（简769反—768反同）、789反至786反、770反等。此外也有一些零星散布在其他篇中的，如《除》篇中有"交日……以祭门、行，行水，吉；害日……祭门、行吉"（简733—734），《星》篇中有不少条"行吉"的占辞（简797—799、801、804—805、810—812），又有"离日不可以行，行不反"（简782—783）等。这些占辞的主要内容在告诉《日书》使用者出门时日之凶吉，而由外地归家的时日也有宜忌之分。

与出行相关的有"徙"（简788—791），大约是迁徙之意。

对于这些宜忌之日的吉凶之判，《日书》所开列犯忌的后果亦相当严重，如"不出三月必有死亡"（简858），"百中大凶，二百里外必死"（简860），"凡此日以归，死；行，亡"（简862）。也正是由于这种重视，《日书》有《行祠》（简1039）、《行行祠》（简1040—1041）等篇章，让人在出行之前选择时日祭祀祈福，甚至记载了祭祀时行巫术的方法：

行到邦门，困，禹步三，勉壹步，谇皋敢告曰，某行毋咎，先为禹除道，即五画地，掭其画中央土而怀之。（简785反）

又有"禹符"：

禹符左行置右环，日□□□右环日行邦，令行，投符地，禹步三日，皋敢告□□□符上车毋顾□□□□。（简999—1002）

在天水放马滩秦简《日书》中，亦有"禹须臾"的篇章。[1] 汉初马王堆帛书《五十二病方》中也提到以"禹步"治疗病患的方法，如：

令颓者北首卧乡（向）庑中，禹步三，步嘑（呼）曰："吁！狐麖"三，若智（知）某病狐□。[2]

可见，禹作为民间信仰中的"行神"，"禹步"具有法术性的作用，这种与旅行有关的信仰和巫术在春秋战国时代可能已经相当流行。根据后世的道教经典，"禹步"为道士法术之一种。《抱朴子·仙药篇》就有"禹步法"[3]，由此亦可见道教和中国固有的民间信仰有极深远的关系。[4]

由这些关于行的辞句，尤其是其中有关"大行"、"远行"（简586）、"久行"（简801反、769反、938）、"长行"（简769反）等文字，我们可以推测，《日书》使用者中时常外出活动的必然占相当大的比例。这种人和长年必须在农地上耕种的农人不同，他们的职业可能是商人，而有关《日书》中所反映出的商业问题，下文将再论及。

---

[1] 见《天水放马滩秦简甲种〈日书〉释文》，载《秦汉简牍论文集》，兰州：甘肃人民出版社1989年版，第116页。
[2] 《五十二病方》简210，见周一谋、萧佐桃编：《马王堆医书考注》，台北：乐群出版公司1989年版，第142—143页。
[3] 葛洪：《抱朴子》卷十一《仙药》，台北：世界书局，1969年版，第52页。
[4] 饶宗颐、曾宪通：《云梦秦简〈日书〉研究》，香港：香港中文大学出版社1982年版，第20—23页；工藤元男：《雲夢睡虎地秦墓竹簡〈日書〉と道教的習俗》，《東方宗教》1990年第76期，第43—61页。天水放马滩秦简《日书》中亦有"禹步"之记载，见何双全：《天水放马滩秦简综述》，《文物》1989年第2期，第23—31页。有关于出行的迷信禁忌，见江绍原：《中国古代旅行之研究》，上海：商务印书馆1937年版；工藤元男：《埋もれていた行神—主として秦簡〈日書〉による》，《東洋文化研究所紀要》1988年106期，第163—207页。

（五）育乐

《日书》对当时人生活面影响之广，亦可以由其中有关娱乐之辞句得见。当时人做何种娱乐排遣之事？《日书》中常见者有"登高，食，邋四方（野）"（简741）之类的文字，"田邋"（简737、820）、"弋邋"（简769）、"以邋、置罔（网）"（简814）、"罔邋"（简914）、"鱼邋"（简954）、"饮乐"（简744、767）、"兴乐"（简756）、"歌乐"（简761、769、771、773）大致上包括了在室内和室外这两种休闲形态，室内的是饮酒作乐，室外的是郊游、田猎、捕鱼。《生子》篇中"生子耆酉（酒）及田邋"（简873）的文句恰好说明了这两种活动同属于休闲活动，而人们相信，即使是这类的活动亦有其宜忌的时日。至于渔猎活动，由于也属于经济活动的一种，下文另有讨论。若与已知战国时代人们所通行的各种娱乐活动相比，如斗鸡、走犬、六博、投壶、角力、蹴鞠等[1]，《日书》中所见的娱乐活动的种类似乎单纯得多。

至于所谓的"育"，《日书》中只有一处提到"利以学书"（简909）。此外，在《生子》篇中，对于子女未来的事业成就的预期之中，并无任何与高尚德行或学识修养有关的文字，显示出在《日书》使用者的世界中，以文学为主的教育问题非其主要的关切点。（见上文有关生子之讨论）总之，《日书》中有关育乐活动的记载，反映出其用户的生活与文化水平并不是十分高的。

（六）疾病死亡

在生老病死的循环之中，人虽无法避免那不可避免的命运，仍要想尽各种方法以求解开那不可解的死结。在得病的时候，《日书》使用者可以在《病》篇（简797—

---

[1] 参见杨宽：《战国史》下册，台北：谷风出版社1986年增订本，第617—627页。

806、1076—1082略同）中找到在不同时日得病的原因，如：

甲乙有疾，父母为祟，得之于肉，从东方来，裹以枲器。戊己病，庚有（闲），辛酢，若不（酢），烦居东方，岁在东方，青色死。（简797—798，见附录释文校正）

丙丁有疾，王父为祟，得之赤肉、雄鸡、酉（酒）。庚辛病，壬有闲，癸酢，若不酢，烦居南方，岁在南方，赤色死。（简799—800）

人之得病，有部分是由于饮食，如肉、赤肉、雄鸡、酒，以及"黄色索鱼、菫"（简801）、"犬肉、鲜卵"（简803）以及"脯、节肉"（简805）等，也有部分是因为神灵为祟。这里是指已去世的父母。此外也有王（祖）父、王母，又有"外鬼伤死"（简803），外鬼也就是非自己家族的亡灵。而巫者也可能是制造问题的人物，如"戊己有疾，巫堪行"（简801）、"外鬼为姓（祟），巫亦为姓"（简1053）。不过值得注意的是，这些为祟的灵鬼基本上是过世的人，而不是如《诘》篇中所看见的各种妖怪。[1] 另一点是这些有关疾病的辞句（包括简1052—1075）并没有如《诘》篇中的逐鬼之法或者一些其他的简文那样，提供避凶趋吉的线索，而仅仅陈述那必然会发生的事实。这种情形，应该不能说是由于当时人对于疾病的来袭束手无策，而可能只是不提疾病的种类、治疗的方法和过程这种技术性的事。这与《日书》中有关农业生产和商业的篇章也相类。（见下文）值得注意的是，《日书》中提到疾病的原因是用"某某为祟、得之于某种食物"的

---

[1] 见下文第七节。

形式，显示《日书》用户虽将致病的原因归罪于鬼神，但经由经验的累积，已经发现某些食物比较容易致病，而这些食物以易腐败的肉类为主。这种情况较甲骨文中所见商代的疾病观有进步[1]，但与《左传》中已经出现的一些理性的疾病观[2]，以及《黄帝内经》中所显示的战国末年即可能出现的以阴阳不调为疾病起源的思想并不相同[3]，相对之下，也显示出《日书》的确反映出当时的"民间文化"：虽然相信鬼神，但也能结合生活经验以得到实际的用处。而《黄帝内经》则是经由知识分子的整理、发挥、系统化之后得到的结果。

人的疾病、死亡与卫生医药保健的情况有直接的关系。《日书》中常见担心生子早夭的辞句：

结日……生子毋弟，有弟必死（简731）
生子子死（简776）
生子不盈三岁死（简804）
生子三月死，不死毋晨（简806）
庚子生，不出三日必死（简1142）

也正是因为如此，《诘》篇中有"鬼婴儿"、"哀乳之鬼"（简867反）、"幼殇"（简846反）等没有能够享受人生的幼儿为鬼作祟的文句。从这些材料中，我们可以知道当时社会中幼儿的生存不是一件容易的事。这当然也反映出那时整个社会中的医疗卫生与营养状况都是不理想的。[4] 但是若就此以为这是秦代的特殊情况，则又未必。

---

[1] 参见胡厚宣：《殷人疾病考》，载《甲骨学商史论丛初集》，齐鲁大学国学研究所专刊，1944年。
[2] 如昭公元年，医和以为蛊疾为"淫溺惑乱之所生也"。
[3] 参见赵璞珊：《中国古代医学》，北京：中华书局1983年版，第31—43页；范行准：《中国病史新义》，北京：中医古籍出版社1989年版，第273—274页。
[4] 吴小强：《试论秦人婚姻家庭生育观念》，《中国史研究》1989年第3期，第109页。

这毋宁说是在幼科医学未发达之前的社会中的通病。

至于死亡的时日,通常人虽不能选择,但是仍然相信死亡的日期本身是整个宇宙秩序中的一部分,因此有一篇名为《死日》的占辞(简1097—1117),即罗列了一年四季中每一类日子人死亡所代表的意义,如:

> 春三月:甲乙死者,其后有恚,正东有得。
> 丙丁死者,其东有恚,正西恶之,死者主也。

至于死者之葬礼,自然必须选择适当的时日。《日书》中有一段《葬日》:"子卯巳酉戌是胃男日,午未申丑亥辰是胃女日,女日死女日葬,必复之,男子亦然,凡丁丑不可以葬,葬必参。"(简759—760)《日书》其他地方谈到葬日的主要在《稷辰》篇中,在"秀""正阳""危阳"等八类日子中,有四类日子,即"正阳"(简763)、"阴"(简773)、"彻"(简774)、"结"(简775)属于"可葬"之日,也就是说,一年之中有近一半的日子是可行葬礼的。《稷辰》此处谈葬日的方法与上引《葬日》的方法并不相同,而此《葬日》一篇正好抄写在《稷辰》篇之下空白处,很可能是为了提供读者作为比较之用。至于不同篇章中的宜葬之日或有相冲突之处,上文第二节中已有讨论。

五、《日书》所见之经济生活

《日书》使用者除了有部分属于中下层官吏之外,亦有从事农商业者,他们所关心的问题在《日书》中也有所表现。

(一)农业

农人所关心的农事不外乎播种的时机,农具的良否,田土的肥瘠,作物的灌溉、照顾和收获等。但是在《日书》中,与农事有关的篇章主要都是关于播种和收获的时日的,如《田忌》"丁亥戊戌不可初田及兴土攻"（简764反），是关于翻动土地的忌讳，而各种作物亦有一定的宜忌：

> 禾良日，己亥……禾忌日，稷龙寅、秫丑、稻亥、麦子、菽、苔卯、麻辰、葵癸亥，各常□忌不可种之及初获出入之。辛卯不可以初获禾。（简746—752）

又有《五种忌》：

> 丙及寅，禾；甲及子，麦；乙巳及丑，黍；辰，麻；卯及戌，叔（菽）；亥，稻；不可以始種及获、赏，其岁或弗食。（简745反—744反，941—947略同）

《五谷良日》：

> 己□□□□□出种及鼠（予）人，壬辰乙巳不可以鼠（予）子，亦勿以种。（简959）

以及《五谷龙日》（简960）等篇章，内容大致相同。贺润坤根据这些文字中各种谷物排列的先后次序，推断当时秦国统治范围内谷物种植的情况，认为以往学者以为春秋战国时代中国主要的谷物是菽和粟的说法有重新考虑的必要[1]，因为就禾与麦在《日书》与五谷有关的篇章中的出现顺序而言，当时的农业生产应该以这两种谷物最为重要。[2]

---

1 中国农业科学院、南京农学院、中国农业遗产研究室编著：《中国农学史》初稿上册，北京：科学出版社1959年版，第四章第一节。
2 见贺润坤：《从〈日书〉看秦国的谷物种植》，《文博》1988年第3期，第64—67页。惟贺氏将《日书》甲的《禾良日》《禾忌日》归诸《秦除》，《五种忌》归诸《门》，而《日书》乙的《五种忌日》归诸《除》，《五谷良日》《五谷龙日》归诸《秦》，是值得商榷的。笔者认为，这些有关五谷的篇章应该都是独立的，由它们被写在竹简上的情况可以判断。

根据文献资料如《吕氏春秋》中所记载，此时农业技术的发展水平已经相当高[1]，不过并没有呈现在《日书》中。《日书》所关心的是吉凶而不是技术，除非是与鬼神有关的方法，有如《诘》篇中的那些驱鬼之术。

此外，和农业生活息息相关的是牲畜的畜养。《日书》中常有"入人民畜生"（简780、957）、"畜畜生"（简761）和"可以入人民马牛禾粟"（简752）之类的占辞，另有人（臣妾）、马、牛、羊、猪、犬、鸡、蚕等"良日"（简809—823、936—973略同），或忌杀（简814、820），或忌出入（简810、821、823），显示出牲畜在当时人生活中亦占相当重要的地位。值得注意的是，马匹的饲养在此时似特别受重视。《日书》中甚至有一节祷祝之辞，是为了祈求马匹能够健康善走（简740反—736反）。这段祝辞之性质其实与《日书》中以时日凶吉为主的各类占辞是不同的，它被收入《日书》之中，很可能是由于其在日常生活乃至军事行动中的重要性之故。与《日书》同出的《厩苑律》中特别重视牛、马的饲养，可以作为佐证。至于亦属生产活动之一的渔猎，在《除》《星》《秦》等篇中均被列为日常行事的一部分，可见在当时人生活中占相当重要的地位。渔猎本身虽为休闲活动，但对于当时人而言仍为重要之肉食来源，因而至少自战国中期以来，即为各国政府列入管辖之范围。《吕氏春秋》中有详细的有关渔猎活动的论述：

（孟春纪）是月也……禁止伐木，无覆巢，无杀孩虫、胎夭、飞鸟，无麛无卵。[2]

---

[1]《吕氏春秋》卷一六《任地》《辩土》《审时》等篇对于土地的肥瘠、农具的使用、气候的宜适等农业问题都有相当详细的讨论。
[2]《吕氏春秋》卷一，第3页。

（季春纪）是月也……田猎毕，弋、罝、罘、罗、网，喂兽之药。[1]

《国语·鲁语上》也记载：

鸟兽孕，水虫成，狩虞于是乎禁罝罗，矠鱼鳖以为夏犒，助生阜也。

鸟兽成，水虫孕，水虞于是乎禁罝䍡，设穽鄂，以实庙庖，畜功用也。[2]

而云梦秦简有《田律》（简071—074），规定"春二月毋敢伐木山林及雍堤水，夏月……毋□□□□□毒鱼鳖罝穽罔"（简071—072），文字内容均与《吕氏春秋》和《国语》相互呼应。这些资料都显示渔猎活动在当时所具有的经济意义。[3] 此外，与渔猎同为采集经济的伐木也为《日书》用户询问的事项之一，由《木日》（简961—962）的占辞可以知道，当时较受重视的五种树木为榆、枣、桑、李、桼（漆），均不可任意砍伐。

从经济活动的层面来看，这些辞句中提到"出种"和"鼠（予）人"（简959）[4]，可以知道当时的农人彼此之间有流通禾种的情形，而由"可以入人民马牛禾粟"（简752）、"利入禾粟及为囷仓、吉"（简813）等文字，又可以约略看到一个中下层官吏或地主家庭所涉及的一些以农业为主的经济活动。尤其是由"入人民马牛禾粟"以及类似的文字如"可以劈决池入臣徒马牛它生（牲）"（简

---

[1]《吕氏春秋》卷三，第2页。
[2]《国语·鲁语上》，台北：台湾中华书局1971年版。
[3] 参见贺润坤：《云梦秦简所反映的秦国渔猎活动》，《文博》1989年第3期，第49—50、27页。
[4]《日书》中"鼠"字为"予"之意，最明显的证据为简954："可鱼䍡，不可攻，可取，不可鼠（予）。"

754）等，可以知道"人民""臣徒""马牛""禾粟"是同一套经济活动中的不同要素，"人"或"人民"在此指的是作为奴仆的"臣妾""臣徒"，其地位和牲畜相当而位于前。而农业生产所得的禾、粟等，是与臣徒、马牛等同样的、作为这套经济活动中的交换物资。

当然，单就《日书》中这些与农业有关的材料，尚不足以完全呈现当时中下层社会的经济面貌，我们还得注意和商业有关的篇章。

（二）工商业

除了农事之外，《日书》中有一些和商业相关的吉凶时日，显示出《日书》使用者中包括了从事商业的阶层。这些占辞中明显提到商业行为的，有"出入货及生（牲）"（简767、773）、"出入货"（简799、800、775）、"入货及生"（简771）、"入货"（简798、822）、"出货"（简822、830）、"入材"（简735、771）以及"行贾"（简804）、"贾市"（简816、806）等。这所谓的"货"指的是什么，《日书》中并没有明白说出，但既然和牲畜并提，如"毋以申出入臣妾马牛货材"（简839），当不会是马、牛之属。若考虑战国末年工商业发展的情况，这里的货应该是手工业产品。而由"金钱良日"（简822）和"市良日"（简823）等字眼的出现，我们也可以看到一个以工商业为主要经济活动的社会阶层的存在。《吕氏春秋·上农》篇将当时的人民分为三类，"凡民自七尺以上属诸三官：农攻粟，工攻器，贾攻货"[1]，秦律中的《关市律》（简164）和《工律》（简165—174）正是为了工商阶层的活动而设的。[2] 在这商业阶层中，比较值得注意的

---

[1] 《吕氏春秋》卷二六，第5页。
[2] 关于当时秦国手工业和商业的发展情况，可参林剑鸣：《秦史稿》下册，台北：谷风出版社1986年版，第358—367页；杨宽：《战国史》上册，第80—110页。

情况是一则"女为贾"（简875）的例子，显示当时从事商业的人口之中至少有一部分为妇女，和《史记·货殖列传》中有关巴寡妇清的记载可以相互印证。[1]

由于《日书》中有这些与农工商业有关的资料，遂有学者认为《日书》所反映出的社会背景属于"豪族"阶层。譬如有关"困"的设置，似乎是大庄园中囤积谷物的制度，而其中对"祠五祀"这种在《礼记》中为大夫以上阶层的礼数的关切，也显示出《日书》使用者的社会阶层不低。[2] 又如简945—946曰："凡有人也，必以岁后，有出也，必以岁前。"据李学勤的解释，这种有"籴贱贩贵"嫌疑的文字，说明《日书》的使用者是一些有一定程度资产的人。[3] 这些观察可说都有其可能成立的理由，然而由于我们无法得知其经济活动之规模，"困"的设置，到底有多少只是为了小农一家的冬储之需，而"籴贱贩贵"又有多少只是对农村物物交换经济行为的告诫，因此这些说法的正确性如何，是难以衡量的。[4]

六、《日书》中所见之政治与社会秩序问题

上文已提到，《日书》的使用者可能为军人，而简文中也不乏与军事行动有关的字句。这些字句又大多出于通观全年时吉凶的《稷辰》篇之中，如：

利战，必得侯王（简761）
利以战伐（简773、804）

---

[1] 《史记》，第3260页。
[2] 见大节敦弘：《雲梦秦簡〈日書・困〉》，载《中国—社会与文化》二，东京：中国社会文化学会1986年版，第117—127页。
[3] 李学勤：《睡虎地秦简〈日书〉与楚、秦社会》，《江汉考古》1985年第4期，第62页。
[4] 关于战国时代已经有的囤积居奇的商业行为，史书虽有记载，然而这种行为的普遍性到底如何，其实际对整体经济发展的影响又如何，并不易估计。参见杨宽：《战国史》上册，第103—111页。

攻军入城（简938）

攻军韦（围）城（简769）

这些情况已足以显示当时的战事是相当大规模的，才有可能"得侯王"或"围城"。事实上，在《稷辰》篇的结构之中，每一种日子（秀、正阳等）的吉凶基本上均有固定的内容，而其中最后一项即为是否有战争发生的可能性的说明，如"有兵""毋兵""大兵"（简762—775，949—958略同）等。当然，这些预测也不必然是为军队统帅而设，反而更可能作为一般人生活的参考，因为当时一般农民即军队士卒的构成分子。[1] 也正是由于这些有关军事活动的字句的存在，说明在当时人的生活中，战争是一件相当平常的事。这也是战国末期中国政治环境一个鲜明的写照。譬如昭王一代56年之间，根据云梦秦简《大事记》的记载，至少有35年中是有战事的，而若加上传统文献所载，此期间所发生之较大型战争竟达55次之多，几乎平均一年就有一次。[2] 无怪乎《日书》要将战事放在总论式的《稷辰》篇之中作为日常探问之对象。

但当时人生活中所必须忍受的痛苦尚不止于战争的侵扰，还包括了社会一般秩序的紊乱。这种情况可以由《日书》中与盗贼有关的文字看出。例如，人若去野外旅行，就有可能遇到盗寇：

外害日不可以行，作之四方壄外，必耦盗寇，见兵。（简738）

---

[1] 参见李均明、于豪亮：《秦简所反映的军事制度》，载《云梦秦简研究》，第152—170页；杜正胜：《编户齐民》，台北：联经出版事业公司1990年版，第49—96页，第二章《全国皆兵的新军制》。
[2] 杨宽：《战国史》下册，第672页，《战国大事年表》。

追捕盗贼也有一定的时日：

除日……歓乐攻盗，不可以执（简744）

而当时人对盗贼问题的无法有效解决，则反映在专门为辨认盗贼而设的篇章之中。如《盗贼》（简827反—814反）篇：

子，鼠也，盗者兑口，希须，善弄手，黑色，面有黑子焉，疵在耳，臧于垣内中粪蔡下，多（名）鼠鼷孔午郢。（简827反）

这是依十二地支的时日来预测盗者的面貌、特征、藏匿之处、甚至其名字。类似的篇章有《盗》（1148—1154反），以十天干为时日之分配基准，凡逢甲之日遭盗，则云：

甲亡盗，在西方一宇闲之食五口其疵其上，得□□□□其女若母为巫，其门西北，出盗三人。（简1148）

尽管我们从同墓出土的秦律中，可以看出当时社会中实行着相当严厉的法令，如《秦律杂抄》中有篇幅相当长的《捕盗律》（简371—420），其中甚至连盗"不盈一钱"（简380、383、395）的案件都在处理的范围之内，但是《日书》中有关盗者的记载却有明白的宣示，在实际上法令是有所不足的，所谓"法令滋彰，盗贼多有"。而人们在具体可知的法令之外，仍然要相信一套看来似乎是"公式"的捕盗之法，其中所代表的宗教心态为何，是以下必须进一步讨论的问题。

此外，在这个大量使用奴仆的社会中，奴仆的逃亡也构成一个相当大的问题。在《日书》前面总纲式的《除》《秦除》《稷辰》《星》等篇中，"亡者"的问题和娶妻生子等人生大事同样，被列为日常行事必须备询的项目：

外阳日……以亡不得（简737）

除日，臣妾亡，不得（简744）

挚日，不可行，以亡，必击而入公而止（简748）

亡者不得（简764、767、807）

亡人自归（简765）

亡者得（简769、773、815）

甚至也有专为此事而设的《亡日》篇（简1044—1047）：

正月七日、二月旬……凡以此往亡，必得，不得必死。

逃亡的臣妾面临的是或者被捕得，或者不得，不得必死的命运。《韩非子·诡使》篇中曾说到战国末年士卒逃亡的情况："悉租税，专民力，所以备难充仓府也，而士卒之逃事状（伏）匿，附托有威之门，以避徭赋而上不得者，万数。"[1] 这陈述虽是在论理的情况之下说出，应该也能反映出当时社会部分实情。这些"士卒"（亦即农民）的逃亡理由基本上与奴隶的逃亡相去不远，都是为了避免生活上徭役租税的压迫。睡虎地秦简其他文献中也有相当多有关奴隶臣妾逃亡的资料。[2] 凡此皆足以说明，《日书》中有关"亡者"的辞句的确反映出当时社会的现实。问题在于，这些有关逃亡的预测是为何人所设？李学勤认为是

---

[1] 王先慎：《韩非子集解》，台北：世界书局1974年版，第316页。此段文字所反映出的情况与罗马帝国末期的农业问题极为相近，是一个值得进一步探讨的题目。
[2] 见《金布律》《法律答问》。参见吴树平：《云梦秦简所反映的秦代社会阶级状况》，载《云梦秦简研究》，第79—130页。

为逃亡者趋吉避凶而专设的。[1] 当然，我们也许不能完全否认，这种预测也有可能被奴仆用来作为自己择日逃亡之用，但是衡诸《日书》中其他篇章的性质均为中下阶层之士农商人家庭和工作之参考，并且上引那些"以亡不得""臣妾亡不得"等文字，都是夹杂在其他为"主人"身份者而设的文辞中的事实看来，这些有关逃亡的吉凶的预测应该不是专为想要逃亡的臣妾而设的——一个担心臣妾奴仆逃亡的主人如何可能如此帮助他们？因此，这些关于"亡者"的预测，和有关"盗者"的篇章一样，都是为了帮助主人追捕盗亡的。由对于"亡者"的关切，我们可以推测，在当时的社会中存在着一股不安定的因素。然而要如何将此现象与当时社会的实际问题结合起来，而不止是就此推说是"奴隶主压迫农民的结果"，尚待更进一步的研究。最后，若我们认为"亡者"为秦帝国社会中一特殊的社会现象，那么是否在社会比较安定之后，就没有必要为"亡者"而预言？天水放马滩《日书》中有关亡者的记载大致与睡虎地《日书》相同，就此而言，两者基本上应反映出相近的社会情况。[2] 而若能有更详细的汉代《日书》与之相比，应该可以对上面的推论提供更有力的检证。

七、《日书》中之宗教信仰

（一）《日书》宗教研究之检讨

在《〈日书〉：秦国社会的一面镜子》一文中，作者举出《日书》中所见的宗教现象有"迷信禁忌"和"鬼神观"，认为"秦国社会的鬼神宗教还比较原始。因为原始，

---

1 李学勤：《睡虎地秦简〈日书〉与楚、秦社会》，《江汉考古》1985年第4期，第60—64页。
2 见《天水放马滩秦简甲种〈日书〉释文》，载《秦汉简牍论文集》，第1—6页。

所以鬼与人在许多方面都有相通之处，而且鬼神不分"。[1]作者又指出《日书》反映出人鬼相互惧怕的关系，为秦人鬼神宗教的原始特点。由于此文为一介绍性的文字，并没有对这方面做进一步的发挥。此后，张铭洽有《云梦秦简〈日书〉占卜术初探》[2]一文，主要是将《日书》中所见各种占卜之术归纳整理，基本上没有触及宗教信仰的问题。

在《从〈日书〉看秦人鬼神观及秦文化特征》[3]一文中，作者李晓东与黄晓芬对《日书》中所提到的"鬼"与"神"分别做了讨论。基本上，他们认为"秦人"的宗教是多神崇拜，对于"上帝"神的祠奉，"与祠奉赤帝、白帝、青帝、黄帝、黑帝一样，没有被特别突出与强调"（第57页）。神的名目繁多，有"自然神"，有"职能神"，又有只会作祟害人的"夭（妖）神"。作者因而认为，"秦人的宗教体系是不成熟、不发达的，它保留了原始宗教的许多特征，而文明时代应该具有的宗教内容却没有很好地发展起来"（第58页）。至于"鬼"，作者认为《日书》"对鬼的描述既形象生动，又具体细微"（第59页），"具有鲜明的人的特征"，"鬼作祟的心理及动机，与人的思维逻辑是一致的"（第60页）。不过鬼的本领并不甚大，也不具赏善罚恶的道德功能，所以人并不怕鬼。而透过这种对鬼神的观念，作者认为其所表现出的是一种直观、质朴的特色，"对鬼神的认识，缺乏丰富的想象；对鬼神形象、功能的描述，也缺少大胆的夸张与渲染"（第62页）。而且《日书》"不仅未赋予神作为社会等级秩序和道德源泉的实体意义，也没有对降福降灾的原因做

---

[1]《日书》研读班：《〈日书〉——秦国社会的一面镜子》，《文博》1986年第5期，第8—17页。
[2] 张铭洽：《云梦秦简〈日书〉占卜术初探》，《文博》1988年第3期，第68—74页。
[3] 李晓东、黄晓芬：《从〈日书〉看秦人鬼神观及秦文化特征》，《历史研究》1986年第4期，第56—63页。

出理论说明，似乎某日某时的吉凶祸福，只是一种先验的规定，没有道理可讲"（第62页）。换言之，《日书》中的鬼神观反映出一种重功利、重实惠的性格，而这种性格正是秦文化中功利主义传统的表现。

李、黄此文对于《日书》中鬼神性格的归纳分析基本上并无不妥。[1] 问题在于，我们是否应该和作者一样，认为"秦人的宗教体系是不成熟、不发达的"。更重要的是，我们是否能够说，《日书》中所反映出的功利性格就是"秦文化"的性格。前面的问题是，在没有对何谓"宗教"提出一种定义的情况之下，用"不成熟、不发达"这类字眼并不能澄清"秦人宗教体系"的特质。后一个问题基本上源于对《日书》的社会属性的考虑：学者在利用《日书》中的材料时，若不先厘清《日书》的使用者所属的社会阶层和文化圈，如何能够进一步推论其中反映出的性格是属于"秦文化"或"秦人"的？

这基本的问题不但在李、黄文中没有讨论，而且在另外两篇文章中，也都毫不犹豫地径以《日书》为"秦人"文化的产物。这两文为王桂钧的《〈日书〉所见早期秦俗发微》[2] 以及窦连荣、王桂钧的《秦代宗教之历程》[3]，前一文中有关宗教的观点基本上与后一文相同。以下即以窦、王文为讨论对象。

窦、王此文有关秦代宗教的论说问题甚多，最主要的，除了上面所提到的没有讨论《日书》的社会属性的问题之外，是使用名词的定义不清。文中认为，秦人宗教是"一神崇拜、泛灵禁忌"，而这"宗教"也反映在《日书》

---

[1] 林剑鸣：《从秦人价值观看秦文化的特点》，《历史研究》1989年第3期，第66—79页。此文有关秦人宗教的看法基本上与李、黄文相同。
[2] 王桂钧：《〈日书〉所见早期秦俗发微》，《文博》1988年第4期，第63—70页，第93页。
[3] 窦连荣、王桂钧：《秦代宗教之历程》，《宁夏社会科学》1989年第3期，第9—16页。

之中。首先，作者认为《日书》中的"赤啻"（简1028）即"上皇"（简830），也就是太阳神。"赤啻"固然有可能与太阳有某种关联，但若说《日书》中所有的神都是一个神的不同名称（作者漏了土神、地杓神、上帝等神名），显然过分牵强。作者又说"泛灵禁忌"不是多神崇拜，然而在说明泛灵禁忌的心理时，却举《左传》中"山川之神，则水旱疠疫之灾，于是乎之，日月星辰之神，则雪霜风雨之时，于是乎之"的一段文字为例。（第10页）若说山川日月之神不算"多神"，其理安在？其次，作者在主张"一神崇拜"之时，并没有说明这"一神崇拜"到底是排他的一神崇拜（monotheism），还是容他的一神崇拜（henotheism），因而在观念上相当易混淆。又，文中所引用西方学者的学说不但过时，而且语焉不详，如引"多神教则大都是在每个民族混合了以后才产生的"［施密特（W. Schmidt），《原始宗教与神话》］来说明"泛灵禁忌"不是多神崇拜（第10页），而秦民族"缺少这样的混合条件"，因而也不是多神教。类似这样的引证，由于没有更详细的论说，所引起的问题要比所想要解决的问题更为复杂，自然也无法构成有效的论证。更令人难以理解的，是作者论"秦始皇"为"秦始于皇"，秦人宗教为太阳崇拜（第11页）。作者极力要将"始皇帝"的"始"字解释为"生育"，于是"始于皇"就有"由皇（太阳）所生育"的意思。作者不承认"朕为始皇帝，后世以计数（作者似乎故意漏引这五个字），二世三世至于万世，传之无穷（作者误作'传之万世，以至无穷'）"[1]，这段文字明白揭示"始"为形容词"开始"之义，而非动词"生育"。实际上，嬴政之自称只是"始皇帝"而非"秦始

---

[1]《史记》卷六，北京：中华书局1960年版，第236页。

皇",作者的讨论因而完全落空。而在论秦人宗教为太阳崇拜时,作者从典籍中的一些记载认为,秦人祖先有鸟图腾崇拜,而这鸟图腾与太阳崇拜的关系是建立在"日中鸟"的神话之上的。不过这神话在中原典籍和楚辞中都有出现,在秦文化中却没有,但作者仍然要勉强"肯定它的存在"(第12页)!而实际上,若肯定秦人有"日中鸟"的神话,因而有太阳崇拜,那么中原和楚地岂不更有太阳崇拜?太阳崇拜又如何可以成为秦人宗教的特质?

以上所论有关秦代宗教的研究,主要建立在对《日书》中材料的观察和解释之上。其共同的缺憾,是没有意识到《日书》的社会属性此一根本的问题,同时,在讨论的过程之中也不时做过分简化的一般性陈述,甚至有逻辑推演上的问题。如窦、王文中,论带有灾害特征的鬼"很大程度上渊源于秦人生产力的低下以及农业生产的原始状态"(第10页),对于秦人生产力如何低下,农业生产的原始状态又是如何,并无进一步的说明。以下我们就先讨论《日书》中之鬼神信仰,再进而论此种信仰背后之宗教心态。

(二)《日书》中之鬼神

《日书》有《梦》(简883反—882反)[1]、《诘》(简872反—828反)[2]两篇占辞,是《日书》中少数几篇与时日无关的文字[3],其内容主要是告诉读者如何应付各种恶鬼。《诘》篇中尤其详尽地列举了数十种恶鬼的名字。[4]这些鬼怪,有的源于动物,如:

---

[1] 参见林富士:《试释睡虎地秦简〈日书〉中的"梦"》,《食货》复刊1987年第3、4期,第30—37页。
[2] 参见D. Harper, "A Chinese Demonography of the Third Century B. C.", *Harvard Journal of Asiatic Studies* 1985, pp. 459-498. 不过Harper此文主要是在讨论"诘"字的意义,而非《诘》篇之内容。
[3] 另有《门》(简843—855)以及和房宅风水有关的一篇(简882反至873反)。
[4] 详见饶宗颐、曾宪通:《云梦秦简〈日书〉研究》,第11页,分类索引。

［神狗］犬恒夜入人室，执丈夫，戏女子，不可得也，是神狗伪为鬼。（简848反—847反）

［神虫］鬼恒从男女，见它人而去，是神虫伪为人。（简862反）

［状（犬）神］一室人皆毋气以息，不能童作，是状神在其室。（简860反—859反）

这些怪物名中虽有"神"字，但由简文中可以清楚地知道，它们其实是被视为鬼怪之物，"神狗""神虫"之"神"字乃形容词。此外，有的鬼怪可能源于植物，如：

［棘鬼］一宅中毋故而室人皆疫，或死或病，是：棘鬼在焉。（简859反—858反）

古人相信某些植物具有神秘的力量，对桃木的观念即为一显著的例子。《左传》中亦有"桃弧棘矢，以除其灾"[1]的说法。棘既有除灾去不祥的功用，即使化为鬼物作怪，亦相当自然可解。有的鬼怪源于无生物，如：

［丘鬼］人毋故鬼昔其宫是：丘鬼，取故丘之土以伪为人犬置墙上，五步一人一犬……（简867反—866反）

又有的是源于自然现象，如：

［天火］天火燔人宫不可御，以白沙救之则止矣。（简855反）

---

[1]《左传》，昭公二十四年。

［雷］雷焚人不可止，以人火乡之则已矣。（简854反）
［云气］云气袭人之宫，以火乡之则止矣。（简852反）
［寒风］寒风入人室，独也，它人莫为，洒以沙则已矣。（简838反）
［票风］票风入人宫而有取焉。（简839反）

当然，也有直以"鬼"称之者，如：

人行而鬼当道以立，解发，夺以过之，则已矣。（简850反）

至于人死为鬼，在《疾》篇中已经有死后的父母、王父、王母为鬼作祟的例子（简797—806），《诘》篇中亦有"幼殇"（简846反）、"不辛之鬼"（简844反）、"恶鬼"（简834）等。这"芸芸众鬼"即是《日书》其他篇章中提到祀祠时祭拜的一部分对象，如《星》中的"鬼祠"（简819），《除》中的"祭上下群神"（简732）。这里所谓的"神"其实本质上与鬼可能并无大差别，在《诘》篇中亦有"大神"："大神，其所不可冎也，善害人，以犬矢为完，操以冎之，见其神以投之，不害人矣。"（简869—868）又有"上神"："人若鸟兽及六畜恒行人宫，是上神相，好下乐人，男女未入宫者，击鼓奋铎噪之则不来矣。"（简865反—863反）等，是与一般的"鬼"相提并论的，可以为证。

这种神鬼性质相同的观念其实并不是《日书》特有的。大抵在先秦文献中，鬼神并称为常事。《礼记》中一段文字尤其能显示出"神"字之普遍意义："山林川谷丘陵能出云为风雨见怪物,皆曰神。"[1] 而《韩非子》中也有一段文字:"以道莅天下,其鬼不神。治世之民,不与鬼神相害也。故曰,非其鬼不神也,其神不伤人也。鬼祟(也)疾人,之谓鬼伤人,人逐除之,之谓人伤鬼也。"[2] 由此可以看出,"神"字可以作为形容"鬼"的性质之用,而"非其鬼不神也,其神不伤人也"则又显示"鬼"与"神"的观念可以互换。一般传统文献中,对于民间信仰中各种各样的鬼神并没有十分注意。然而由一些偶然透露出的消息,可以知道这些鬼神的性质与《日书》中所记载者基本上并无不同。《周礼》中记载应付"水虫之神"的方法:"壶涿氏掌除水虫,以炮土之鼓驱之,以焚石投之。若欲杀其神,则以牡橭午贯象齿而沉之,则其神死,渊为陵。"[3] 此处对于"水虫之神"的处理态度和《日书》中所见极为类似。《韩非子》中亦有一故事记载,当时人认为人见鬼之后,应以狗矢浴之,是以去不祥的办法。[4] 这与《日书》中所见的一些逐除恶鬼之法如出一辙,如"鬼恒从人女与居,曰,上帝子下游,欲去,自浴以犬矢,击以苇,则死矣"(简858反)。值得注意的是,《韩非子》这段故事中的"鬼"也与女色有关,而这故事却是发生于燕人之中,可见《日书》中的某些观念实有较广泛的社会基础,而不仅限于秦或楚。

至于这些鬼怪造成的影响,有的是制造各种骚扰,如:

人毋故鬼攻之不已(简869反)
人毋故而惑之(简864反)

---

[1] 《礼记注疏》卷四六,台北:新文丰出版社重印《十三经注疏》本2001年版,第4页。
[2] 王先慎:《韩非子集解》,第104页。
[3] 《周礼注疏》卷三七,台北:新文丰出版社重印《十三经注疏》本2001年版,第7页。
[4] 王先慎:《韩非子集解》,第182页。

有鼓音不见其鼓（简862反）
夜入人室，执丈夫，戏女子（简848）

有的是令人产生各种心理症状，如：

人毋故而心悲也（简829反）
人有思哀也（简833反）
人毋故而弩（怒）也（简840反）
人毋故而忧也（简842反）
鬼恒为人恶梦（简852反）

也有人以为可以造成各种疾病：

一宅中毋故而室人皆疫，或死或病，是：棘鬼在焉。（简859反）
一宅之中毋故室人皆疫，多蓸（梦）米死，是：字鬼狸焉。（简856反）
人毋故一室人皆疫，或死或病，丈夫女子隋须蠃发黄目，是：人生为鬼。（简852反）

由此看来，《日书》中所呈现的是一个多鬼多神的世界，其中有各种对人具有威胁性的拟人化神灵，也有近乎自然力，稍有人格化现象的"天火""雷""云气"。就这种现象而言，说它具有泰勒（Edward B. Tylor）所说的"泛灵信仰"（animism）的性质，亦无不可。[1] 当然，"泛灵信仰"也只是一种假说，在近几十年来已经受到许多新说的检讨。如以奥托（R. Otto）为首的一批宗教史学者

---

1 E. B. Tylor, *Primitive Culture*, Vol. 1, 4th ed., London: Murry, 1903.

就认为，古人或原始人并不是有意识地将一些不可思议的自然现象"赋予"神性以解决疑问，而是将整个自然世界视为一个活的对象。人和超自然的关系是一种个人的、"我与你"的关系。而奥托的理论其实也由于太过强调人的直觉而受到批评。[1] 此外，这些出现在《诘》篇中的鬼神基本上和人的关系并不友善，人在日常生活中所遭遇的各种问题，如上面所提到的，许多都是无缘无故（毋故）受到鬼怪的侵扰所造成的。在《日书》其他篇章中出现的神明亦不甚友善，如《行》篇中提到"赤啻"，"凡是日赤啻（帝）恒以开临下民而降其英（殃）"（简857），又有"壬申会癸酉，天以坏高山，不可取妇"（简749反）、"正月不可垣，神以治室"（简748反）、"毋以子卜筮，害于上皇"（简830）等禁忌。此处的"天"和"神"、"上帝"（简858反）、"上皇"以及前面提到的"上神""赤啻"是否同为一个"至上神"？前举窦、王文虽不以为秦人有一"至上神"，但有"一神崇拜"，"赤啻"即"上皇"，然而对于其他的神灵又认为是"泛灵信仰"。[2] 这种观点没有厘清"神""鬼"的界限，因而难免自相矛盾。实际上，《日书》中"神"和"鬼""夭（妖）"等的差别不是属性，而是能力。如《诘》篇中的那种鬼神，能力是特定的、有限的，而"赤啻""上帝"等则有较高的地位和能力。也有人以为，《日书》中的"天""上帝"，是《史记·封禅者》中所提到秦文公"梦黄蛇自天下属地，（史）敦曰：'此上帝之征，君其祠之'"[3] 中的上帝，但

---

[1] R. Otto, *The Idea of the Holy*, Oxford: Oxford University Press, 1985, pp. 25ff. 当然，奥托的理论现在也算是相当古典的了。关于西方宗教史研究之重要理论，可参见 J. Waardenburg, ed., *Classical Approaches to the Study of Religion, I. Introduction and Anthology*, The Hague: Mouton, 1973; F. Whaling, ed., *Contemporary Approaches to the Study of Religion*, 2 vols., Berlin: Mouton, 1983, 1985。
[2] 窦连荣、王桂钧：《秦代宗教之历程》，《宁夏社会科学》1989年第3期，第9—16页。
[3] 《史记》卷二八，第1358页。

上帝和赤、白、青、黄等帝并不同，"秦人"的宗教仍然是多神信仰。[1]这里的问题是，我们是否能够将《日书》中的信仰和《史记》所记载的秦公宫廷中所祠的诸帝放在同一平面来比较？这种疑问考虑的是，虽然宫廷中的宗教祭祀不一定会完全与民间脱节，但其较为抽象而与日常生活距离较远则无可疑。这一点，由《日书》中对各种人格化的鬼怪与人生活的关系的兴趣远比对那高高在上的"帝""上皇"的兴趣更高的事实，也可以得见大概。值得注意的是，《日书》中的鬼神虽然对人不甚友善，似乎也并不构成太大的威胁，因为人可以有各种应付的办法。这一点与下文所谈到的乐观的心态有内在的关系。

综上所论，笔者认为《日书》中的鬼神主要反映出当时社会中下阶层的人们相信拟人化的超自然力量，这些力量的性质基本上并无不同，不过有"上帝""上皇""上神""赤帝""天"等在天上的大神明，又有"土神"（简764反）、"地构神"（简758反）等与人世生活比较接近的神明，以至于如《诘》篇中所提到的诸多鬼怪。这些鬼神的观念与传统文献中所呈现的面貌相似，但是由于其为民间生活内容的直接反映，对于各种与生活相关的鬼神就特别关切。如果说鬼神世界中的"上帝"和其他大大小小的鬼神构成一个有阶层的社会，那么人间世界中的下层社会的人们与鬼神世界中的下层社会有较亲近的关系，应该是相当自然的。这也就是说，当时社会统治阶层的宗教信仰与《日书》中所反映出的宗教信仰没有基本性质上的差异，不过统治阶层的信仰对象与《日书》用户的信仰对象

---

[1] 林剑鸣：《从秦人价值观看秦文化的特点》，《历史研究》1987年第3期，第67—68页；李晓东、黄晓芬：《从〈日书〉看秦人鬼神观及秦文化特征》，《历史研究》1987年第4期，第56—63页。此两文有关多神的论点大致相同，然前文以为那些鬼神能决定人的命运（第70页），后文却认为他们没有决定人间命运的功能（第57页）。此外，两文中的论点多有可议之处，见下文。

各有所偏重之处。此外,值得注意的是,《日书》中的大神,如上帝、上皇等,主要仍是人格性相当浓厚的"人格神",与自西周以来在儒家传统中发展出来的、抽象的天命思想中的"天"是有一段距离的。[1]

(三)《日书》所反映出的宗教心态

宗教信仰的主题是解释人与超自然力量之间的关系,并且为人在宇宙中的存在寻求一个据点。[2]《日书》中的材料已经让我们得知当时人对于超自然力量的信仰的内容,而从人们如何去接受并且设法在那些力量之间求得一套生存之道,我们可以探讨是什么样的一种宗教心态在背后支持着这样的宗教信仰。

《日书》中所反映出的宇宙,具有双重的性质。从一方面来说,它是一个机械性的世界,因为这世界里的一切现象都经由时日的规划而呈现在各种篇章之中。在另一方面,它又是有灵的、有鬼神的世界。但是既然基本上必须承认宇宙是机械性的,于是鬼神的世界也被限定在既定的框架之中。同时,那些不为人所喜的鬼神或事物,在一定的方法的运用之下,又可以为人所避免或消除,如《除》篇中的"害日:利以除凶厉兑不羊"(简734)就是在一定的框架结构(时日)之中,以某种方法来去除或避开凶厉不祥的事。而《诘》篇则更是以各种方法来应付不同鬼怪的侵扰。这里所反映的心态是,人虽不得不承认那变幻莫测的鬼神世界的存在,仍要设法找一出路,出路就在于

---

[1] 参见徐复观:《中国人性论史先秦篇》,台北:台湾商务印书馆1969年版,第24—42页;许倬云:《先秦诸子对天的看法》,《大陆杂志》第15卷第2期,第48—52页;第15卷第3期,第91页。
[2] 关于"宗教"的定义,学者多有论述。近来比较周延的讨论是 P. Byrne, "Religion and the Religions", in S. Sutherland et al., eds., *The World's Religions*, London: Routledge, 1988, pp. 3-28. Byrne给宗教所下的一个定义是:宗教是一种制度,具有理论的、实际的、社会的、经验的等各种方面。这制度经由其特殊的主体(神或神圣物)、目标(救赎或至善)和功能(给生命以整体的意义、提供社会团体的认同和凝聚力)而彰显其特质。

一个机械性的宇宙观,而一旦那不可预测的鬼神的世界也安插入这个宇宙的框架之中,人就有避凶趋吉的可能。

《日书》的成立,基本上也就是根据这机械性的宇宙观:一切吉凶之事都和时日有相互对应的关系,而且这关系是可以为人所明知的。然而这种心态并不是一种完全的命定论。人对于自己的命运仍有某种自主性。既然这是一个没有任何神秘可言的世界,人所要做的只是遵循《日书》中的指示,即可避凶趋吉,其中没有晦暗不清之处。这也就是说,人虽然生活在一个机械性的宇宙之中,但仍可以自由地在既定的格局中移动,如同依照一个既定的规则来玩一盘棋戏。因此就这个层面说,人的行为是自由的。但是就另一方面来说,人因为随着已被设定吉凶的日子而选择生活和行为的方式,就无从也无须申张个人的主观思考和意志。一个人想要一个理想的命运,并不是靠在自己的目标上投下心力,而是靠着选对时日。其中没有、也无须道德性的反省,因而一切伦理道德的修养基本上也就被否定掉了。的确,在《日书》中,有小部分日子吉凶之判的成立或有神话与传说的根据,如"禹之离日"(简776),大部分的吉凶祸福之所以成立,唯一原因只是客观的时日本身的"性质",而所有的时日吉凶都与人的主观意志或伦理道德并无任何对应关系。从一方面来说,这其实可以说是源于一种乐观的心态:在《日书》的世界中,没有不可解的难题。

这种机械性的宇宙观也并非《日书》独有的特质。战国中晚期以来阴阳五行说的流行,在当时知识界也引起很大的回响,最明显的证据之一,就是《吕氏春秋》中的《月令》。[1] 若将《月令》的结构与《日书》相比,不难看出其中相似的地方:以时日为纲,将一年中所有的时日都赋予特

---

[1] 《吕氏春秋》卷一至卷一二,台北:台湾中华书局1972年版;又见《礼记》卷一四、《淮南子》卷四,台北:台湾中华书局1976年。

定的性质与功能。人所能做的事，就是依照一套既定的格式施行各种仪节，从事各类活动。所不同的是，《日书》中尚未大量应用五行观念（简813反—804反；974—978）。此外，《日书》的使用者以自身的福祉为主要关切的对象，而《月令》的使用者则是统治者，所关切的问题是国家社会的福祉。然而两者之基本心态的相似性是相当明显的。

但是，前文已经说过，《日书》并不是一部有任何整体性结构的作品，其中各个篇章之间常有各种矛盾存在。那么，《日书》的使用者应该何所依从？我们当然不会真正知道。不过在《行》篇中有下面的例子，可以给我们一些线索："凡是有为也，必先计月中间日，句毋直赤啻临日，它日虽有不吉之名，毋所大害。"（简858—859）这句话是在教人如何在众多不吉的日子中寻得最佳的时机，只要不是遇到"赤啻下临"的日子，其他的日子其实并无大害。也就是说，它间接地把原来在其他篇章中所提到的不祥而与《行》篇相冲突的日子予以否定。这其实也反映出，人们知道不吉的日子在各个不同的择日系统中有不少矛盾之处，若人要同时完全遵从各个系统中的规则，是不大容易的事。因此使用《日书》的人其实并不以一种全面的态度来通盘考虑他的"日常行事指南"是否合于逻辑，而即使发现有问题，如前引这段简文所示，他所要求的只是采用某一系统的说法来解决当下的问题而已。不同择日系统之间的矛盾，就这一意义来说，反而提供了人们在一种系统中行不通时的其他出路。然而这种情况是否反映出《日书》用户在智识层面上缺乏理性和逻辑思考的能力，在情感层面上则渴求避祸得福，甚至有投机取巧的心态？做这样的判断，固然合乎现代人的理路，然而在了解古人的生活与思维世界上，似乎并无正面的意义。若使《日书》所有矛盾之处都变得整齐划一，如《月令》所呈现出的面貌，我们是否就能说它"合乎逻辑思考"？《日书》中各种择日系统杂然并存，代表的毋宁说是古人思维中对于世界的神秘力量的各种不同的解读方式。这种情况在其他古代文明中也有类似的例子，如古埃及以及两河流域宗教信仰中，各种神祇性质或功能的矛盾能够并存，就被解释为是源于埃及对超自然力量的"多重接触"（multiplicity of approachs）和"多重答案"（multiplicity of answers），因为每一种有关神祇性质或世界起源的解释，都只为了在其特定的情况之下、解决特定的问题而成立。整体性的逻辑思考并不是他们所关心的。[1]

这种心态，可以说是中国古代民间信仰的一种特质。王充《论衡·讥日篇》云："世俗既信岁时，而又信日。举事若病死灾患，大则谓之犯触岁月，小则谓之不避日禁。岁月之传既用，日禁之书亦行。"[2] 正可以为《日书》所呈现出的宗教心态做一注脚。

总之，《日书》中有关超自然力量的观念，包括鬼神妖怪，基本上与其他古籍中所见的性质相去不远，均有拟人化的情况。这些与西周以来以儒家思想为线索而发展出的、比较抽象的"天"或"天命"的观念是有一定距离的。而所谓的"机械式"的宇宙观，也与汉以后所发展出的有机式（organismic）的宇宙观有所不同。在这有机式的宇宙观中，天、地、人三者彼此互相影响，构成一个有机的整体，其中也包括了阴阳五行的理论。[3]《日书》中所见到的机械式、因而也容易为一般人所了解的宇宙，在这

---

1 参见 H. Frankfort, *Ancient Egyptian Religion*, New York: Harper & Row, 1961, pp. 1-29; T. Jacobsen, *The Treasure of Darkness: A History of Mesopotamian Religion*, New Haven: Yale University Press, 1976, pp. 5-17。
2 王充：《论衡》卷二四。
3 关于有机式宇宙观，参见 F. W. Mote, *The Intellectual Foundations of China*, New York: Knopf, 1970, pp. 17ff。而有关此宇宙观中所包含的阴阳五行观念以及所牵涉到的通俗思想与智识阶层之间的关系，可参见 B. Schwartz, *The World of Thought in Ancient China*, Cambridge: Harvard University Press, 1985, pp. 356ff。

种有机式的宇宙观的影响之下，成为复杂而神秘的世界，其为一般人所不易接受，可以从《汉书·艺文志》中所开列的、当时流行在民间的各类术数作品的存在得知。

八、结论

《日书》所反映出的并非当时人生活的全面现象，这是显而易见的。整体而言，高层次的文艺、思想、政治、军事、外交等问题在《日书》中很少有反映。[1] 而由其中有关对子女的期望、使用者的社会关系与经济生活等内容来看，《日书》使用者所关切的问题并没有超越一般中下阶层人民所关心的事物。其次，我们也应该认识到，《日书》的使用者并不是同质性的一群人，其中有士农工商等各阶层的人。然而，由代表这些人兴趣的占辞共同出现《日书》之中的事实，也可以知道他们实际上共同拥有相近的文化心态。

进一步说，《日书》所反映出的不但不能说是"秦文化"，甚至不能说是秦人中下阶层的文化，而应该是当时中国社会中下阶层共同的文化的一部分。墓主人喜生活的时代正是秦国兼并天下前后。当时云梦地区为秦国新近由楚国所占得。由于《日书》中有一段秦楚月名对照表（简793—796）[2]，因此有学者认为，《日书》是秦的统治者在统治楚故地时为了了解当地民俗而保存的参考书，其中楚

---

[1] 比较值得注意的是一些有关出征、作战的预演（如简761、769、773、938等，见上文第六节），是否专为主持军国大政者而设？笔者比较倾向认为，这种可能性虽不能完全排除，但整体而言，由它们出现的前后文句及行文情境，以及战国末年军事活动实际极为频繁的事实来看，《日书》中有关军事的材料仍然是和民众的生活关系比较密切的。

[2] 参见曾宪通：《楚月名初探——兼谈昭固墓竹简的年代问题》，《中山大学学报（社会科学版）》1980年第1期，第97—107页；平隆势郎：《"楚历"小考——对〈楚月名初探〉的管见》，《中山大学学报（社会科学版）》1981年第2期，第107—111页；何幼琦：《论楚国之历》，《江汉论坛》1985年第10期，第76—81页；张闻玉：《云梦秦简〈日书〉初探》，《江汉论坛》1987年第4期，第68—73页。

历和秦历的比较，以及《盗者》篇都是为了此一目的。[1]
这种说法触及的一个重要的问题，就是秦简《日书》到底
是反映出了秦人的，还是受秦人统治的楚人的生活世界？
曾宪通怀疑《日书》是流行于楚地的占时用书，反映楚人
的习俗，如以岁星所在之方位及行向来预测吉凶，又以楚
月名来记载岁星的运行等，是因为"云梦入秦之后，秦人
对楚日书加以利用和改造，并且为了秦人使用的方便，才
有必要把秦楚月名加以对照"[2]。这种说法可以解释《岁》
篇为楚人的东西，但《日书》中其他大部分篇章所用的历
法都是秦历，不能说都是楚人的东西。因此《日书》很可
能是一部杂糅了秦、楚两方民俗的作品。李学勤先生即从
"秦除"和"楚除"中对于奴隶逃亡的不同，来论《日书》
中所表现出的秦、楚社会的不同情况。[3] 由睡虎地秦简出
土之墓葬本身来看，其墓葬形制及随葬器物兼有楚墓及关
中秦墓的特征，因而要想在其物质文化的归属上找单一的
源头，也是不太可能的。[4] 与此相关的问题是，睡虎地
《日书》原主人喜为何拥有此书，又为何有两种不同抄本，
并且以之随葬？以之与其他的法律文书随葬，应该是由于
《日书》对墓主的生前事业有相当之重要性；有两种不同
抄本，显示墓主喜有可能使用《日书》为重要参考材料。
而这两则推测如果可以成立，也许可以说明墓主喜拥有此
书的原因：他虽不可能是专业的"日者"，但由于他作为
一个地方官吏和知识分子的身份，他极有可能利用《日

---

[1] 工藤元男:《睡虎地秦墓竹简"日书"について》,《史滴》第七册, 第15—39页; 张铭洽:《云梦秦简〈日书〉占卜术初探》,《文博》1998年第3期, 第68—74页。
[2] 曾宪通:《秦简日书岁篇讲疏》, 载饶宗颐、曾宪通:《云梦秦简〈日书〉研究》, 第97页。工藤元男亦主张《日书》中之所以会有秦、楚两种历法, 是由于秦人要依楚人之旧俗以统治楚人。不过在秦一统天下之后, 就要统一全国的制度了。见 "The Ch'in Bamboo Strip Book of Divination (Jih Shu) aad Ch'in Legalism", *Acta Asiatica*, 1990, 58, pp. 24-37。
[3] 李学勤:《睡虎地秦简〈日书〉与楚、秦社会》,《江汉考古》1985年第4期, 第60—64页。
[4] 见《云梦睡虎地秦墓》第三章。

书》为辖区内的人民择日。正如他在法律方面有一批文献可供参考，以节制当地人民的日常法律行为和社会秩序，《日书》正好是他替人民排解日常生活中各种时日禁忌的问题的参考书。从这一个角度来看，《日书》中杂抄了和不同阶层人们生活背景相关的材料，是自然且必然的。

此外，前面也已经提到，墨子之齐，在齐遇到日者，可知日者非秦所特有。近年来，除了云梦秦简之外，又有天水放马滩秦简《日书》出土[1]，诸多内容与云梦睡虎地《日书》相同或相似，如《建除》《亡盗》《生子》《禹须臾行》《门忌》《五种忌》《入官忌》，以及其他各种时日禁忌。但其中亦有不同之篇章，如《律书》所述五行、五音、阴阳律吕之相生关系，《占卦》为以六十律占卜、占卦之占辞等。这种情况正如司马迁所说："齐、楚、秦、赵为日者，各有所用。"[2] 有学者主张云梦《日书》代表楚文化，天水《日书》则代表秦文化，因为后者少言鬼神，"反映秦重政治而轻鬼神"[3]。这种主张与某些未曾见到天水《日书》的学者的意见正好相反。[4] 其实这两种《日书》之不同，主要反映出的应为地域性的差异，所谓"各有所用"，但不能改变两者基本上为流行于同一社会阶层中之作品的事实。同时，除了秦简之外，我们也应记得，汉简中也有不少《日书》出土。[5] 这些材料的内容与云梦《日

---

1 何双全：《天水放马滩秦简综述》，《文物》1989年第2期，第23—31页；秦简整理小组：《天水放马滩秦简甲种〈日书释文〉》，载《秦汉简牍论文集》，兰州：甘肃人民出版社1989年，第1—6页；何双全：《天水放马滩秦简甲种〈日书〉考述》，载《秦汉简牍论文集》，第7—28页。
2 《史记》，第3318页。
3 何双全：《天水放马滩秦简综述》，《文物》1989年第2期，第31页。
4 如王桂钧：《〈日书〉所见早期秦俗发微——信仰、习尚、婚俗及贞节观》，《文博》1988年第4期，第65—72、95页；李晓东、黄晓芬《从〈日书〉看秦人鬼神观及秦文化特征》，《历史研究》1987年第4期，第56—64页。
5 参见《武威汉简》，北京：文物出版社1964年版，第136—139页；何直刚、刘世枢：《定县40号汉墓出土竹简简介》，《文物》1981年第8期，第11—19页；《阜阳汉简简介》，《文物》1983年第2期，第21—24页；《江陵张家山汉简概述》，《文物》1985年第1期，第9—16页。

书》均相去不远。王充《论衡》《调时》《讥日》《卜筮》《辩祟》等篇举出当时汉人的禁忌时日有"起功、移徙、丧葬、行作、入官、嫁娶"等事项,均可以在秦简《日书》中找到相对应的篇章。[1] 可见《日书》使用者所关心的问题在东汉时仍然为所谓的"世俗"之人所关切。

由此看来,以秦简《日书》中的观念作为"秦文化"特征的证据的论述,有方法上的根本错误。这些论点,如以为《日书》中缺乏道德伦理的色彩,有明显的功利主义性质[2],或者认为"秦人所关心的问题,不是仁义的施废,礼乐的兴衰,而是攻城夺地,为官为吏、婚丧嫁娶、生老病死、饮食娱乐、牛羊马犬、耕耘稼穑、屋室仓廪等与人们切身利益直接相关的日常生活和社会生产之事……充分表现了秦人重实惠的功利主义价值观念"[3] 等,是将《日书》中反映的社会中下阶层普遍的世界观和宗教心态认为是秦文化所特有的现象,因而据以立论。有学者甚至认为,秦人的宗教体系和思维水平与殷人接近,而远落后于周人,也未能达到齐、鲁、晋等国的思辨水平。[4] 这种看法其实是研究者采取各社会中不同性质的材料相较而得出的结果。所谓齐鲁文化的主体,如果以儒家为代表,则是和《日书》使用者属于不同社会群体的人。而我们并不能断言,在人数上应该占大多数的齐鲁地区的一般小民就能完全免于《日书》之类作品的影响,因为至少在齐地是有日者活动的。因而即使秦文化是真的比较功利,或缺乏文

---

1 参见好并隆司:《雲夢秦簡日書小論》,载横山英、寺地遵编:《中国社会史の諸相》,东京:劲草书房1988年版,第1—51页。
2 林剑鸣:《从秦人价值观看秦文化的特点》,《历史研究》1987年第3期,第71页;王桂钧:《〈日书〉所见早期秦俗发微——信仰、习尚、婚俗及贞节观》,《文博》1988年第4期,第66页。
3 李晓东、黄晓芬:《从〈日书〉看秦人鬼神观及秦文化特征》,《历史研究》1987年第4期,第62页;林剑鸣:《从秦人价值观看秦文化的特点》,《历史研究》1987年第3期,第71页。
4 林剑鸣:《从秦人价值观看秦文化的特点》,《历史研究》1987年第3期,第71页。

采，也不能以《日书》中的材料作为证据。理由很简单，不但秦代的《日书》不止一种，汉代的《日书》之类的作品在民间流传亦极广，以下历代莫不如此，由清乾隆时所编之《协纪辨方书》可见大概[1]，甚至于近代之农民历，内容可谓一脉相传。我们显然不能够根据这些作品就断定汉人或汉以后人的文化都是重功利、轻伦理的。这问题的症结，就在于《日书》是一种流传在当时社会中的次文化产物，所反映出的思维形态只是民间文化的一部分，它的使用者虽可能主要是社会中下阶层的人，但是正如其中的鬼神信仰和统治阶层的信仰形态本质相似，而其判断时日吉凶的结构又与《月令》的结构相近，我们不能完全排除《日书》至少反映出更高层社会中一部分宗教心态和世界观的可能性。更重要的是，不论反映出何种社会阶层的世界观，它并不能代表其使用者全部的文化涵养。人的文化和思维形态其实是极为复杂的结构，远非一种或一类作品可以概括的。这种论点自有其证据：云梦秦简墓主人喜本身就是一个例子。在他所留下的诸多法律文献中，有一篇《为吏之道》（简679—729），其中的观念与儒、道、法家均有相当密切的关系，而其"思维水平"并不比战国末年诸子百家为低。[2] 如果我们承认《为吏之道》和《日书》一样都是喜生前所阅读的作品，由于我们并无不做如此想的证据，那么我们要如何评论喜个人的文化涵养？我们不能在看到《日书》中反映出一种粗陋无文的气息之后，就认为那气息足以为其使用者或秦文化或楚文化的代表。而《日书》中究竟有多少部分是真正"秦文化"的产物，而

---

1 载《文渊阁四库全书》第811册，台北：台湾商务印书馆影印1983年版。
2 参见高敏：《秦简〈为吏之道〉中所反映的儒法合流倾向》，载《云梦秦简初探》，郑州：河南人民出版社1979年版，第224—240页；刘海年：《从秦简〈为吏之道〉看秦的治吏思想》，《吉林大学社会科学学论丛》1979年第4期；吴福助：《秦简〈为吏之道〉法儒道家思想交融现象剖析》，"第一届中国思想史研讨会"论文，东海大学，1989年。

不是一个更普遍、更古老的时代所流传下来的传统，是不无可论之处的。

因此我们只能说，《日书》反映出了秦末中国社会中以中下阶层为主的人民生活和信仰的部分情况。其中的宗教心态虽然缺乏理性思考和逻辑推演，又有图求物质福祉的功利主义性质，但若认为它是一种"不成熟、不发达"的宗教[1]，则是从一种"宗教性质一元化"的观点出发而得到的结论，这种观点认为所有的宗教都有相同的特质，也应该经过某种相似的发展过程。问题是，这种"不成熟、不发达"的宗教（严格地说只能是一种"信仰"——belief，因为其中没有说理的"教"的部分）本身其实是一种已经发展完成的信仰形态，由秦汉以下2 000年来一直以类似的面貌流传在中国民间的事实，可以得到印证。

附录：《日书》释文订补

一、〔〕：代表原释文无，校勘后加入之文字

二、（）：代表原简脱漏，校勘后加入之文字

三、□：代表简文残断不清

四、凡《睡虎地秦墓竹简》已经校出者不再重复

730〔楚〕除

此简第一字似有残断，所补"楚"字，据张闻玉《云梦秦简《日书》初探》，见《江汉论坛》1987年第4期，第68—73页。

740 下□□□□□可名曰……=32

---

[1] 李晓东、黄晓芬：《从〈日书〉看秦人鬼神观及秦文化特征》，《历史研究》1987年第4期，第58页。

应为"〔绝纪日利以〕□可名曰……"据简918补。

820□百事吉

据简986，应为"〔酉〕百事吉"。《睡虎地秦墓竹简I》第192页、第239页注5补为"柳"，乃据《马王堆帛书·五星占》。

823□□乘车马

据简990，应为"〔轸利〕乘车马"。

862入正月七日……

据简789反，此简释文之"入"应为一分隔符"^"，即789反之"．"。《睡虎地秦墓竹简》第201页仍释为"入"，恐不确。

884取妻……

此简之图版排列次序有误，应排在简895之后，为正面之最后一简，接下来即为此简之反面："十二月、正月、七月、八月为牡月，三月、四月、九月、十月为牝月，牝月、牡日取妻吉。"（简884反），再接下来即为简895反："春三月季庚辛……"如此原本没有篇名的简895反至885反一段与娶妻有关的文字就得到《取妻》的篇名。若简884依此方式重排，原本《日书》之简排序应为883、885、886……894、895、884、884反、895反、

894反……886反、885反、883反。《睡虎地秦墓竹简》第206页仍依原图版排列。

简892与893之间、893与894之间，若依十二支顺序，应有"未""酉"两条，今无，是否有脱漏？检视简894反、893反、892反诸简文，中间没有必然连续性，故此可能性不能排除。

800反□□行毋以成亥入

据简769反，应为"〔长〕行毋以成亥入（室）"，"行"前只有一"长"字。

794反

此简上端似应有篇名，拟为"杀"字。

890—1001中段

凡此段"入正月二日一日心……"之"入"字，似乎应为分隔符"〈"，如简862。

903 成外〔阳〕
904 戌〔亥〕子丑寅卯辰巳午空外〔逮〕
905 未〔长坐外阴〕
942 丑黍辰（麻）卯及戌叔

据简749加。

958

此简与959之间脱漏一简:"结……"

980 不可食六畜以生(子)喜门
1030 计月中间日〔句毋〕

据简858加。《睡虎地秦墓竹简》第242页以"□□□"代替。

1040 行祠:东行南,祠道左,西行北,祠道右

"东行南"疑为抄写之误,应为:"行祠:东南行,祠道左……"《睡虎地秦墓竹简》第243页认为"东行南"为"东行南行",与下文"西北行,祠道右"不相对称,不确。

(原载《历史语言研究所集刊》第62本,1991年)

历史与宗教之间

中国古代鬼论述的形成（先秦至汉代）

一、引言

宗教的源起与发展自古以来就是一些人思索的问题。古希腊哲人色诺芬（Xenophanes）曾说："凡人认为神明如他们一样的诞生，穿同样的衣服，说同样的话，有同样的外表。所以如果牛和马或者狮子有手可画图，而且可以像人一样创作艺术，马就会将神明的形状绘成马，牛绘成牛，如同它们各自的形象一般。"[1] 这话的意义就是说，人的宗教其实是人自己依照人类社会的情况而想象出来的。不过色诺芬自己仍然相信世间有一位至上神："一个在众神和人们之上的大神，在外形和思想方面均与凡人不同。……他看得见万物，想过一切事情，听得见所有的声音。而他能毫不费力地用他的思念统御万物。"[2] 但是他对神明形象起源的说法，却可说是具有相当的普遍性。在许多文化中，人的确是常常以自己的形象造神。不过人所能想象出的神明的形象其实是相当复杂的，除了人形之外，各类动物在不同的文化和情况之中都有可能被认为是某个神明的形象。罗马帝国时代一位哲人就曾说：

> 虽然大多数人肯定世上有神明，仍有少数不承认他们的存在。……在那些相信神明存在的人之中，有些相信他们的祖先神，有些则相信一些被创造出来、以符合哲学系统的神明。……所以普通人也各有所执，有些人坚称只有

---

1 W. H. Auden, ed., *The Portable Greek Reader*, New York: Viking Press, 1948, pp. 68 - 69.
2 W. H. Auden, ed., *The Portable Greek Reader*, pp. 68 - 69.

一个神,其他人则认为有不只一个。甚至有些人如埃及人那样迷信,认为神明有的脸长,有的形如老鹰,或者如牛和鳄鱼,或者是任何符合他们想象的形状。[1]

古代埃及和两河流域宗教中的神明的确有着令人眼花缭乱的各类形象,现代学者中虽有人力图在多样性中寻找一个背后的统一概念[2],但仍然很难不承认古人所设想的神明有些真是动物或自然崇拜的产物。现代人类学者的调查基本上证实了这样的说法。而所谓的宗教,虽然有许多不同偏重的定义,但基本上不出一个大的范围,即人与所谓超自然力量的关系的各种表现方式[3]。这些超自然的力量是什么?除了英国人类学者马雷特(Marett)所倡导的"玛那"(mana)观念之外[4],基本上也不出鬼神、灵魂的范围。如果我们认为人类社会中的宗教反映出该社会的生存情况,那么宗教中的鬼神和灵魂自然为该社会人群的心理、思想、感情等各方面意识的综合表现。研究一个社会的宗教信仰是探究该社会性质的重要途径,而辨明一个宗教系统中神鬼和灵魂的性质,自然会令人对该社会的性质,以及人的自我形象有更具体而深入的了解。

在古代中国,鬼神常被认为具有相同的性质,所以有的时候人们将鬼神并称。《礼记》中记载孔子的话说:"鬼

---

1 Sextus Empiricus (c. 160 - 210 A. D.), Outlines of Pyrrhonism III, pp. 218 - 238, in F. C. Grant, ed., *Hellenistic Religions*, Indianapolis: Bobbs-Merrill Company, 1953, p. 100.
2 如 E. Hornung, *Der Eine und die Vielen*, Darmstadt: Wissenschaftliche Buchgesellschaft, 1973; *The Conception of God in Ancient Egypt*, Ithaca: Cornell University Press, 1985。
3 参见 P. Byrne, "Religion and the Religions", in S. Southerland et al., ed., *The World's Religions*, London: Routledge, 1988, pp. 3 - 28; W. Lessa and E. Z. Vogt, eds., *Reader in Comparative Religion: An Anthropological Approach*, New York: Harper & Row, 1979, 4th ed.; M. E. Spiro, "Religion: Problems of Definition and Explanation", in M. Banton, ed., *Anthropological Approaches to the Study of Religion*, New York: Frederick A. Praeger, 1963, p. 96。
4 R. R. Marett, *The Threshold of Religion*, London: Methuen, 1909.

神之为德其盛矣乎！视之而弗见，听之而弗闻，体物而不可遗，使天下之人齐明盛服以承祭祀，洋洋乎如在其上，如在其左右。"[1] 这是将鬼神视为同一类存在，是人所无法以普通感官去认识的。《尚书》中也说："惟天无亲，克敬惟亲，民罔常怀，怀于有仁，鬼神无常享，享于克诚。"[2] 这里的鬼神被认为具有相同的道德意识。《墨子》中又说：

> 故古者圣王，明天鬼之所欲，而避天鬼之所憎，以求兴天下之利，除天下之害，是以率天下之万民，齐戒沐浴，洁为酒醴粢盛，以祭祀天鬼。其事鬼神也，酒醴粢盛，不敢不蠲洁，牺牲不敢不腯肥，珪璧币帛，不敢不中度量，春秋祭祀，不敢失时几，听狱不敢不中，分财不敢不均，居处不敢怠慢，曰其为正长若此。是故上者天鬼有厚乎其为政长也，下者万民有便利乎其为政长也，天鬼之所深厚而能强从事焉，则天鬼之福可得也，万民之所便利，而能强从事焉，则万民之亲可得也。[3]

墨子所说的天鬼其实就是神明，而文中却又说"其事鬼神也"，看来，鬼神的好恶、爱憎是相同的，人可以用同样的标准去侍奉他们。不过，如果仔细考虑，有的时候鬼和神又似乎不大相同。同是在《礼记·祭义》中，我们可以看到孔子所说的另一段话：

> 宰我曰："吾闻鬼神之名，不知其所谓。"子曰："气也者神之盛也，魄也者鬼之盛也，合鬼与神，教之至也。众生必死，死必归土，此之谓鬼。骨肉毙于下阴，为野

---

1 《礼记注疏》卷五二，台北：新文丰重印《十三经注疏》本 2001 年版，第 12 页。
2 《尚书正义》卷八《太甲下》，台北：新文丰重印《十三经注疏》本 2001 年版，第 22—23 页。
3 孙诒让：《墨子间诂》卷三《尚同中》第十二，台北：世界书局 1971 年版，第 50 页。

土，其气发扬于上，为昭明。焄蒿凄怆，此百物之精也，神之着也。"[1]

如此说来，神和鬼两者，神之盛为气，鬼之盛为魄，一发于上一归于土，显然是两种不同性质的存在。实际上，此处所谓的"神"的意义似乎并不等于"神明"的神（god），而应该更近于"精神"（spirit）。同时，鬼神的观念也无可避免地和"魂魄"的观念有密切的关系，因为鬼神的来源之一就是人的魂魄。《墨子》说："古之今之为鬼，非他也，有天鬼，亦有山水鬼神者，亦有人死而为鬼者。"[2]《礼记》中也说："大凡生于天地之间者皆曰命，其万物死皆曰折，人死曰鬼，此五代之所不变也。"[3] 人死为鬼的观念，其起源不可考，但既然也是人死之后的存在，与魂魄自然有密切的关系。有关中国古代的魂魄观念，学者已有相当多的讨论，故此处不拟重复[4]。但应该强调的是，如果根据《左传》昭公七年子产的说法："人始化曰魄，既生魄，阳曰魂。用物精多，则魂魄强，是以有精爽，至于神明。匹夫匹妇强死，其魂魄概能冯依于人，以为淫厉。"[5] 那么普通百姓在死后也可以有魂魄。所以魂魄是两种可以在人死后存在的"鬼"或"灵"。魄的性质为阴，魂的性质为阳，而且两者都可以依附在活人身上以造成困扰。这可能是它们被视为恶鬼的原因。因此，鬼的观念是和魂魄分不开的。同时，"魂魄强"的就可以

---

1 《礼记注疏》卷四七，第14—15页。
2 《墨子间诂》卷八《明鬼下》第三十一，第153页。
3 《礼记注疏》卷四六《祭法》，第6页。
4 池田末利：《魂魄考》，载《中国古代宗教史研究（一）制度と思想》，东京：东海大学出版会1981年版，第199—215页；Yu Ying-shih, "'Oh Soul, Come Back!' A study in the Changing Conceptions of the Soul and Afterlife in Pre-Buddhist China", *Harvard Journal of Asiatic Studies*, 1987, 47 (2), pp. 363-395；蒲慕州：《追寻一己之福》，台北：麦田出版社2004年版，第193—225页，第七章。
5 《春秋左传正义》卷四四，第13—14页。

"至于神明",所以魂魄和神明的差别只是强或不强的程度之别,在本质上是相同的,而魂魄之能够凭依于人以为淫厉,也就和神明之能够降灾降祸一样。从可以凭依于人的角度来看,魂、魄两者的差别似乎并不太大。《韩非子》中有一段话,认为魂魄是可以因外来的鬼作祟而被逐走的:

> 凡所谓祟者,魂魄去而精神乱,精神乱则无德,鬼不祟人则魂魄不去,魂魄不去则精神不乱,精神不乱之谓有德,上盛蓄积而鬼不乱其精神,则德尽在于民矣。[1]

这里所谓的魂魄似乎指的是人活着的时候的精神主宰,这精神主宰在受到外鬼的作祟时,会离人而去,但人又并不因为魂魄的离去而死亡,只是"精神乱"。同样的,文中也看不出"魂"与"魄"两者之间有何明显的差别。当然,韩非子此言的重点在最后两句话:"上盛蓄积而鬼不乱其精神,则德尽在于民矣。"这是对为政者的讽谏,其中所论鬼神魂魄的事,是否代表韩非本人的观念,或者甚至是否真的在背后有关于魂魄性质的一套思想系统可以追索,则不无可疑。因为韩非在书中其他地方所表现的不信卜筮、不事鬼神的态度,与他整体学说的精神是比较配合的。但是在上面所引的文字中,若说他为了强化其论点,引用当时流行的魂魄观念,则也是可以理解的事。有关魂魄与鬼的关系,在《楚辞》中有另一条线索:"身既死兮神以灵,子魂魄兮为鬼雄。"[2] 此处将神与灵对举,魂魄与鬼对举,其意义应该很清楚:一方面,神即是灵,魂魄即是鬼;另一方面,神即是魂魄,而灵即是鬼。

---

1 《韩非子集解》卷六,第104页。
2 见《楚辞·国殇》。

本文的目的就在于考察中国古代"人鬼"观念的发展、成形和特点。所谓的人鬼，就是专指从人变成的鬼，或者具有人形、人性的鬼。本文之所以专门以人鬼为讨论对象，是基于这样的考虑：在中国宗教与文化的发展中，人鬼占有重要的地位。中国人对人鬼所具有的概念在伦理道德、宗教信仰、社会生活和文艺活动中不断地以各种面目出现，从上面所引的一些例子已经可以看出，其所发生的影响相当重大。若能够全面地检讨人鬼的各方面特质，包括其形态、性格、作为、能力等，应该可以提供对中国人的文化心理及性格做更深入了解的一个有用基础。

至于本文讨论的时代，则以先秦至两汉时代为主。一般以为，魏晋南北朝时代中各类志怪小说大量出现，加以其他各种文献的丰富，佛、道两教在中国社会中开始普遍传播，其与传统鬼神观念结合后，形成了基本上为魏晋南北朝以下各代所追循的鬼神思想模式。因而要了解中国社会及宗教之发展，魏晋南北朝时代实为重要之关键。本文拟先论其背景，追溯人鬼这种概念的早期发展。

二、先秦时代鬼之概念

史前时代人们对于鬼有些什么看法，无文献可考。进入文字时代之后，情况自然不同。在商代的中国，甲骨文中已有"鬼"字，其原始意义为何，学者曾有讨论。从"鬼"字的字形推测，有人认为鬼字的来源与"禺"字相同，为类人异兽的称呼，引申为异族人之名，再借为形容人死后之灵魂。[1] 也有人认为，其原义可能为死者头上

---

1 沈兼士：《"鬼"字原始意义之试探》，《国学季刊》1935 年第 3 期，第 45—60 页，转引自《沈兼士学术论文集》，北京：中华书局 1986 年版，第 186—202 页。

覆以面具的形态,并且可能与原始民族的骷髅头崇拜有关系。[1] 又有人以其为巫师作法时的面具。[2] 甲骨文中约有60个左右的例子包含有"鬼"字,其中除一部分乃当时一外族部落的名称之外,有几个例子可以被视为具有后世所谓"鬼怪"的意思,如"鬼疾"(合集137正);"贞,亚多鬼梦,无疾"(合集17448);"贞,多鬼梦惟……见"(合集17450);"贞,祟鬼于□告"(屯4338)等。[3] 在这些例子中,"鬼"具有"恶灵"的意思,应该是相当明显的。同时,这些"鬼"似乎并不指称商王的先祖,因为商王通常以名号称先祖。这也可以说明为何商人用"鬼方"来指称一个不友善的外族。

西周时代有关鬼之概念的证据,在种类与性质上与商代相去不远。金文中"鬼"字基本上仅出现在"鬼方"一词中,但"鬼"作为字的一个构件,仍带有"恶灵"的意义。[4] 至于周王先祖的灵魂,则有所谓的"严"和"翼",其基本意义和"鬼"(不带恶意)相同,但不以"鬼"名之。在《诗经》中,"鬼"字仅出现两次,一次仍为"鬼方",另一次则出自《小雅·何人斯》:"出此三物,以诅尔斯。为鬼为蜮,则不可得。"[5] 另一方面,我们看到在《诗经》中,当提到祖先的灵魂或神明之时,总是用"神"字[6],因而我们可以推测,鬼与蜮两者均为某种负面意义之物,鬼的意义基本上为"恶灵",而神则指受崇敬的精

---

[1] 池田末利:《中国における祖神崇拝の原初形态》,载《中国古代宗教史研究(一)制度と思想》,东京:东海大学出版会1981年版,第155—198页;又参见陈梦家:《商代的神话与巫术》,《燕京学报》1936年第20期,第567页。
[2] 池田末利:《中国における祖神崇拝の原初形态》,载《中国古代宗教史研究(一)制度と思想》,第155—198页;国光红:《鬼和鬼脸儿》,《山东师大学报(社会科学版)》1993年第1期,第85—88页,该文认为鬼字是方相氏的面具。
[3] 姚孝遂:《殷墟甲骨刻辞类纂》,北京:中华书局1989年版,第125—126页。
[4] 周法高:《金文诂林》第11册,香港:香港中文大学出版社1968年版,第5661—5686页。
[5] 《毛诗注疏》卷一二之三,台北:新文丰重印《十三经注疏》本2001年版,第17页。
[6] 《毛诗注疏》卷一三之二,第7页;卷一七之四,第3页。

灵，应是可成立的一般性陈述。

不过，既然"鬼"和"神"均为超自然的存在，两者的属性不可避免地会有某些重叠。在东周时代的文献中，鬼开始有了比较复杂的含义。在《左传》中，"鬼"有两种意思。在一种情况之下，"鬼"出现在"鬼神"一词中，其意义和"神"基本上相通，用来指称神明、精灵。[1] 相似的用法也可以在其他文献中看到，如《周易》[2]《尚书》[3]和《庄子》[4]等书中。其次，"神""鬼""鬼神"等词在一些情况之下其实是可以相互交换的，均代表神明之灵。[5] 再者，"鬼"也可以用来指称死者之灵魂，而非神明。[6] 这种情况在《论语》中也可以见到。《论语》中少数几个提到鬼的例子显示，"鬼"指的是个人的祖先[7]，"鬼神"则为指称神灵（包括祖先之灵和神明）的一般用词[8]，也可以是"鬼"的同义词。[9] 这种意义上的游移现象显示，"鬼"的原始意义可能泛指人、神或者动物的灵魂。在甲骨文或金文中，乃至于《诗经》中，"鬼"似乎仅指人鬼，应该只是在其广泛意义中有限的例证。

这种鬼、神两词混用的情况显示，以鬼为人死亡之后的灵魂，以神为神明的精灵的这种两分的概念，在人们的语文习惯中尚未完全成形。近现代民族志的材料也许可以提供一些佐证。在中国西南一些少数民族中，"鬼"的概念比"神明"要来得普遍，人们对鬼有相当多的想象，但

---

1 《左传注疏》卷三，台北：新文丰重印《十三经注疏》本2001年版，第7页；卷四，第24页；卷六，第18页。
2 《周易注疏》卷二，台北：新文丰重印《十三经注疏》本2001年版，第33页。
3 《尚书注疏》卷八，台北：新文丰重印《十三经注疏》本2001年版，第14页；卷一三，第8页。
4 郭庆藩：《庄子集释》，台北：明伦出版社1975年版，第150页。
5 《左传注疏》卷一二，第23页；卷三八，第12页；卷四九，第12页；卷五四，第4页。
6 《左传注疏》卷一八，第13页。
7 《论语注疏》卷二，台北：新文丰重印《十三经注疏》本2001年版，第10页。
8 《论语注疏》卷六，第8页。
9 《论语注疏》卷一一，第4页。

对神明的概念则相对而言比较模糊。在有些情况之下，友善的鬼后来成为神明，而有敌意的鬼则成为一般意义中害人的恶鬼。[1] 总之，可以认为西南少数民族的宗教反映出的是比较朴实的早期社会中的宗教况状，其情形和我们在先秦文献中见到的有相似之处。这当然不是说西南少数民族直接保留了先秦时代的宗教状态，而是假设人类社会中宗教信仰的发展可能有某种共通的趋势。

战国时代的文献中，鬼的概念似乎有了进一步的发展。在《礼记》中，我们看到一种比较清楚的对鬼的概念的定义："大凡生于天地之间者皆曰命，其万物死皆曰折，人死曰鬼，此五代之所不变也。"[2] 当然，这也不表示其他的精灵就不能被称为鬼。在《周礼》中，鬼和神的概念也有相当清楚的分别，因而有"天神"和"人鬼"的用词。[3] 墨子也有类似的说法："古之今之为鬼，非他也，有天鬼，亦有山水鬼神者，亦有人死而为鬼者。"[4] 墨子虽然也分天和人，但均以鬼称之。不但在此，在一些其他地方墨子也将所有的神灵均以鬼称之[5]，这有可能是故意使用"鬼"字的原始意义，即作"灵"解，或者意在强调鬼的重要性，因为墨子此处的主旨是"明鬼"。在《韩非子》中，虽然鬼的性质被清楚地描绘为对人具有威胁性，但"鬼"和"神"两词仍然可以不时互通："以道莅天下，其鬼不神，治世之民不与鬼神相害也。"[6] 而鬼与神基本上为同义词："故恃鬼神者慢于法，恃诸侯者危其国。"[7]

---

1 徐华龙：《中国鬼文化》，上海：文艺出版社1991年版，第5—7页；和志武、钱安靖、蔡家麟：《中国原始宗教资料丛编》，上海：上海人民出版社1993年版。
2 《礼记注疏》卷四六《祭法》，第6页。本文认为《三礼》之成书年代虽不能完全断定，其中均包含战国时代之材料。
3 《周礼注疏》卷一八，第1页。
4 孙诒让：《墨子间诂》上册卷八《明鬼下》第三十一，第153页。
5 墨子数度提到天鬼，见《墨子间诂》，第29、50、124页。
6 王先慎：《韩非子集解》卷六，台北：世界出版社1962年版，第104页。
7 王先慎：《韩非子集解》卷五，第89页。

必须注意的是，以上这些文献中的例子多半反映的是知识阶层的传统，其对文字和概念的使用与掌握比较有可能表现出一些曲折的意涵，或者有意利用古奥之词义来凸显某种主张，如墨子对鬼的用法就是一例。如果将这些例子拿来与比较能够反映一般大众的观念的材料相比，也许我们可以得到比较直截了当的了解。此处所谓的反映一般大众的观念的材料，主要指的是考古出土的秦简《日书》和其他简帛资料。

有关秦简《日书》的讨论在近十几年来已有相当的成果，笔者对于《日书》所代表的战国末年社会中下阶层人们生活中所关心的事务，亦有所讨论。[1]《日书》中最能反映出战国末年民间有关鬼神之概念的是所谓的《诘》篇。[2]《诘》篇中有几十处提到鬼字，可以用来指称动物、人，或者无生物的灵魂。例如，其中有所谓的"丘鬼"（简867反）[3]、"哀乳之鬼"（简867反）、"棘鬼"（简858反）、"神虫"（简862反），各代表土丘、小儿、植物、动物等类别。这种情况显示，在当时一般人的概念中，鬼的概念包括了各种来源的恶灵。对于《日书》的使用者而言，他们主要想知道的是如何应付这些恶灵，至于他们的来源到底为何，并不是最重要的问题。《诘》篇基本上即为处理各种恶鬼、恶灵的手册。值得注意的是，在此，"鬼"与"神"两词似乎可以互通，因为所谓的"神虫"其实是和"丘鬼"同等级的恶鬼。

另一材料是天水放马滩秦简中的复活故事，其中有一

---

1 专书有饶宗颐、曾宪通：《云梦秦简日书研究》，香港：香港中文大学出版社1982年版；刘乐贤：《睡虎地秦简日书研究》，台北：文津出版社1994年版；蒲慕州：《追寻一己之福》，第四章。
2 有关此篇的专文有 D. Harper, "A Chinese Demonography of the Third Century B. C.", *Harvard Journal of Asiatic Studies*, 1985, 45, pp. 459-498.
3 竹简编号采用云梦睡虎地秦墓编写组：《云梦睡虎地秦墓》，北京：文物出版社1981年版。以下简称"简"。

段对鬼的描述,很值得注意。其原文为:

> 丹言曰:死者不欲多衣(?)。市人以白茅为富,其鬼受(?)于它而富。丹言:祠墓者毋敢骹(呕)。骹,鬼去敬走。已收骹而罄之,如此□□□□食□。丹言:祠者必谨骚除,毋以□□(洒)祠所。毋以羹沃骹上,鬼弗食也。[1]

此故事显示,当时人以为,当一个人死亡之后,就成为鬼,住在墓中,这与《左传》中所说人死魂归坟墓,乃不为厉,是相似的。在放马滩故事中,主角丹在死亡三年之后又复活,身体功能与生前无异,但相当虚弱。他必须花数年的时间去恢复正常。值得注意的是,故事中所呈现的由死亡状态恢复到有生命状态之间的过程,似乎是一个连续的过程,生和死之间的界限似乎并不清楚。我们当然不能、也可能不应该由此故事来推论当时一般人心中的死亡状态到底如何,或者甚至是否有一个可以说得出的"一般"概念。不过当故事中提到鬼不爱多穿衣、不喜欢吃羹汁时,合理的推测是人们想象墓中之鬼仍然有某种物质性的躯体。我们甚至不确定死者的魂是否曾经离开过他的躯体,而如果离开,在他复活的时候,是如何回到身躯中去的。

以上所论先秦时代有关鬼的材料显示,到了战国时代,"鬼"一词可以用来指称多种不同来源的精灵,其中包括死去的人,以及其他动植物,或者现代人以为的"无生物",如木、石、风、火等,其中甚至有可称为"神"

---

[1] 李学勤:《放马滩简中的志怪故事》,《文物》1990年第4期,第43—47页;D. Harper, "Resurrection in Warring States Popular Religion", *Taoist Resources*, 1994, 5 (2), pp. 13-28.

的。有些鬼，不论其来源为何，会对人有不友善的行为或态度。不论如何，普遍为当时知识阶层或一般大众所接受的是"人死为鬼"，不论此鬼是善是恶。当鬼得到适当的葬礼和祭祀后，就成为某家的祖先；没有得到适当的葬礼的，就成为厉鬼。汉代许慎在《说文》中解释"鬼"字说："人所归为鬼，从人，象鬼头。"这是从音韵上立说，再配以字面的意义，显然已经是后起的了解。但无论如何，鬼与死者的关系密切，已经是无可怀疑的事。在睡虎地秦简《日书·疾》篇中，就有死后的父母、王（祖）父、王母为鬼作祟的例子（简797—806）。后世以"鬼神"为一种对各种神灵的通称，又以"物"和"怪"或"魅"指称非人变的神灵，这些物怪也可以以人的形象出现。这些都大致不出先秦时代已经发展出的概念范围。[1]

三、人鬼的形象

在先秦文献中，鬼神虽常常并举，但我们仍可以将讨论重心放在鬼上。依本文的旨趣，我们主要关心的是"人鬼"，也就是人死为鬼，或者有人形、人性的鬼。鬼的形态为何？虽然《韩非子》中有一则"画鬼易"故事，说明当时有人不以为鬼有一定的形态[2]，但一般而言，既是"人鬼"，就应该与人有某些相似之处。最普通的自然是人形，如《吕氏春秋》中提到善于伪装为人子弟的鬼[3]，或

---

[1] 杜正胜：《古代物怪之研究》，《大陆杂志》2001年第1期，第1—14页；第2期，第1—15页；第3期，第1—10页。有关魅的问题，见林富士：《释"魅"——以先秦至东汉时期的文献为主的考察》，载蒲慕州主编：《鬼魅神魔——中国通俗文化侧写》，台北：麦田出版2005年版，第109—134页。
[2] 《韩非子集解》卷一一《外储说左上》第三二，第202页，原文为："客有为齐王画者，齐王问曰：'画孰最难者？'曰：'犬马最难。''孰最易者？'曰：'鬼魅最易。夫犬马，人所知也，旦暮罄于前，不可类之，故难；鬼魅，无形者，不罄于前，故易之也。'"
[3] 《吕氏春秋》卷二二《疑似》，原文为："梁北有黎丘部，有奇鬼焉，善效人之子侄昆弟之状。邑丈人有之市而醉归者，黎丘之鬼效其子之状，扶而道苦之。"

者如有名的杜伯的鬼魂[1]，或者秦简《日书》中与人女同居，自称"上帝子"的鬼[2]，都没有异于常人的地方。但有的鬼也许会有不寻常的外貌，如《左传》中晋侯所梦见的"大厉"，"被发及地"[3]，《韩非子》中燕人李季的故事则显示出当时人有鬼为披发裸体的想法[4]。这些仍然是人形的鬼。此外，人死为鬼，也可以变成动物的形状，如齐侯见公子彭生的鬼魂变为大豕[5]。反之，也有动物鬼变成人形的，如云梦秦简《日书·诘》中有所谓的"神狗"，会"执丈夫、戏女子"[6]，有的则为伪装成人形的大蛇"神虫"："鬼恒从男女，见它人而去，是神虫伪为人。"[7]这些怪物名中虽有"神"字，但由简文中可以清楚地知道，它们其实被视为鬼怪之物，"神狗"与"神虫"之"神"字乃形容词。这些鬼物显然被认为是以人形出现来捉弄人的。

此外，也有形状不清楚的鬼，如"攸（诱）鬼"，据说会毋故而惑人，不知是何形态。[8]又如"凶鬼"："鬼恒夜鼓人门，以歌若哭，人见之，是凶鬼，鸢以刍矢，则不

---

1 《墨子闲诂》卷八《明鬼下》第三一，第139页，原文为："周宣王杀其臣杜伯而不辜。杜伯曰，吾君杀我而不辜。若以死者为无知，则止矣。若死而有知，不出三年，必使吾君知之。其三年，周宣王合诸侯，而田于圃。田车数百乘，从数千人满野。日中，杜伯乘白马素车，朱衣冠，执朱弓，挟朱矢，追周宣王，射之车上，中心折脊，殪车中。"（又见《国语·周语上》，韦注引《周春秋》）。
2 《云梦睡虎地秦墓》简858反，北京：文物出版社1981年版，原文为："鬼恒从人女与居，曰，上帝子下游。欲去，自浴以犬矢击以苇，则死矣。"
3 《春秋左传正义》卷二六，第450页，原文为："晋侯梦大厉被发及地搏膺而踊曰：'杀余孙不义，余得请于帝矣，坏大门及寝门而入，公惧入于室，又坏户。'公觉召桑田巫，巫言如梦，公曰何如，曰不食新矣。"
4 《韩非子集解》卷十《内储说下·六微》第三〇，第182—183页，原文为："燕人李季好远出，其妻私有通于士，季突至，士在内中，妻患之。其室妇曰：'令公子裸而解发，直出门，吾属佯不见也。'于是公子从其计，疾走出门，季曰：'是何人也？'家室皆曰无有。季曰：'吾见鬼乎？'妇人曰：'然！'为之奈何？曰：'取五牲之矢，浴之。'曰：'诺！'乃浴以矢，一曰浴以兰汤。"
5 《春秋左传正义》卷八，第17页："（庄公八年）冬十二月，齐侯游于姑棼，遂田于贝丘，见大豕，从者曰，公子彭生也。公怒曰，彭生敢见！射之，豕人立，啼。公惧，队于车，伤足丧屦。"
6 《云梦睡虎地秦墓》，简848反—847反。
7 《云梦睡虎地秦墓》，简862反。
8 《云梦睡虎地秦墓》，简864反。

来矣。"[1] 这凶鬼既然能唱着如哭的歌声，可能是具有人形的，正如一个喜欢骂人的鬼："鬼恒责人，不可辞，是暴鬼，以牡棘之剑（刺）之，则不来矣。"[2] 大概也是具有人形的。《荀子·解蔽篇》有一段话：

> 夏首之南有人焉，曰涓蜀梁，其为人也愚而善畏，明月而宵行，俯见其影，以为伏鬼也，仰视其发，以为立魅也，背而走，比至其家，失气而死，岂不哀哉！凡人之有鬼也，必以其感忽之间疑玄之时正之，此人之所以无有而有无之时也，而己以正事故伤于湿而击鼓鼓痹，则必有敝鼓丧豚之费矣，而未有俞疾之福也。故虽不在夏首之南，则无以异矣！[3]

这话让我们知道当时有些人心中所以为的鬼魅是什么模样，即像人在月光之下所见到的黑影，是有轮廓而无具体形状可言的东西。

以上讨论显示，到了战国末年，中国有关鬼的形象的想象大致已涵盖了人形、动物形，或者如《韩非子》与《荀子》中所说的无具体形象。这些可能性大致也就是此后中国人对鬼所持有的想象基础。

四、鬼出现的原因

为何会有鬼出现？古人以为其原因为何？这是一个值得讨论的问题，因为人如何想象鬼出现的原因，也就决定了他对鬼所取的态度。再回到子产的话："……人生始化曰魄，既生魄，阳曰魂。用物精多，则魂魄强，是以有精

---

[1]《云梦睡虎地秦墓》，简867反—866反。
[2]《云梦睡虎地秦墓》，简854反—853反。
[3]《荀子集解》卷一五《解蔽篇》，第270页。

爽,至于神明。匹夫匹妇强死,其魂魄犹能冯依于人,以为淫厉。"[1] 大多数学者引用这段材料时,主要在用它说明魂魄的性质。不过较少为人注意的是赵景子的疑问:"伯有犹能为鬼乎?"这问题之所以能成立,其背后已经有一种假设,即人有可能不变成鬼。而子产并没有直接说是否所有人死后都成为鬼,但他的回答指出,一般匹夫匹妇如果是凶死,而没有得到适当的埋葬,则其魂魄仍可以为厉,那么同属凶死的伯有自然也可以成为厉鬼。总之,子产的话基本上说明,不论贵贱,只要死者没有一个可以安息之处,就有可能为厉。这是"鬼有所归,乃不为厉"的本义,也是为何子产要封伯有的儿子为大夫,因为如此一来,伯有可以在家族祠堂中接受祭祀,成为祖先,也就不会为厉了。

这种观念显然相当普遍地流行于社会中,上、下阶层的人们都有类似的想法。前面提到的杜伯和公子彭生的故事,正是死者自觉无辜,要向令他丧生的人讨回公道,因而鬼魂显灵。这可说是反映出上层社会人的观念。而在民间,也有"不辜鬼"的说法,可以用《日书》中的材料说明。《诘》篇中有一些死于非命的冤魂怨鬼,如小儿鬼:"鬼恒赢入人宫,是幼殇死不葬。以灰喷之,则不来矣。"(简846反)或者婴儿鬼:"人生子未能行而死,恒然,是不辜鬼处之。"(简844反)或者是"饿死鬼":"凡鬼恒执匰以入人室曰'气(饩)我食'云,是是饿鬼,以屦投之则止矣。"(简834反)这些都说明,人们相信人若在不正常的情况之下去世,是会变成积极扰人的鬼魂的。这些也可能与子产所说的、人"强死"而为厉的情况相似。值得注意的是,如果根据子产的说法,魂魄是在人生

---

[1]《春秋左传正义》卷四四,第13—14页。

时即有的，那么应该并不等于人死之后变成的鬼，而是鬼所需要的精质。相似的说法在《韩非子》中也可以见到："鬼不祟人则魂魄不去。"[1] 显然鬼和魂魄是两回事。但既然"魂魄"两字均有鬼为其构成部分，鬼与魂魄之间又有不可分的关系。在《楚辞》中有另一条线索："身既死兮神以灵，子魂魄兮为鬼雄。"[2] 此处将神与灵对举，魂魄与鬼对举，其意义应该很清楚：一方面，神即是灵，魂魄即是鬼；另一方面，神即是魂魄，而灵即是鬼。到了汉代之后，魂魄之间的区分逐渐消失，而"鬼魂"两字也趋近于同义字。[3]

那么是不是所有的鬼都是怨鬼或厉鬼？情况似乎并不如此单纯。只就秦简《日书》中所描述的鬼怪而言，他们虽然会给人带来许多的困扰，但从其中对他们的描写看来，很难说人们以为这些鬼的出现是为了报冤。

当然，在任何时候，知识分子之中总有一些人对鬼魂的存在持一种怀疑的态度。上引《荀子·解蔽篇》的一段话原本是在说明人之以为有鬼是出于自己的心理作用，所谓"愚而善畏"，但却也间接让我们知道当时人心中的鬼魅形象。相似的说法也见于《淮南子·泛论训》：

夫醉者俛入城门，以为七尺之闺也；超江、淮，以为寻常之沟也，酒浊其神也。怯者夜见立表，以为鬼也。

东汉王充在他的《论衡·订鬼》篇中则有心理和生理双方面的解释：

---

[1] 王先慎：《韩非子集解》，第104页。
[2] 见屈原：《楚辞·国殇》。
[3] 蒲慕州：《墓葬与生死》，台北：联经出版事业公司1993年版，第216—217页。

凡天地之间有鬼,非人死精神为之也,皆人思念存想之所致也。致之何由?由于疾病。人病则忧惧,忧惧则见鬼出。[1]

至于由此衍伸出的有关汉代知识分子对于民间信仰的态度,笔者前已为文讨论,此处不再重复。[2]

人死不得埋葬而为厉,其实是许多文化中都有的共同现象。这反映出的是一种生者对于死亡及死者的处理方式,因为凶死或不寻常的死亡会造成社会人际关系之间的突然断裂,人由生到死的不同阶段的顺利转换也因而遭到破坏。所谓的厉鬼,其实是仍然活着的人对于死者不能经历一个正常的生命阶段的转换而产生的反应。[3]

五、鬼之概念的宗教和社会背景

商周时代的宗教信仰可以被描述为一丛包括了对至上神(上帝)、天、各类自然神祇,以及祖先神灵和各种来源不同的精灵鬼怪的信仰综合体。这些不同的神灵以松散的方式结合在至上神之下,因为天或者上帝似乎具有一种最后裁决权。同时,他们彼此之间又有着一种松散的阶层关系。人死为鬼,若不得适当的葬礼,就会回来作祟,其实也可以被视为源于一个社群中照顾其成员之死亡的共同需要,而这需要又和所谓的祖先崇拜有密切关系。人死之后若经由正当的程序,也就是该社会共同承认的葬仪,就可以进入祖先的行列,不再为厉。没有得到适当葬仪的,则会出现在子孙或其他人之前,为的是要得到适当的葬礼,或者为了自己的冤死而报复。这是社群集体意识的表

---

[1] 王充:《论衡·订鬼》,台北:世界书局1990年版,第448页。
[2] 蒲慕州:《追寻一己之福》,第八章。
[3] Jean-Claude Schmitt, *Ghosts in the Middle Ages: The Living and the Dead in Medieval Society*, Chicago: University of Chicago Press, 1998, pp. 5-7.

现，由于个人在死后成为社群共同祖先的一部分，因而照顾个别死者，使其在死后世界中获得适当的位置，其实是社群延续其集体生命的方式。至于祖先崇拜的源起是否为鬼之信仰，或者说鬼之信仰源于人有追念祖先的需要，则无法深究。至少，在商代以后，两者已经有不可分的关系。

文献材料的社会和思想背景，从某一方面而言，限制了鬼的概念的呈现。

在知识阶层的文献中，鬼之所以被提及，主要都是由于某种道德或教诲的需要，如《礼记》《尚书》《论语》《荀子》《庄子》《墨子》《左传》等，大致不出此范围。因此，我们可以说，鬼之概念在这些文献中主要是被用来作为建构各种世界观或者哲学系统时的一种元素。《庄子》中关于路旁骷髅托梦的故事就是一个很好的例子。[1] 我们可以认为这故事反映出当时一般人心中关于鬼的概念，但对于故事的作者而言，主要的目的是利用这概念作为一个发挥他有关生命和自由的想法的工具。法国宗教史学者（Jean-Claude Schmitt）的说法值得参考："所谓相信鬼魂，其实指的是人们谈论并且创造有关鬼的形象，同时也意味着人们想要利用那些文献和图像资料来达成某些实际的效果，并且使别人也相信这些鬼的故事和形象。"[2] 换言之，知识分子在讨论及写作有关鬼的概念和故事时，也同时创造了一个概念的世界，而且这世界具有实际的功能。譬如道德训诫的功能，表现在孔子说的话中，如："非其鬼而

---

[1] 郭庆藩：《庄子集释》，第617—619页，原文为："庄子之楚，见空髑髅，髐然有形，撽以马捶，因而问之曰：'夫子贪生失理，而为此乎？将子有亡国之事，斧钺之诛，而为此乎？将子有不善之行，愧遗父母妻子之丑，而为此乎？将子有冻馁之患，而为此乎？将子之春秋故及此乎？'于是语卒，援髑髅枕而卧。夜半，髑髅见梦曰：'子之谈者似辩士，视子所言，皆生人之累也，死则无此矣，子欲闻死之说乎？'庄子曰：'然。'髑髅曰：'死，无君于上，无臣于下，亦无四时之事，从然以天地为春秋，虽南面王乐，不能过也。'庄子不信，曰：'吾使司命复生子形，为子骨肉肌肤，反子父母妻子、闾里、知识，子欲之乎？'髑髅深矉蹙頞曰：'吾安能弃南面王乐而复为人间之劳乎？'"

[2] Jean-Claude Schmitt, *Ghosts in the Middle Ages*, p. 8.

祭之，谄也。"[1] 或者："务民之义，敬鬼神而远之，可谓知也。"[2] 对于这信仰系统中的某些成员而言，鬼故事还可以为他们的权威性加上一些特殊的效果。墨子在《明鬼》篇中说得很明白：对于鬼的信仰是一种政治工具，可以使人民因为怕鬼而造成一个比较好的社会。

> 今天下之王公大人士君子，中实将欲求兴天下之利，除天下之害，当若鬼神之有也，将不可不尊明也，圣王之道也。[3]

这种情况当然不应与社会中流行的有关鬼的概念混为一谈。但是，若要让知识分子的概念和论证能够对人产生一定的作用和说服力，作者也必须在既有的通行概念上作文章，或者从某种为一般人所能接受的概念出发。

另一方面，在比较能反映一般人日常生活的材料，如《日书》之类的文献中，我们可以接触到大众心态的实况：这世界其实充满了各种鬼怪，而这些鬼怪应该被驱逐。对于使用《日书》的一般人而言，鬼的存在是毋庸置疑的事实，但是如果从《日书》的持有者的角度来看，情况又有不同：如果我们认为《日书》在战国末年及秦汉时代的社会中，主要是由地方小吏之类的人所持有（如睡虎地《日书》的持有者为县级小吏），以为一般不识字百姓的顾问，那么作为持有驱鬼之法的手册（亦即知识）的人，他们在一般人的信仰生活中的地位应该是相当重要的。这批人与民间的巫者之间到底有什么样的竞争或合作关系？这是尚待解决的问题。

---

[1]《论语注疏》卷二，第10页。
[2]《论语注疏》卷六，第8页。
[3] 孙诒让：《墨子间诂》上册卷八，第154页。

六、结论

鬼的概念和其所发生的文化有密切的关系,也受到文化的制约。它的产生,有可能是由于人们需要想象人死亡之后的情况,因而它反映出人对于未知的世界的恐惧和焦虑。它也可以反映出生者和死者之间的关系,因为人如何应付鬼魂,其实和人如何对待死者是密切相连的。进一步而言,鬼魂的问题其实不止是一个宗教信仰上的问题,它还与更宽广的文化现象有关:人对生命、日常习俗、宇宙观,以及各种文艺活动的态度,都可能和鬼魂的概念有关。它其实也接触到人生中某些隐而不显的部分,这些对人的历史和宗教发展有深刻的影响。作为一种文化现象,鬼之概念也可说是一种集体意识,其中包涵了一些复杂的形象和意念,对于不同的接受者在不同的时机中释放出不同组合的意义。这也就是说,鬼的概念很难说有一个固定的意义,因为它是活在文化传承之中的,随时会因为新的因素加入,旧的因素消失,而衍变成新的组合。每一个社会中,人们以其中固有的社会价值来期待他们的鬼如何呈现自己,或者说,每一个时代的人用该时代特殊的情境来塑造鬼的形象,当社会情境改变之后,鬼的形象有所改变也是必然的。如果有没有改变的部分,则应该代表了人类社会中某些共有的特质。因而要了解鬼的意义,就必须将鬼的概念放在其所产生的文化脉络之中来了解。

中国古代宇宙论的发展到了战国晚期时,有一种系统化的倾向。《吕氏春秋·月令》就是一个明显的例子:它将天上五帝和神明组织成为十二个月的宇宙体系。《周礼》也花了相当大的篇幅来建立一整套官方宗教的系统。[1] 这

---

[1]《周礼注疏》卷一八,第116页。

些大系统预见了、或者说反映了秦汉大一统帝国的宇宙架构。鬼的概念，在这种情况之下，就被这统一的系统所限制，成为地下官僚制度的一部分。汉代时，人死为鬼的概念在社会各阶层中均被接受，同时，人们也不以为鬼是绝大的威胁，因为人可以用各种法术去控制鬼的为害。[1] 不过鬼的概念由战国至汉代间的转变，还有另一方面值得注意，就是鬼之概念的人性化。这可以由天水放马滩复活故事为例。这复活故事最有意义的地方，依笔者之见，不在于其死而复活的故事，而在于故事中所提到的有关鬼的感觉、好恶。它所显示的对鬼比较同情的态度和人性化的形象塑造，是此前有关鬼的记载中所看不见的。这是由于有关鬼怪的故事基本上反映出两种情况：从作者和传述者的角度而言，是人对于不可知的事物的想象，超越了现实生活中的限制，因而可以表现出人对于现实世界中所缺乏的某些因素的渴望。鬼故事的作者或传述者，在有意无意之间，借着鬼故事来描绘一个真正理想的世界，在这世界可以不用顾忌现实生活所加诸人的各种禁忌和规范，因而也可能具有更多的真情。在东汉至六朝时代的鬼故事中，不少有关男子与女鬼交往的故事都可以归诸这一类型。而从鬼故事的读者或听者的角度而言，则可以借着鬼故事来疏解现实生活中的某些心理困境，当然也间接地接受了作者及传述者的旨趣。在其中，我们可以感觉到社会中一种心态的改变：鬼的形象或概念由原本恐怖而不受欢迎，为人们想要避免接触的对象，逐渐转变为比较具有人性，而其感觉和需要也成故事关注的目标之一。这种转变，由其萌生到成为一种比较普遍的现象或心态，当然是一个缓慢的过程。六朝时代鬼的概念在志怪小说，道、佛典籍中均有

---

[1] 蒲慕州：《追寻一己之福》，第七章。

大量资料可循。不同性质的资料当然也继承并发展了先秦以来累积的各种意义,而这些意义如何相互影响而融合,则是需要进一步探究的问题。¹

<blockquote>
(原载蒲慕州编:《鬼魅神魔——中国通俗文化侧写》,台北:麦田出版社2005年版)
</blockquote>

---

1 相关问题,笔者有初步的探讨: Mu-chou Poo, "The Completion of an Ideal World: The Human Ghost in Early Medieval China", *Asia Major*, 3rd Series, 1997, 10, pp. 69 - 94; "Ghost Literature: Exorcistic Ritual Texts or Daily Entertainment?", *Asia Major*, 3rd Series, 2000, 13 (1), pp. 43 - 64.

历史与宗教之间

先秦两汉的尊古
思维与政治权威

一、序论

（一）尊古与好古：问题与意义

在古代中国，尊古与好古的观念与该文化的价值系统常有密不可分的关系。古代的人、事、物在这尊与好的系统中成为重要的参考或者崇拜的对象。在一般人的观念中，这样一个普通的现象似乎是理所当然的，没有什么令人惊异之处。但问题是，这"尊古"或"好古"的概念及态度是如何出现的？其背后的基本假设是什么？而"古代"的价值是如何成立的？人们经过何种论述的过程而建立"古代"的权威性？又如何运用这概念来建立其他的价值系统？古希腊诗人赫西俄德（Hesiod）认为，世界的演化是一个不断堕落的过程，经由他所谓的黄金、白银、铜、铁等世代，当前的世代是铁的世代，是不完美的。在这种观念中，黄金时代的古代是完美的，但是其完美与否，与人本身并无直接关系。对于古埃及人而言，世界有一个起始之时间点，所谓的"原初之时"（primordial time），宇宙万物，包括神明，由此原始之时开始发展，最后亦将回归到此原点，人们对纯粹时间上的古老本身似乎并没有太多价值判断。在中国，"古老"两字常常连用，共同营造出一些社会、政治及伦理之价值。但是否在任何时候"古老"都具有正面的价值？"尊古"与"敬老"之间的关联又为何？这些都是了解尊古与好古的价值概念时必须回答的问题。

什么才算是"古"？这简单的问题却很难有一简单的答案。实际上，人们用何种时间上的标准来衡量什么是

"古",什么又不够"古",而哪类的人、事、物适合成为"古"之论述的对象,哪些又最好不要和"古"有关,在不同的时空和文化环境中,可能都会有不同的标准。这衡量准则的变化当然也反映出文化性格的变化或差异。

古代的特质是什么?在有关古代的价值的论述中,古本身自动具有价值,是不言自明的。其背后的假设是什么?

崇古,是赋予久远以前的少数人和事以某种价值,因而其心态与对于政治权威的崇敬,在其结构上是相似的。两者都朝向一个金字塔顶端。

人之所以尊古,是由于古代已经是不存在的世界,少数握有知识权威的人因而可以利用其权威,利用古作为被公众承认的价值,来营造其要求的效果。这背后有一假设,就是社会文化不会进步,即使有进步,也不被认为有任何价值,而被视为奇技淫巧,古代人比现代人具有各种更好的性质。

在尊古的论述中,时间到底是如何被认识的?时间造成的是不是质的变化?如果是"文化衰落论"式的论述,认为时间愈古的,愈完美,愈近的,则愈无价值,那么时间造成的,是价值的失去,是文化的质变。这种论述的内在思考逻辑是,有人(即论述者自己)可以正确地认识古代的价值,并且知道当代世界的问题,因而此人有资格去教导他人,进而建立权威,领导其他人。

由此角度观之,尊古的目的,其实是哄抬今日的现实政治和道德权威,因为每一时代中尊古的论述基本上都是由当代的知识和政治权威发动的,是为了证明权威的合法性,保障权威的继续存在,也是为了说明所尊的古和现今的权威之间的关系。

所谓的尊古,其内容仍可分为一些不同的层次:有的尊古是要以过去的事作为先例，以为现今的权威及其作为建立信用。有的尊古是要求找到某种最早的源头，以建立过去与现在之间的关系。其根本论述基础，当然仍是认为过去的事具有"存在之权威"，因其为现在之源头，因而就具有其存在之合理性及正当性。所谓的好古，虽然可能只是一种未经反省的、对过去事物的怀念，但亦不能不承认，好古的概念必然引申出古代事物具有某种正面价值的基本设定。

（二）时间、空间与价值之建立

"古"和"传统"有着不可分的关系。在一般的文化脉络中，传统一词通常都被赋予某种正面的价值。传统之所以能成为一种价值，是因为它的第一要义为"古"这个时间因素。当然，传统之成立，除了时间因素外，还包含了其他的具体内容，如一些思想、行为及生活模式，而人们认为那种思想、行为及生活思考模式有其内在价值。但问题是，此价值的根源又常与其存在的时间的古老有关。在去掉时间的因素之后，价值是否仍然存在？这恐怕就很值得讨论了。实际上，要讨论"古代"的价值及权威是如何成立的，其实也就会连带地触及历史的价值是如何成立的，为何过去的事情对现在而言有意义，又如何有意义等根本的问题。同时，讨论历史的意义如何在一种文化中成立，也离不开讨论时间因素的影响。在古代中国，古代的事常被认为是有意义的，因为人们在谈古事时的一种态度是，古事可以让人知道一些事理，有镜鉴的作用。但如同我们在以下的篇幅中将要讨论的，这种概念的根本假设其实是"非历史"的，因为在许多例子中，我们可以看见，古事之所以能拿来作为教训，通常并不涉及时间因素在事件中发生的作用，而仅以古事的事理内容为主要讨论对象。古代的价值，在这种情况之下，是超越时间的，而现代人以为历史知识的特性,却正在于强调或者发掘时间在人事过程中所产生的作用。所谓古今不同俗,在这种镜鉴观中是不被考虑的。吊诡的是,古事的事理之所以值得参考,常常又是由于它发生在古代。因此我们可以说,古事的价值建立在两个假设之上:一是事件的古老性具有某种价值,一是事理本身可以为训诫,而这事理与时间没有关系,所谓古今一理。这当然不是说古人没有时间形成文化变迁的概念,但这在前面的论述中是不占重要地位的。

问题仍然存在:古老,或者时间的悠远,为何会被赋予某种价值?这也许是一个没有答案的问题,但借着讨论这个问题,我们多少可以了解到,在历史文化中,人们是如何去看待、去利用这个古老的价值的。

一个值得考虑的说法是,在语言表达中,一些表现空间相对位置的说词,往往可以造成或者表现出文化价值。譬如拉丁文中的 ante、pro、pre 等词,原本为空间位置之前置词,但在拉丁文的语法中,不同的前置词被注入不同的文化价值,以致空间位置被赋予文化价值,如前或后,高或矮,也即是说,空间之相对位置被转换成为价值之相对位置。[1] 在中文中亦有类似的情况。通常我们用"上古"来指称远古时代,"上"即带有某种正面肯定的价值意义。又如用"高祖"一词来指称距现今较远的祖先,这"高"字显然带有崇敬之价值判断。时间的相对位置,是否也会造成价值的相对位置?是否时间在前的,在相对位置的阶序中,就会被赋予某种较高的价值?这种想法当然必须得有更具体的证据支持才能成立。

当然,我们可以反过来看问题。尊古的概念之所以在文献中经常出现,作者们之所以经常强调古人、古事的价

---

[1] M. Bettini, *Anthropology and Roman Culture: Kinship, Time, Images of the Soul*, Baltimore: The Johns Hopkins University Press, 1991, pp. 158 - 166.

值，是否正反映出一般人其实并不看重古事？我们在文献中所得到的印象，可能只是一小部分的知识分子或者政治精英的意见，他们反复强调尊古的重要性，是为了保有文化的解释权——也就是政权的合法化基础。但是，如果大多数人都不相信古人、古事的价值，为何这些知识分子仍然常常不断去宣传？是否他们的宣传或者解释，在某种程度上而言仍然具有短暂或者局部的作用？或者毕竟人们一般的确有某种共同的文化价值，认为古人、古事有其内在价值？这些也是我们在以下的篇章中要设法讨论的。

（三）古物及古事的意义

对古代事物的兴趣，可能来自一种距离感。距离感之所以会产生，是因为人一己之身所受到的时空限制。距离，不论是时间、空间，或者心态、思想、情感等各方面的距离，所造成的不仅是美感，还有一些其他的感受：因为人的一己之生命所能接触的东西是有限的，因而在人的经验范围之外的或者较不熟悉的事物，会对人产生各种不同的影响；由于不熟悉，因而好奇，希望能知道不熟悉的事物；由于不熟悉，不知道会有什么事发生，因而有一丝恐惧；由于不熟悉，因而感觉新鲜，甚至觉得有某种特殊的兴奋。

时间和空间的作用不仅是距离，也产生沧海桑田的效果。由于看到沧海桑田，人意识到时间的流逝和空间的移转，也意识到个人生命的有限。古代的事物之所以会引起人的兴趣，应该有一部分原因是这种睹物思人的感怀。睹物，不一定是自己所熟悉的物；思人，也不见得是自己认识的人。也许，正是因为看见了自己不熟悉的人物，而且是已经消逝了的人物，人益发感觉自身的有限。另一方面，在早期农耕社会中，作物的生产技术要发展成熟，必然有一个长期的知识累积过程。知识的累积，其必然效果是传统生产方式的成形,只要人们的社会仍然处于农耕时代,那么传统,也就是自古以来的生活和生产方式,既然是社会生存的主要条件,自然也就具有某种内在价值。因而传统一词,以及它的基础——时间的古老——通常具有正面的意义。时间所造成的改变与传统,造成一种变化中又有不变的情况。变与不变,其判断的坐标就是时间的进行,与时间进行的痕迹,即一般所谓的历史。

历史的用处是什么?如果我们仍然说是鉴往知来,为现代社会提供一些指引,是不能完全令人满意的。不是有人说过吗?人唯一从历史中学到的,是人从来不曾由历史中学到任何东西。这是相当吊诡的说法。人毕竟仍然是可以由历史中学到一些东西的。因为,如果不看历史,就连人由历史学不到东西都不得而知。何况,人的生命是在时间之流中进行和发展的,生命本身就是历史性的存在。因而,对于个人而言,个人的存在,个人主体性的成立,是因为个人能够掌握自己生命发展的过程,能够向自己解释个人思想和行为的根据。这也就是个人能掌握自己的历史。历史是人通过记忆和遗忘的心理机制而产生的对时间过程和事件发展之间的因果关系的解释。人不可能记得所有曾经发生在自身之上的事,因而记忆的构成成分是遗忘。而人会遗忘什么样的经验,除了个人的特质之外,也与其身处的社会文化环境脱离不了关系。所谓的"记",可能是自身记得个人的经历,但是"忆"则是一种事后的追想,其中可能包含个人经验,但此个人经验很可能已经受到社会文化的制约、塑形,而与所谓的过去事实有差异。同时个人的记忆,在个人自幼成长而社会化的过程中,已经有一部分与社会的记忆融合在一起,亦即个人的记忆在一定程度上是社会文化所赋予的。因此,个人生命中的文化因子其实也和其所从属的文化有某种程度的结合。个人的生命，其实也是社会整体历史的一部分。如果承认这一点，那么"史"的用处是什么也就有了答案，或者至少一个答案。历史的作用，是让人可以借之建立个人和社会的主体性，让人知道个人和社会之所以会如此这般地活着或者死亡的原因。但是，人能够记得什么，一方面要看社会提供什么，另一方面也要看个人自己在摄取外界的信息时接受了多少，遗忘了多少，又经过了什么样的解释及转换过程，将信息变成记忆。因而记忆不是被动地记录外界信息，而是主动地选择处理信息，并且将之改造或创造的结果。对于古代事物的论述，在这种了解之下，其实是后人通过所谓的记忆，对过去事物的意义的重新处理和重新创造。

以上这些问题，在中国古代文化及社会中显然都是相当值得讨论的，因为中国文化向来以古老的传统自豪，也明显地有尊古及好古的传统，这尊古及好古的传统到了中国开始进入所谓的现代时，在西方科学技术的强大压力，以及一切以新为尚的新思考潮流的冲击之下，经历了何种的变化，产生了何种反应，实是探讨中国文化在近现代的发展与经验的重要面向。因此，若不能充分了解尊古与好古的文化传统原来是如何建立，其背后的价值系统又是如何构造的，则讨论中国的现代化及其所遭遇的困难时，就缺乏比较具体的背景。换言之，要讨论现代化的问题，就不能不讨论人们对古代所持有的概念。

当然，尊古与好古的传统在中国有其长远的历史及发展，本研究不可能一开始即做全面性的探讨，必须从基础开始。所谓基础，是先界定某些明确的关键性的研究问题。所谓关键性问题，一是关于古代的概念如何在人们的文化论述中出现，并且又如何被赋予权威性及价值；一是关于人们如何利用尊古及好古的文化立场，来建构一套合于现实环境的价值系统。而由于这两个关键问题所牵涉的层面极广,必须在时间范围上有一限制,故本文拟先将讨论的时间范围定于先秦至两汉时代。此一时代的限定虽不能说有绝对的必然性,但亦有其可以考虑的内在逻辑。汉帝国时代可说是尊古与好古的传统由建立而巩固的时期;而在南北朝的纷乱中,统一政府的瓦解,新思潮的冲击,则是尊古及好古的概念接受考验并且继续发展的时期;在隋唐统一帝国再度出现后,尊古及好古的传统遂进入一个新阶段;宋代以后,好古与博古的传统具象化为对古物的玩赏,则又是另一番局面。不过追究根源,尊古与好古的传统在南北朝之后,轮廓大致已定,故以南北朝为本研究在时间上的一个断限,亦有其合理性。

二、古代概念的出现

要讨论尊古与好古的概念是如何出现的,必须先要了解"古代"作为一个带有价值立场的概念,是如何出现在古代文献脉络之中。文献也许不能直接提供古代之价值如何被建立之证据,但至少我们应讨论这些价值出现时最早的面貌为何。这一部分主要以春秋时代以前之早期文献为讨论对象,包括甲骨文、金文,《诗》《书》及先秦诸子等传统文献,以及新出土资料。

(一)商代:时间概念之呈现

在商代甲骨文中,可以见到时间概念清楚的呈现,因为整个占卜活动根基于对时间的掌握。占卜的时间要记录,占验的时间也要记录,因而可以说甲骨占卜活动是在时间的框架之内进行的。不过在此框架之中,时间本身只是客观存在的一种事实,一种机械性的度量,尚没有被赋予任何价值。

另一方面,商人对于先王、先公的祭祀,则显示出所谓祖先崇拜的基本事实。[1] 祖先之受崇拜，当然是因为人们相信他们具有某种力量，可以影响人间世事。因而在商人的世界观中，成为神灵的人具有权威，是无可怀疑的事。但是由于材料性质的限制，我们无法确定祖先之所以被认为有神灵，是否由于他们生活的时代是古代，我们也无法得知商人对非其祖先的、过去的人物和事件可能会抱有何种态度。在商代晚期的青铜器铭文中，有关于祭祀的记载[2]，其所显示的观念与甲骨文所载近似，作为人世间主宰的神明和祖先在时间上与现世处在同一平面，也就是说，在商人的信仰中，人和祖先及神明存在于同一时间向度中，如此人才有可能靠祝祷和神明、祖先交流。因而神明与祖先的权威与时间并没有直接关系。换言之，人之所以崇拜祖先，不是因为祖先曾经活在遥远的过去，而是因为祖先可以在当下赐福给子孙。[3]

（二）西周至战国时代：历史之用处

到了西周时代，铜器铭文的内容开始有了新的变化，我们可以明确地见到，周人已经清楚地认识到，过去的事件，或者说历史，是建构其政权合法性的重要依据。成王时代的"何尊"刻有以下铭文：

> 隹王初壅宅于成周，复称武王礼福自天。才四月丙戌，王诰宗小子于京室，曰："昔才尔考公氏克弼文王，肆文王受兹 大 令 。隹武王既克大邑商，则廷告于天，曰：'余其宅兹中国，自之乂民。乌呼，尔有虽小子亡识，

---

[1] 陈梦家：《殷墟卜辞综述》，北京：科学出版社1956年版，第362页及以后。
[2] 如马承源：《商周青铜器铭文选》，北京：文物出版社1988年版，第8页。
[3] 关于时间概念的讨论可参看 C. Harbsmeier, "Notions of Time and History in China and in the West, with a Digression on the Anthropology of Writing", in Chun-chieh Huang and Erik Zürcher, eds, *Time and Space in Chinese Culture*, Leiden: Brill, 1995.

覡于公氏有恪于天，彻令敬享哉。"[1]

康王时代的"大盂鼎"则有如下铭文：

雩夕召我一人（烝）四方，（粤）我其遹省先王受民受疆土。[2]

这些都明示以先王的权威作为本身权力的来源。成王以文王受天命、武王克商的故事来说明自己的权威来源，而康王则称其乃遵循善德，而领受先王所得自上天的人民和疆土，以治理国家。此处牵涉到的因素，一是先王的圣德，一是先王的"先"。在时间顺序上，成王、康王继承先王的统治，原本只是血统上的关系，但是由于他们继承的是有德的先王，因而给自己的统治权威增加了一些说服力。

另一方面，《尚书》中一般以为其内容可上溯至西周初年之篇章，如《泰誓》《大诰》《康诰》《酒诰》《召诰》《梓材》等，已充分体现出以史为鉴的立场。殷商之灭亡故事，成为周初统治阶级建构其政治哲学之基本参考，而殷商之所以亡国，亦被赋予特定的解释，如沉湎于酒，或者为妇人所惑等，如《泰誓》云：

今商王受弗敬上天，降灾下民。沈湎冒色，敢行暴虐，罪人以族，官人以世，惟宫室、台榭、陂池、侈服，以残害于尔万姓。[3]

---

[1] 马承源：《商周青铜器铭文选》，第20页。
[2] 马承源：《商周青铜器铭文选》，第38页。
[3] 《尚书·泰誓》，台北：新文丰重印《十三经注疏》本2001年版，第152页。

又如《牧誓》所云:

王曰:古人有言曰,牝鸡无晨,牝鸡之晨,惟家之索。今商王受惟妇言是用。昏弃厥肆祀弗答。[1]

过去事情的意义,就在于其所能提供之关于事理——主要是有关政治之事理——的例证。到了东周时代的文献中,新的变化是古代的传说故事被大量应用在政治论述之中。原本在《尚书》早期篇章中,先王故事和历史事迹主要是限于殷商时代,鲜有关于更早的时代的说法。到了战国时代,远古神话开始加入,如《尧典》《皋陶谟》《禹贡》等,谈的是远古圣王尧、舜、皋陶及大禹等,显示人们对于"古代"的概念不断地向远古延伸。在《左传》《国语》等历史文献,以及先秦诸子的论述之中,三皇五帝的故事常常为论者引为事理之权威例证。

孟子的论述即有明确之以"古人"或"古者"为论说根据的言辞:

古之人与民偕乐,故能乐也。《汤誓》曰:"时日害丧,予及女皆亡。"[2]

又如:

古之人所以大过人者,无他焉,善推其所为而已矣。[3]

此古之人其实亦即古代之圣王明君:

---

[1]《尚书·牧誓》,第158—159页。
[2]《孟子注疏·梁惠王章句上》,台北:新文丰重印《十三经注疏》本2001年版,第10—11页。
[3]《孟子注疏·梁惠王章句上》,第21—24页。

> 惟仁者为能以大事小，是故汤事葛，文王事昆夷；惟智者为能以小事大，故太王事獯鬻，勾践事吴。[1]

《荀子》中即常有以"古者"作为论述所据之言辞：

> 天之生民，非为君也；天之立君，以为民也。故古者，列地建国，非以贵诸侯而已；列官职，差爵禄，非以尊大夫而已。[2]

> 故古者圣人以人之性恶，以为偏险而不正，悖乱而不治，故为之立君上之势以临之，明礼仪以化之，起法正以治之，重刑罚以禁之，使天下皆出于治，合于善也。[3]

> 古者明王之举大事，立大功也，大事已博，大功已立，则君享其成，群臣享其功，士大夫益爵，官人益秩，庶人益禄。[4]

《晏子春秋》中亦有类似的说法：

> 晏子曰："古者不慢行而繁祭，不轻身而恃巫。今政乱而行僻，而求五帝之明德也？弃贤而用巫，而求帝王之在身也？夫民不苟德，福不苟降，君之帝王，不亦难乎！"[5]

《礼记》中以先王为论述之本的言辞不可胜举，亦皆以古者与圣王等同齐观：

---

[1] 《孟子注疏·梁惠王章句下》，第31—32页。
[2] 杨倞：《荀子集解·大略篇》，台北：世界书局1981年版，第332页。
[3] 杨倞：《荀子集解·性恶篇》，第289—290页。
[4] 杨倞：《荀子集解·强国篇》，第196页。
[5] 吴则虞撰：《晏子春秋集释·内篇谏上》，台北：鼎文书局1977年再版，第50—51页。

古之圣人，内之为尊，外之为乐，少之为贵，多之为美。是故先王之制礼也，不可多也，不可寡也，唯其称也。[1]

在此类论述中，"古人"可以等同于圣王贤君，"古者"一词则已成为一个抽象的、渺不可稽的理想时代。"古"逐渐成为一种没有时间量度的通称，只要使用它，就会自动产生某种价值上的量度或者某种权威。时间不再只是单纯的事件先后的度量，而是事件价值的权衡，古代成为理想的时代。论述者可以借此一理想时代为当代事务之对照，以说明其理想。20世纪初学者顾颉刚有"古史层累造成说"，认为中国古代之历史在春秋战国时代不断地被加上远古圣王事迹，因而所谓古史，乃后人不断添加而成。[2] 此说于了解"古代"概念之形成有参考价值，前面之论述说明，古史之形成与古代概念之形成有相似之过程。

在战国时代晚期的出土文献中，我们可以看到，古代之概念不止是知识分子论述的用语，在一般公文书中亦已经成为习用的概念。如《睡虎地秦墓竹简》中有如下的记载：

廿年四月丙戌朔丁亥，南郡守腾谓县、道啬夫：古者，民各有乡俗，其所利及好恶不同，或不便于民，害于邦。[3]

当然，此处的"古者"也许并不全指遥远的古代，而

---

[1] 《礼记注疏·礼器》，台北：新文丰重印《十三经注疏》本2001年版，第456页。
[2] 顾颉刚：《古史辨》第一册，香港：太平书局1962年重印版，第61—66页。
[3] 《睡虎地秦墓竹简·语书》，第13页。

是指不远的从前。然而，作为一个全称的抽象词被用来指谓一个不特定的过去，则与《晏子》或《礼记》中的说法并无差别。在一些其他的战国至汉代出土文献中，古代以及先圣、先王的意义及角色并无大不同，如马王堆汉墓帛书中的《春秋事语》中有以下记载：

> 燕大夫子□（率）（师）以（御）晋人，胜之。归而饮至，而乐。其弟子车曰："□则乐矣，非先王□胜之乐也。"[1]

显然在作者的心中，先王所为都是理想的模范。汉初的银雀山汉墓竹简所载《孙膑兵法·见威王》中，不但以先王之道为论述之根据，也历数古代传说中各个圣王的故事，以为佐证：

> 孙子见威王，曰："夫兵者，非士恒埶（势）也。此先王之傅道也。战胜，则所以在亡国而继绝世也。战不胜，则所以削地而危社（稷）也。是故兵者不可不察。然夫乐兵者亡，而利胜者辱。兵非所乐也，而胜非所利也。事备而后动，故城小而守固者，有委也；卒寡而兵强者，有义也。夫守而无委，战而无义，天下无能以固且强者。尧有天下之时，诎（黜）王命而弗行者七，夷有二，中国四。故尧伐负海之国而后北方民得不苛，伐共工而后兵（寝）而不起，施（弛）而不用。其间数年，尧身衰而治屈，胥天下而传舜。舜击谨收（兜），方（放）之宗（崇）；击归（鲧），方（放）之羽；（击）三苗，方（放）之危；亡有户（扈）是（氏）中国。有苗民存，蜀（独）

---

[1]《马王堆汉墓帛书》三《春秋事语释文》，北京：文物出版社1983年版，第4页。

为弘。舜身衰而治屈,胥天下而传之禹。禹凿孟门而通大夏,斩八林而焚九□。西面而并三苗□□素佚而至(致)利也。战胜而强立,故天下服矣。昔者,神戎(农)战斧遂;黄帝战蜀禄;尧伐共工;舜伐管;汤汸(放)桀;武王伐纣;帝奄反,故周公浅之。故曰,德不若五帝,而能不及三王,知(智)不若周公,曰我将欲责(积)仁义,式礼乐,(垂)衣常(裳),以禁争挩(夺)。此尧舜非弗欲也。不可得,故举兵绳之。"[1]

在此,《孙膑兵法》的作者应用古代历史的整个架构来为其论点背书,也是一种常见的论证方式。可见到了秦汉之交,不论是儒、道、法、兵等各类思想,还是一般的日用文书,都共同利用一个古代的概念为立论之基础。

(三)汉代:古代与道德论述

最后,到了汉初,以贾谊、陆贾等人的论说,以及《淮南子·精神训》中的材料为代表,人们终于将古代的时间线推到了宇宙的创生之时,而宇宙创生之时的情况也就成为世事演变的原则。譬如,贾谊在《新书》中说:

阴阳,天地之动也,不失六行,故能合六法。人谨修六行,则亦可以合六法矣,然而人虽有六行,微细难识,唯先王能审之,凡人弗能自至,是故必待先王之教乃知所从事。[2]

陆贾也有类似的论述:

于是先圣乃仰观天文,俯察地理,图画乾坤,以定人

---

[1] 《银雀山汉墓竹简》(壹),北京:文物出版社1985年版,第26页。
[2] 贾谊:《新书》卷八,台北:台湾中华书局1970年版,第5页。

道，民始开悟，知有父子之亲，君臣之义，夫妇之别，长幼之序。于是百官立，王道乃生。[1]

《淮南子·精神训》则说：

古未有天地之时，惟象无形，窈窈冥冥，芒芠漠闵，澒蒙鸿洞，莫知其门，有二神混生，经天营地，孔乎莫知其所终极，滔乎莫知其所止息，于是乃别为阴阳，离为八极，刚柔相成，万物乃形，烦气为虫，精气为人，是故精神天之有也，而骨骸者地之有也。精神入其门，而骨骸反其根，我尚何存？是故圣人法天顺情，不拘于俗，不诱于人，以天为父，以地为母，阴阳为纲，四时为纪，天静以清，地定以宁，万物失之者死，法之者生。[2]

古代的概念，由三皇五帝的时代再度向前延伸，到了天地尚未形成的混沌时代，至此已经推衍至极限。同时，整个古代因而被收编为道德性论述的佐证，而圣王的角色也被定性为唯一可以明察宇宙之道的世间权威。《淮南子》的基本精神为道家思想，然而在利用古代的概念作为一种论述之基础上，道家与其他思想之间的差别并不明显。这种情况到了董仲舒的《春秋繁露》中，已形成了一个完整的宇宙论系统，古之圣人与天地之道理之间有一个了解之途径：

古之圣人，谪而效天地，谓之号，鸣而施命，谓之名。名之为言，鸣与命也，号之为言，谪而效也，谪而效天地者为号，鸣而命者为名，名号异声而同本，皆鸣号而

---

[1] 陆贾：《新语·道基第一》，北京：中华书局1986年版，第9页。
[2] 刘安：《淮南子》卷七《精神训》，台北：台湾中华书局1971年版，第1页。

达天意者也。[1]

古之圣人，见天意之厚于人也，故南面而君天下，必以兼利之。[2]

以上之讨论显示，"古代"作为一有正面价值的概念，有其发展的过程。由目前文献看来，战国时代，一个抽象的、带有理想性质的"古代"概念已是社会中普遍的观念，与古代相关的"古者"或古圣先王也同时成为理想化的道德及智慧的象征。而汉代的进一步发展，则是将古代的概念推展至宇宙源起之时，将宇宙之道与古圣先王之道相结合。

三、崇古思想的出现

春秋战国时代为中国古代思想蓬勃发展之时，夏商周三代在此时已逐渐成为一种理想中之古代，崇古思想在此时也有更明确的表述。古圣先王，三代盛世，成为这一时代论者最常用来建构其政治社会论述之文化概念与价值符号。不过，在诸子论述中，古代之意义与价值尚未完全固定，历史之意义亦尚有所争议，因而我们可以试由诸子及其他近年出土文献来设法呈现此一历史现象，讨论古代与尊古之概念是如何被用来建构论述，以增强政治及思想上之权威的。

上一节中我们已经讨论到古代概念的出现，也论及古代价值的成立有其发展过程。然而那只是对现象的描述，现在我们要进一步讨论的是：古代若具有某种正面的价值，它是如何成立的？古圣先王之制度为何可尊敬？为何具有某种权威？古代事务有何可参考之处？其根本假设为

---

[1] 赖炎元注译：《春秋繁露·深察名号》，台北：台湾商务印书馆1987年第2版，第261页。
[2] 赖炎元注译：《春秋繁露·诸侯》，第277页。

何？要讨论这些问题，必然牵涉到一个根本的概念，即时间、经验、记忆与社会道德和价值之间的相互关系。[1] 如果先就古代所具有的价值这一点来讨论，文献材料中的说法有以下数类。

（一）以古为尚

首先是一种无条件式的以古为尚的态度。在这种论述中，所谓的古，是一种抽象的时空概念，并不直接指涉任何个人。譬如《论语》中记载孔子的一些言论：

子曰："述而不作，信而好古，窃比于我老彭。"[2]
子曰："我非生而知之者，好古敏以求之者也。"[3]

从这些言论中，可以看出孔子将古代的概念塑造成一种理想世界，是一种自成一体的时空单位，其中没有个别性的差异，因为所有的人和事物都具有完美的价值。如孔子在另一处所说：

子张曰："《书》云：'高宗谅阴，三年不言。'何谓也？"子曰："何必高宗，古之人皆然。君薨，百官总己，以听于冢宰三年。"[4]

这中间"古之人皆然"的说法就是将古代作为一种理想时代的概念做无限扩张的说明。

然而在另一方面，孔子当然也特别提出一些古代圣

---

[1] 有关此一问题，可参见 D. Lowenthal, *The Past is a Foreign Country*, Cambridge: Cambridge University Press, 1985, pp. 35 - 63. 另外王赓武先生有一文可参考，Wang Gungwu, "Loving the Ancient in China", in I. McBryde, ed., *Who Owns the Past?*, Oxford: Oxford University Press, 1985, pp. 175 - 95。
[2] 《论语注疏·述而》，第60页。
[3] 《论语注疏·述而》，第63页。
[4] 《论语注疏·宪问》，第130页。

王，作为那完美时代的代表人物。这些圣王的作用，自然是以当代的统治者，也就是孔子欲影响的对象，为诉求目标的：

> 子曰："巍巍乎，舜禹之有天下也，而不与焉。"
> 子曰："大哉尧之为君也，巍巍乎，唯天为大，唯尧则之。"[1]

为人君者，应该以尧、舜、禹为模仿的对象，而这些圣王之所以值得模仿效法，是因为他们的表现，其中的一个关键是"则天"，也就是说，圣王能够以天道为法则。唐代女主武则天显然也是以此为其自负之责。在这样的论述中，古代圣王的权威来自他们能够以天为法则，那么就必须承认天之法则是最完美、不可超越的。天的法则，又可以说就是所谓的天命。有关天命的论述，中外学者多有讨论，此处不必多论。[2] 要言之，天命的观念可上溯至周初，天为一抽象又兼具人格性之至高神，为周人所宗，周人利用"天命靡常，有德者得天下"的概念，来说明周之代殷的合法性。天命之概念原本为一政治神学，与"尊古"之概念并不相涉。但由上举《论语》中的说法看来，古代圣王的权威与天命之概念已有相当程度之结合。

那么，我们原本所谓无条件的以古为尚的态度，是否真的无条件？还是有其背后的某些假设？当孔子说"古之人皆然"的时候，是否代表所有的古人皆有以天为法则的特质？我们无法由《论语》的材料中找到进一步的答案，但《孟子》中有一些不同的说法可以参考。

---

[1]《论语注疏·泰伯》，第72—73页。
[2] 最近的出版物参见 C. Lupke, ed., *The Magnitude of Ming: Command, Allotment, and Fate in Chinese Culture*, Honolulu: University of Hawaii Press, 2005。

孟子所说的"古之人"有两类意义,一是所有的古人,一是统治者。当孟子想说服统治者行仁政时,他用"古之人"来指称古代圣王,也就是将圣王的权威建立在其为"古人"之上。这里所谓的"古人"显然指的是古代的统治者,他之所以不直接先提古圣王的名字,而用"古人"这样一个普遍的名词,也许就是在借着"古人"或者"古者"在当时已经具有的某种威权性,来加强他的论证。如孟子说:

> 古之人与民偕乐,故能乐也。《汤誓》曰:"时日害丧,予及女皆亡。"民欲与之皆亡,虽有台池鸟兽,岂能独乐哉?[1]

另一方面,孟子也认为"古之人"有某些与"今之人"不同的特质,是值得今人效法的:"古之人所以大过人者,无他焉,善推其所为而已矣。"[2]

这种说法指出,古人(古代圣王)之所以超越今人或与一般人不同,是由于类型的不同(categorical difference),但是孟子除了指出其不同的内容,即"善推其所为"之类,并未指出为何有此不同。为何古之圣人可以善推其所为?孟子并无解释。另一方面,与孔子相同的是,孟子亦认为古圣王之所以值得效法,是因为他们所行与天道相合,而将天道实施到人间世,在孟子的说法中,亦即是仁道:

> 尧舜之道,不以仁政,不能平治天下。今有仁心仁闻

---

1 《孟子注疏·梁惠王章句上》,台北:新文丰重印《十三经注疏》本2001年版,第10—11页。
2 《孟子注疏·梁惠王章句上》,第21—24页。

而民不被其泽，不可法于后世者，不行先王之道也。故曰，徒善不足以为政，徒法不能以自行。《诗》云："不愆不忘，率由旧章。"遵先王之法而过者，未之有也。圣人既竭目力焉，继之以规矩准绳，以为方圆平直，不可胜用也；既竭耳力焉，继之以六律正五音，不可胜用也；既竭心思焉，继之以不忍人之政，而仁覆天下矣。故曰，为高必因丘陵，为下必因川泽。为政不因先王之道，可谓智乎？是以惟仁者宜在高位。不仁而在高位，是播其恶于众也。[1]

在孟子的譬喻中，先王之道，或者说仁道，就如自然界的道理，也就是天道一样，"为高必因丘陵，为下必因川泽"。在这种论点下，先王之道和自然之道基本上是无可争辩的真理。

在其他时候，孟子也举出一些古圣先贤的具体行事，认为是可以效法者：

> 孟子曰："古之贤王好善而忘势，古之贤士何独不然，乐其道而忘人之势，故王公不致敬尽礼，则不得亟见之，见且由不得亟，而况得而臣之乎。"[2]

但是这中间必须问的问题是，古圣贤之所以会行合于天道之事，是由于他们是古人，还是由于他们本身具有的特质？孟子似乎偏向于认为，古圣先王本身的特质或者有仁，或者有义，这是他们之所以可以为效法之榜样的原因：

---

[1]《孟子注疏·离娄章句上》，第123—124页。
[2]《孟子注疏·尽心章句上》，第230页。

齐宣王问曰："交邻国有道乎？"孟子对曰："有。惟仁者为能以大事小，是故汤事葛，文王事昆夷。惟智者为能以小事大，故太王事獯鬻，勾践事吴。以大事小者，乐天者也；以小事大者，畏天者也。乐天者保天下，畏天者保其国。《诗》云：'畏天之威，于时保之。'"[1]

如此一来，"古代"本身的价值是否又不那么重要了呢？孟子的话仍然没有给出直接的答案。但我们至少可以说，由孟子整体思辨的角度看来，与古人、古事相关的事理，大约总是正面的。

（二）古代权威之来源

根据前面的论证，古圣先王之所以成为价值和意义之指针，是由几方面的意义系统结合而构成的。一方面，论者的先验概念之一是古者等同于价值，即凡是古老的事物，都具有某种价值。另一方面，论者主张的前提是古圣先王之所以为圣贤，是由于他们能法天之则，具有仁义礼智之特质。当然，这仁义礼智的特质是论者用以发挥其政治和道德哲学的基础，这种论述因而结合了圣王的特质和古者的价值。再者，古者的价值的重要支撑，是它代表着过去真实发生过的事，因为它曾经真实发生，因而圣王的各种表现和行为特质的价值是有效的。如果古事不曾真正发生，或者不能确定是否发生，则故事中的作为和表现出的道德标准就很难成立了。因而我们可以说，古代的概念之所以重要，就在于保证了圣王之道为真实的、曾发生过的，因而可能再度发生在愿意仿效其价值和道德观者身上。因而当论者在使用"古者"或"古之人"之类的概念之时，虽然并不一定指某个特定的古代时间，但无疑这古

---

[1]《孟子注疏·梁惠王章句下》，第31—32页。

代是曾经发生过、确有其事的时空环境。

如果说,古者和古代被春秋战国时代作者用为证明其论点的工具,那么尊古的目的何在?

首先,将自己的论点用"古已有之"的论述来呈现,前提是一般大家都承认古代具有"使合法化的力量(authenticating power)",而可以证明自己论点的合法性和正当性。尊古的目的,可以说就在维持一个概念:古代确实存在,古人具有的智慧特质和道德伦常正是现代人所需要的。古圣可以认识天道,依循天理,现代人则必须借由论者的指点才有可能明白。因而,尊古的最终目的,是为论述者自身的论说提供可靠的权威。然而在这样的论述中,有一个重要的问题没有解决,这就是古代事物真实性的认证标准。古代确实存在,但是,到底有哪些事物真的存在?人们要如何得知一个论者所说的"古之人"和另一个论者口中的"古之人"是否相同?对他们事迹的描述又是否一致?易言之,如果古代的价值建立在其为真实发生的事件之上,则必然牵涉到古代历史的真实性的问题。

有关历史真实性的问题,牵涉到传统史学思想的全面讨论,非本研究主要关切之范围,然而历史概念与尊古思想之间有密切关系,则又无可否认。因而我们必须略加讨论尊古言论中所使用的历史概念。

首先必须有的认识是,一般中国古代作者在使用历史故事时,是不必经过对史实的论证就可以自行引用的。这种情况包括关于对一般古人的陈述,以及对特定的古人和先圣、先王的陈述。言必有据,对史实所依据的材料进行分析、辩正,评估不同材料的可靠性,最后归纳出一个说法,这种现代史学的基本程序,对大部分古代作者而言是不曾有过的概念。即使是司马迁,也只能说是局部性地进行材料的评比和选择,其写作的最终目的仍然是相当主观的。他的名言"究天人之际,通古今之变,成一家之言"中,通古今之变,建筑在对天人之际的了解之上,然而所谓天人之际应作何解,是见仁见智的问题,因而其最后也不过就只能成一家之言,表达个人的观点。就此一点而言,司马迁对个人的观点和能力与历史真实之间的差距其实是有相当了解的。然而司马迁的态度毕竟是少数。对于大多数作者而言,历史故事的内容可以因传述者不同而互异,是其少出现的想法。一般而言,他们在作品中提到历史上的事情,主要目的是替他们的论述提供证据。一个常见的论证方式是,作者先陈述自己的一些主张,然后在历史上找出一些例子作为自己主张的例证。譬如陆贾在《新语·无为》中说:

夫道莫大于无为,行莫大于谨敬。何以言之?昔虞舜治天下,弹五弦之琴,歌南风之诗,寂若无治国之意,漠若无忧民之心,然天下治。[1]

又譬如王符在《潜夫论·赞学》中说:

天地之所贵者,人也。圣人之所尚者,义也。德义之所成者,智也。明智之所求者,学问也。虽有至圣,不生而知;虽有至材,不生而能。故志曰,黄帝师风后,颛顼师老彭,帝喾师祝融,尧师务成,舜师纪后,禹师墨如,汤师伊尹,文、武师姜尚,周公师庶秀,孔子师老聃。若此言之而信,则人不可以不就师矣。夫此十一君者,皆上圣也,犹待学问,其智乃博,其德乃硕,而况于凡人乎?[2]

---

[1] 陆贾:《新语》卷上,台北:台湾中华书局1971年版,第6—7页。
[2] 王符:《潜夫论》卷一,台北:台湾中华书局1971年版,第1页。

这些言辞的推论方式清楚地表明，作者有一个中心论旨，而他所引用的历史故事，是论述的佐证。在《淮南子·览冥训》中，虽然所谈的问题和陆贾、王符都不相同，但我们也可以看到类似的论证方式：

> 武王伐纣，渡于孟津，阳侯之波，逆流而击，疾风晦冥，人马不相见。于是武王左操黄钺，右秉白旄，瞋目而挥之，曰："余任天下，谁敢害吾意者？"于是风济而波罢。……夫全性保真，不亏其身，遭急迫难，精通于天，若乃未始出其宗者，何为而不成？[1]

《淮南子》作者的目的，也是借着对古代圣王事迹的陈述来证明自己论点的正确性。作者相信，或者希望读者相信，他所举的历史事迹是真实可靠的。但是仅由他的叙述，我们无法得知陆贾所说的舜弹五弦琴的故事从何而来，舜的时代有没有五弦琴，而他治理天下的方法又是否真是那样的无为而治。我们也无法得知《淮南子》中所说的武王是否真的曾经遇到风浪，又是否曾经说过那句话，而风浪是否又真的因而平息。即使是在汉代，也有人对这种说法产生怀疑。王充在《论衡·感虚篇》中就曾经针对这个故事加以辩驳：

> 传书言："武王伐纣，渡孟津，阳侯之波，逆流而击，疾风晦冥，人马不见。于是武王左操黄钺，右执白旄，瞋目而麾之曰：'余在，天下谁敢害吾意者！'于是风霁波罢。"此言虚也。武王渡孟津时，士众喜乐，前歌后舞，天人同应，人喜天怒，非实宜也。前歌后舞，未必其实；

---

[1] 刘安：《淮南子》卷六，台北：台湾中华书局1971年版，第1页。

麾风而止之，迹近为虚。夫风者，气也，论者以为天地之号令也。武王诛纣是乎？天当安静以祐之。如诛纣非乎？而天风者，怒也。武王不奉天令，求索己过，瞋目言曰："余在，天下谁敢害吾意者！"重天怒，增己之恶也，风何肯止？父母怒，子不改过，瞋目大言，父母肯贳之乎？如风天所为，祸气自然，是亦无知，不为瞋目麾之故止。夫风犹雨也，使武王瞋目以麾麾雨而止之乎？武王不能止雨，则亦不能止风。或时武王适麾之，风偶自止，世褒武王之德，则谓武王能止风矣。[1]

王充以其一贯的怀疑态度来质疑武王的故事。不过，即使王充不相信武王挥旗止风的故事，他仍然肯定武王渡河的事。因而他的怀疑建立在一个更基本的对历史的信念之上。我们看到，古圣先王的名字和事迹是为社会中人们所共同接受的文化传承的一部分，但是作者们在引用这些事迹的时候，却常常在也许是真实的人物身上加入了适合他的论述的一些细节。至于在作品中利用古代圣王、贤人的名字作为主角，更是常常有的事。马王堆出土文献中有一部被称为《黄老帛书》的《十大经》，就是以黄帝为对话体的主角。如果我们看《汉书·艺文志》中的记载，可以发现以黄帝为书名之一部分的作品还相当不少。这算是一个突出的例子。

从现代的观点来看，这种情况反映出，在当时人心目中，古代的圣王具有神圣的真实性，与他们相关的各种说法因而得到某种真实的保证。我们可以说，对于《淮南子》或者陆贾、王符之类的作者来说，历史知识是支持他们的哲理的证据，因为历史对他们而言是人事真理的呈

---

[1] 刘盼遂：《论衡集解》卷五，台北：世界书局1990年版，第105—106页。

现，历史所具有的意义是固定的，而且具有超越时空的效力。

另外一种谈论历史的方式，可以用贾谊的《新书·过秦论》为例。他用长篇大论叙述了由秦的兴起到最后灭亡的史事后，得出一个结论，认为秦的灭亡是："仁心不施，而攻守之势异也。"所以他论史的最终目的仍然是揭示一项政治道德原则在历史上的作用。谈论历史，是为了说明为政者应该注意的原则，因为在他的认识中，历史的内容不外乎国家兴亡的大事。

不过，从另外一个角度来说，这种运用历史的方式在根本上其实是非历史的，因为它把历史上的事与当代的事放在一个平面上比较，不考虑不同时代背景的差异，也缺乏对于历史情境变动的考虑。历史原本具有的表现世事演变的特质被压缩成为一个平面的"古代"，于是历史也就成为不具脉络（out of context）的一些例证。

以上讨论显示，尊古的言论中所引用的古代史实，其作用在于给予其论述一种权威性。对于此权威性的来源，有几层基本假设：一是圣人或圣王有其特质，可以循天之道以导正人民；二是古远之年代本身具有某种值得崇敬之价值和意义。在此两层意义相加之后，古代之圣王成为尊古论述的具体引述对象，乃成为必然之事。

由此看来，在许多时候，所谓的尊古或崇古，其实并不是尊崇一个抽象的古代概念，不是为了古代本身的意义，甚至不是为了了解古圣先王的作为，而是为了获取古代概念所带来的权威。更明白地说，尊古，是论者借由对古圣先王之事迹的掌握和解释，借着宣称自己所解释的古圣先王的事迹的正确性和真实性，而证明自己的论点的正确性，同时当然也就建立了自己的新权威。

四、帝国之一统与尊古传统之建立

秦汉帝国之一统天下，亦有建立所谓华夏共同祖先及共享传统的必要，多种不同源头的古代事迹逐渐融合为一个共同的文化传统。秦帝国已接受战国时代中原各国之礼乐传统，可以秦始皇刻石中所呈现之圣王之治的想法为代表。[1] 汉承秦制，一方面提倡敬老，一方面则图建立仿古制之朝仪。盖敬老与尊古乃出于同一心态，即时间本身具有价值。至于武帝之后儒家学说之兴起，不论是古文或今文学派，无不以古代之礼乐制度为最终之标准。

在此大环境之下，两汉士人如何看待此尊古之概念，用什么样的语言来发展古代之价值与权威，又如何在文献中替尊古之思想找寻合理性源头，所尊之古在不同之思想脉络中有何差异，与当时学术思想及政治现实之关系为何，如何因尊古而肯定历史之价值与用途等，均有可探究之处。而此尊古、好古之思想在社会生活中是否造成任何具体的影响，当时士人实际上又如何考虑尊古在理念及实行上所可能产生之矛盾，如宗教仪节与对象是否以古代传统为重，人们对古乐、古董的欣赏与排斥，以及工艺传统中与古代相关的主题等，更是极为有趣之议题。此诸议题之探讨，牵涉两汉传统文献之爬梳，亦必须利用考古及各类工艺品及墓葬壁画等资料。以下本文仅为初步之探讨。

（一）尊古的反思

在尊古的思想环境中，也出现了反动的想法，认为古代的事不见得可以成为当前的模范。荀子曾经就先王与后王的问题提出讨论：

> 辨莫大于分，分莫大于礼，礼莫大于圣王；圣王有

---

[1] 参见 M. Kern, *The Stele Inscriptions of Ch'in Shih-hunag: Text and Ritual in Early Chinese Imperial Representation*, New Haven: American Oriental Society, 2000。

百，吾孰法焉？故曰：文久而息灭，节族久而绝，守法数之有司，极礼而褫。故曰：欲观圣王之迹，则于其粲然者矣，后王是也。彼后王者，天下之君也；舍后王而道上古，譬之是犹舍己之君，而事人之君也。故曰：欲观千岁，则数今日；欲知亿万，则审一二；欲知上世，则审周道；欲审周道，则审其人所贵君子。故曰：以近知远，以一知万，以微知明，此之谓也。[1]

荀子在此其实并没有明白说出所谓的后王到底指谁，但是由语气上判断，应是近世之王，因而不可能为尧、舜等古代圣王。如果认为"舍后王而道上古，譬之是犹舍己之君，而事人之君也"有其实质意义，则后王即是荀子当世的君王。然而若看荀子在另一处所举法后王的概念，如《荀子·王制》中所说：

王者之制：道不过三代，法不二后王；道过三代谓之荡，法二后王谓之不雅。衣服有制，宫室有度，人徒有数，丧祭械用皆有等宜。声则凡非雅声者举废，色则凡非旧文者举息，械用则凡非旧器者举毁。夫是之谓复古，是王者之制也。[2]

荀子以三代和后王对举，因而所谓的后王其实可以包括夏、商、周三代的君王，而废除非旧制、旧器的主张仍然是复古的作为。由此可以推见，整体而言，荀子虽然基本立场包括了一些重视现实层面的精神，但仍不能完全放弃维护先王、先圣的权威。

发挥荀子法制精神的韩非子也对古代先王的权威性有

---

[1] 王先谦：《荀子集解·非相篇》，第50—51页。
[2] 王先谦：《荀子集解·非相篇》，第101页。

所质疑。他仍承认先王之道有其固有的道理，有许多今不如古的地方，然而细究其文，可以知道，在韩非的论述之中，"先王"一词其实已成为"明王"或"圣王"的同义词，譬如：

> 古者先王尽力于亲民，加事于明法。彼法明则忠臣劝，罚必则邪臣止。忠劝邪止而地广主尊者，秦是也。群臣朋党比周以隐正道、行私曲而地削主卑者，山东是也。乱弱者亡，人之性也。治强者王，古之道也。[1]

在此段论述中，秦王因为明法而得以"地广主尊"，即所谓"治强者王"。此中"先王"之所行，亦即"古之道也"。然而我们可以明白地看出，先王之道其实是一个给予论述以正当性的借口，因为韩非子的主旨不但是阐扬法制的概念，同时也对于当代的新事物予以肯定。

> 故先王明赏以劝之，严刑以威之。赏刑明则民尽死，民尽死则兵强主尊。刑赏不察则民无功而求得，有罪而幸免，则兵弱主卑。故先王贤佐尽力竭智。故曰：公私不可不明，法禁不可不审，先王知之矣。[2]

> 先王以道为常，以法为本，本治者名尊，本乱者名绝。凡智能明通，有以则行，无以则止。[3]

此处用"以道为常，以法为本"来描写先王的特质，与儒家论述中的先王之道有所不同，可见"先王"一词已成为一个空有外表的政治和伦理术语，其内容则由不同立

---

1 王先慎：《韩非子集解·饰邪》，台北：世界书局1976年版，第89页。
2 王先慎：《韩非子集解·饰邪》，第94页。
3 王先慎：《韩非子集解·饰邪》，第92页。

场的使用者加以填充。总之，韩非子的根本意见是以现世为关切点的。他认为关切现实，在圣人的考虑中，无所谓尊古或不尊古的问题，因为他的关注焦点是政治，只要所用顺应时势，达到目的，所行为尊古或变古，并非最重要者：

> 不知治者，必曰："无变古，毋易常。"变与不变，圣人不听，正治而已。然则古之无变，常之毋易，在常古之可与不可。伊尹毋变殷，太公毋变周，则汤、武不王矣。管仲毋易齐，郭偃毋更晋，则桓、文不霸矣。凡人难变古者，惮易民之安也。夫不变古者，袭乱之迹；适民心者，恣奸之行也。民愚而不知乱，上懦而不能更，是治之失也。[1]

韩非子在此利用圣人的权威来修正尊古的概念，又利用"历史事实"来说明"变古"其实是圣王之道。实际上，韩非子认为古今不同俗，不能将古代的一切事物都列为尊崇的对象，古代可行或应行之事在环境改变之后就应该有新的考虑：

> 今有构木钻燧于夏后氏之世者，必为鲧、禹笑矣。有决渎于殷、周之世者，必为汤、武笑矣。然则今有美尧、舜、汤、武、禹之道于当今之世者，必为新圣笑矣。是以圣人不期修古，不法常可，论世之事，因为之备。宋人有耕田者，田中有株，兔走触株，折颈而死，因释其耒而守株，冀复得兔，兔不可复得，而身为宋国笑。今欲以先王之政，治当世之民，皆守株之类也。[2]

---

[1] 王先慎：《韩非子集解·南面》，第87页。
[2] 王先慎：《韩非子集解·五蠹》，第337页。

希望用古代的事理来处理当代的事,在韩非子看来,是不可行的:

> 今待尧、舜之贤乃治当世之民,是犹待粱肉而救饿之说也。……夫待古之王良以驭今之马,亦犹越人救溺之说也,不可亦明矣。[1]

实际上,韩非子认为,古代的事理不但不能有益,如果成为某些人的借口,还会造成不良的影响:

> 是故乱国之俗,其学者则称先王之道,以籍仁义,盛容服而饰辩说,以疑当世之法而贰人主之心。其言古者,为设诈称,借于外力,以成其私而遗社稷之利。[2]

先王之道不一定不好,但如果因此成为借口,则不如无之。所以韩非子认为,一个真正求治之国,只须有法制即可,无须先王之语,其治国即可超越五帝三王:

> 故明主之国,无书简之文,以法为教;无先王之语,以吏为师;无私剑之捍,以斩首为勇。是境内之民,其言谈者必轨于法,动作者归之于功,为勇者尽之于军。是故无事则国富,有事则兵强,此之谓王资。既畜王资而承敌国之釁,超五帝,侔三王者,必此法也。[3]

当然,韩非子也直接批评儒、墨之称道先王之治是无益的空言:

---

1 王先慎:《韩非子集解·难势》,第300页。
2 王先慎:《韩非子集解·五蠹》,第350页。
3 王先慎:《韩非子集解·五蠹》,第347页。

今巫祝之祝人曰："使若千秋万岁。"千秋万岁之声聒耳，而一日之寿无征于人，此人所以简巫祝也。今世儒者之说人主，不言今之所以为治，而语已治之功；不审官法之事，不察奸邪之情，而皆道上古之传誉，先王之成功。儒者饰辞曰："听吾言则可以霸王。"此说者之巫祝，有度之主不受也。故明主举实事，去无用；不道仁义者故，不听学者之言。[1]

战国末年文献《商君书》中，也站在实践法制的立场上，认为不论古今，只要能够治理好一个国家，就是好的制度：

民愚，则力有余而知不足；世知，则巧有余而力不足。民之性，不知则学，力尽而服。故神农教耕而王，天下师其知也；汤、武致强而征，诸侯服其力也。夫民愚，不怀知而问；世知，无余力而服，故以爱王天下者，并刑；力征诸侯者，退德。圣人不法古，不修今。法古则后于时，修今则塞于势。周不法商，夏不法虞，三代异势，而皆可以王。[2]

能够不法古，不修今，不承认古代的权威，的确是比较灵活的现实主义。当然，周人是否不法商，夏人又是否不法虞，则完全是说者主观的解释。这种从战国时代开始出现的想法，应该是因为战国之大变局，在许多方面迫使人们考虑一个能突破成规所带来的限制的途径。赵武灵王胡服骑射的事，是这种想法在实际军事事务上的实践，但是也必然对当时人的整体思维，即以先王之制为尚的想

---

[1] 王先慎：《韩非子集解·显学》，第356—357页。
[2]《商君书·开塞》，台北：台湾商务印书馆1988年第2版，第75页。

法，造成相当大的冲击。由《战国策》中所记载的、当时赵王朝廷中君臣之间的辩论可以清楚地看出。在生存受到威胁时，务实的考虑胜过对传统的遵循，是可能发生的。

这种以当代为尚的想法，到了秦始皇时，发展到极致。秦王政以始皇帝自居，当然认为自己为一个新时代的开创者，为古代帝王所不及。这种想法在当时也曾经受到一些以传统为尚的臣子的批评。当始皇即位后，置酒咸阳宫，有博士70人前为寿：

> 仆射周青臣进颂曰："他时秦地不过千里，赖陛下神灵明圣，平定海内，放逐蛮夷，日月所照，莫不宾服。以诸侯为郡县，人人自安乐，无战争之患，传之万世，自上古不及陛下威德。"始皇悦。博士齐人淳于越进曰："臣闻殷周之王千余岁，封子弟功臣，自为枝辅。今陛下有海内，而子弟为匹夫，卒有田常、六卿之臣，无辅拂，何以相救哉？事不师古而能长久者，非所闻也。今青臣又面谀以重陛下之过，非忠臣。"始皇下其议。丞相李斯曰："五帝不相复，三代不相袭，各以治，非其相反，时变异也。今陛下创大业，建万世之功，固非愚儒所知。且越言乃三代之事，何足法也？"[1]

淳于越显然属于传统的先秦儒者，以师古为重要的政治智慧。然而李斯所说的，却是新时代要有新作为，"三代之事，何足法也"。这背后除了实质作为，也是进言者争取统治者信任及对事务主导权的表现。到了汉初，《淮南子》中也有类似的想法：

---

[1] 《史记》卷六，第254页。

先王之制，不宜则废之；末世之事，善则著之；是故礼乐未始有常也。故圣人制礼乐，而不制于礼乐。治国有常，而利民为本。政教有经，而令行为上。苟利于民，不必法古。苟周于事，不必循旧。夫夏、商之衰也，不变法而亡。三代之起也，不相袭而王。故圣人法与时变，礼与俗化，衣服器械各便其用，法度制令各因其宜。故变古未可非，而循俗未足多也。[1]

当然，《淮南子》并不否定有一个理想的古代，但是由于当代已无复古代的风范，也只有另寻新法，否则无法造就新的理想社会：

> 古者人醇工庞，商朴女重，是以政教易化，风俗易移也。今世德益衰，民俗益薄，欲以朴重之法，治既弊之民，是犹无镝衔橛，策锬而御驵马也。[2]

总之，意识到历史变迁所造成的影响，是促使这些主张古今不同俗因而亦不必同法的言论出现的原因。但是由汉代的材料看来，尊古、复古的言论仍然不断出现，可知其在建立权威性论述中所占的地位。

（二）汉代的尊古思想

司马迁在《史记》中讨论礼制时，经常提到先王一词，其意指古代圣王，因而先王之制是无可争议的模范，所有的论述，只要声明此点，就等于得到了权威的正当性，譬如以下一段典型的"先王论述"：

> 礼由人起。人生有欲，欲而不得则不能无忿，忿而无

---

[1] 刘安：《淮南子·泛论训》，台北：台湾中华书局1981年版，第426—427页。
[2] 刘安：《淮南子·泛论训》，第429—430页。

度量则争，争则乱。先王恶其乱，故制礼仪以养人之欲，给人之求，使欲不穷于物，物不屈于欲，二者相待而长，是礼之所起也。[1]

先王为礼仪的制订者，也就是文化的发明者。此处的先王已经成为一个抽象的符号，代表一个理想世界中的理想统治者。但当然也有的时候，先王就是文、武、周公的代称，如《史记·货殖列传》中所说：

关中自汧、雍以东至河、华，膏壤沃野千里，自虞夏之贡以为上田，而公刘适邠，大王、王季在岐，文王作丰，武王治镐，故其民犹有先王之遗风。[2]

董仲舒在《春秋繁露》中所称许的古代圣王，也是以三代为主。当然，他所陈述的三代制度亦不外乎一种理想，因而古代的价值再度成为政治思想的背书。他将天命思想放在所描述的古代之中，因而古圣先王所作所为亦合于天命。古代与天命的结合，在他的系统中成为无可比拟的权威来源：

古之王者受命而王，改制称号正月，服色定，然后郊告天地及群神，远追祖祢，然后布天下，诸侯庙受，以告社稷宗庙山川，然后感应一其司，三统之变，近夷遐方无有生煞者，独中国，然而三代改正，必以三统天下，曰：三统五端，化四方之本也，天始废始施，地必待中，是故三代必居中国，法天奉本，执端要以统天下，朝诸侯也。[3]

---

[1] 《史记》卷二三，第1161页。
[2] 《史记》卷一二九，第3261页。
[3] 赖炎元注译：《春秋繁露·三代改制质文》，台北：台湾商务印书馆1987年第2版，第174—176页。

依董仲舒的看法，古圣先贤之所以值得后人效法，有其自身能力的理由：

> 生育养长，成而更生，终而复始，其事所以利活民者无已。天虽不言，其欲赡足之意可见也。古之圣人，见天意之厚于人也，故南面而君天下，必以兼利之。为其远者，目不能见，其隐者耳不能闻，于是千里之外割地分民，而建国立君，使为天子视所不见，听所不闻，朝者召而问之也。诸侯之为言犹诸侯也。[1]

古圣人可以"见天意"，并且体天意而以之教导人民，此为其所以可以为权威之故。在这样的论点之下，除非承认古本身亦能造成体天意的效果，否则只要称"圣人"即可，称"古圣人"是没有太大意义的。现在既然董仲舒用了"古圣人"一词，也就无异于承认古的价值。总而言之，尊古之议题，在两汉士人的讨论中始终围绕着以先王之道治世的主旨，其中不乏正反双方的辩论，可以《盐铁论》中的论述为例。以复古而保守为主的文学派基本上认为先王之道为治世之正途，而以实用为尚的大夫派的作为不可持久：

> 文学曰："君子多闻阙疑，述而不作，圣达而谋大，叡智而事寡。是以功成而不堕，名立而不顿。小人智浅而谋大，羸弱而任重，故中道而废，苏秦、商鞅是也。无先王之法，非圣人之道，而因于己，故亡。"[2]

---

[1] 赖炎元注译：《春秋繁露·诸侯》，第277页。
[2] 桓宽：《盐铁论·遵道》，天津：天津古籍出版社1983年版，第292页。

另一方面，以实用、法治为主的大夫和丞相则认为古代的事不是当务之急：

丞相曰："先王之道，轶久而难复，贤良、文学之言，深远而难行。夫称上圣之高行，道至德之美言，非当世之所能及也。"[1]

虽然如此，不论赞成尊古而复古，或者反对复古，一个理想的古代和先王之道已经成为人们共同承认的过去的一部分，所不同的是对于当世是否与古代一样可以行先王之道有不同的看法。在两汉朝廷之中，尊古与复古的争议在一些朝廷礼仪之中，常成为不同立场的朝臣的角力之处。以国家宗庙祭祀为例，西汉时代历朝对于郊祀之礼争议不断，其中一个主要的论点就是是否合于古制。[2]

东汉时代朝廷推崇《孝经》，以为巩固皇权之用，学者早已有所讨论。《孝经》之主轴亦为尊古，以先王之道为法，将孝道、忠君之概念与先王之道结合，以增加其权威：

非先王之法服不敢服，非先王之法言不敢道，非先王之德行不敢行。是故非法不言，非道不行，口无择言，身无择行，言满天下无口过，行满天下无怨恶。三者备矣，然后能守其宗庙。盖卿大夫之孝也。[3]

古代圣王在此被加上以孝治天下的德行，自然是为孝治找寻合法基础：

---

[1] 桓宽：《盐铁论·执务》，第464页。
[2] 详见 M. Loewe, *Crisis and Conflict in Han China*, London: Allen & Unwin, 1974, pp. 154—136；蒲慕州：《追寻一己之福》，第132—136页。
[3] 《孝经注疏·卿大夫章》，台北：艺文印书馆1955年版，第23页。

子曰："昔者明王之以孝治天下也，不敢遗小国之臣，而况于公、侯、伯、子、男乎？故得万国之欢心，以事其先王。"[1]

同样的，孝之意义亦被推衍为天地之理：

子曰："昔者明王事父孝，故事天明，事母孝，故事地察。长幼顺，故上下治。天地明察，神明彰矣。"[2]

在东汉士人的言论中，尊古思想基本上与推崇先王之道结合为一，因而所谓的尊古，是在政治及道德哲学的范围之内。怀疑论者王充虽在许多观念上不与时人相合，但是对于先王之道，对于古代历史能够提供当世的指引，基本上是没有什么怀疑的，可以用下面的例子说明：

殷高宗之时，桑谷俱生于朝，七日而大拱。高宗召其相而问之，相曰："吾虽知之，弗能言也。"问祖己。祖己曰："夫桑谷者，野草也，而生于朝，意朝亡乎？"高宗恐骇，侧身而行道，思索先王之政，明养老之义，兴灭国，继绝世，举佚民，桑谷亡。三年之后，诸侯以译来朝者六国，遂享百年之福。[3]

东汉末年，荀悦仍然举古代的历史为理论的根据，认为古代的统治者的行为足以为当代人的参考：

---

[1] 《孝经注疏·孝治章》，第33页。
[2] 《孝经注疏·感应章》，第51页。
[3] 黄晖：《论衡校释·异虚》，北京：中华书局1990年版，第213页。

古者天子诸侯有事必告于庙。朝有二史,左史记言,右史记动。动为春秋,言为尚书。君举必记,臧否成败,无不存焉。下及士庶,等各有异,咸在载籍。或欲显而不得,或欲隐而名章,得失一朝而荣辱千载。善人劝焉,淫人惧焉。故先王重之。以嗣赏罚,以辅法教。[1]

文献中的资料如此,图像资料又如何?汉代画像砖可以提供一些证据。以武梁祠壁画为例,可以见到在祠堂正中壁上,最主要的画面是黄帝以下历代先圣先贤的图像,简单的榜题说明圣贤的事迹。为何要将先圣、先贤的图像放在一个家族祠堂之中?学者有不同的解读,如巫鸿以为那些图像是整个历史的一部分,因为作画者要表现出一个整体的世界观,有以西王母、东王公为代表的天上仙界,也有历代先圣、先贤所代表的人间世。祠主正是处于这样的人间世中,与有德者为伍。而壁画中的一些祥瑞图像,则是祠堂主为了讥讽当代风气而设。[2] 我们实际上无法得知祠堂主的历史观如何,但如果由尊古的角度来解读,则我们亦可以说,古圣王的图像出现在壁画中,一方面明示观者,祠主所认同的古代以圣贤事迹为代表,此一古代在时间上处于与当代割裂的另一个时空之中,是可以与西王母、东王公的世界比拟的。因而祠堂主所尊崇的古代或古圣贤是一种近乎他界的神圣性存在。

(三)小结

汉代之尊古传统在汉朝瓦解之后,有了新的变化。六

---

[1] 荀悦:《申鉴·时事》,台北:世界书局1967年版,第14—15页。
[2] Wu Hung, *The Wu Liang Shrine*, Stanford: Stanford University Press, 1989, pp. 142ff; M. J. Powers, "Hybrid Omens and Public Issues in Early Imperial China", *Bulletin of the Museum of Far Eastern Antiquities*, 1983, 55, pp. 1-55. 相关讨论见邢义田:《武氏祠研究的一些问题——巫著〈梁武祠——中国古代图像艺术的意识形态〉和蒋、吴著〈汉代武氏墓群石刻研究〉读记》,《新史学》1997年第4期,第187—216页。

朝时代之南北分裂,在政治现实上造成两组对古代文化传统的旧系统。在此现实之情况之下,当时士人如何去衡量"古"之价值,如何解说当代之政治、社会现实与古代传统之关系,又如何借尊古而重建当代政治伦理之权威,均为了解尊古传统在此一时代中之历程所应讨论之议题。其次,道、释两家在此一时代中各有发展,则尊古之传统在此时之宗教思想中又占有何种地位,亦可作为宗教传统与世俗传统之相互交涉之例证。至于在文学艺术之中,怀古之思为何在此时大量出现,所怀之古究竟为何,又如何成为文人雅士发抒胸怀之器使,古圣先贤或历史人物如何成为文艺表现之对象,又是否为尊崇之目标,亦与尊古、好古之态度是否仍然强烈直接相关。凡此诸多问题,将另文讨论。

最后必须说明,尊古及好古并非中国所独有的文化现象。在许多文化中,古代是一个黄金时代,是一切完美的象征,因而我们必须对其他文化中类似的观念有所了解,始能对中国的尊古及好古传统有更客观的了解,也始能对此一议题提出具有世界性眼光及意义的看法。

(原载黎明钊编:《汉帝国的制度与社会秩序》,
香港:牛津大学出版社2012年版)

历史与宗教之间

循理以明情
——中国宗教研究管窥

我们能否经由理性的审视来了解感性的信仰？这是否为一种自我矛盾的想法，因为宗教信仰如同爱情一般，实在是无法理解，只能经验？也许如此。个人以为，作为一种智识的活动，研究宗教的目的应该是了解宗教现象。学者们一般以为，我们终究可以明了所有有关宗教信条、仪式、节庆的基本理念，以及它们与其所发生且成长的社会文化脉络之间有何互动关系。但如果说我们认为宗教信仰是一种活生生的力量，可以影响活生生的人群，那么我们无可避免地必得要探究人们是如何去体验宗教的。要达到这个目标，我们必须不断地去摆脱经由文化和知识霸权而产生的偏见。我们甚至得反省，一般学术界所严格把持的理性主义立场是否为一种万灵丹。我们得思考的是，谁有权力决定何种经验值得注意、值得讨论？理性是否只能有一种？谁又能决定何种理性才是值得承认的理性？理性与感性之间是否存在一个鸿沟？而人又是否能够跨越这鸿沟？本文的目的，就在于尝试回顾宗教研究在西方与中国的发展，并且由此过程中寻找一些解答。但当然在此短文中，我所能做的只是点出一些自己的心得，希望引起学界更有深度的讨论。

一、西方之宗教研究：古埃及之例

众所周知，宗教研究在西方学术界有一个相当长的传统，而这传统基本上认为，所谓宗教信仰是对一个唯一真理和至上神的绝对崇信。不过，在19世纪中，当古代埃及和两河流域的宗教被重新发现后，这种态度开始遇到严峻的挑战。众多学者发现，他们面对的难题是如何用一种恰当且保持敬意的态度去理解这些古文明中的宗教现象。以埃及宗教为例，学者们为了了解自罗马时代的普鲁塔克（Plutarch）以来就多半被遗忘的埃及众神而伤神不已。19世纪中欧洲学者，如法国的埃马纽埃尔·德·鲁热（Emmanuel de Rougé）[1]、英国的彼得·勒佩奇·雷努夫（Peter le Page Renouf）[2]、日耳曼的卡尔·理查·列卜修司（Carl Richard Lepsius）[3] 等人，都认为古代埃及有一种最原始的一神信仰，但在历史发展中，这一神信仰被新的情况破坏而堕落为多神信仰。这多神信仰中的神明其实只是那原始的至上神的各种特质拟人化发展的结果。这也即是说，多是由一而生的。这说法到了20世纪初之后，随着人类学及宗教研究的发展而有了改变。学者们现在开始认为多神信仰才是埃及宗教最早的形态。话虽如此，原始一神信仰的观念并没有完全消失，而是以一种新的面貌出现。这新的说法是，在古埃及宗教中有一种深层的一神信仰倾向，人们普遍相信宇宙间有一种单一的、无以名其状的神圣力量。不少著名的埃及学者，如法国的雅克·旺迪耶（Jacque Vandier）[4]、德国的西格弗雷德·莫伦兹（Siegfried Morenz）[5] 等。旺迪耶认为，所谓多神信仰，基本上是对于唯一普遍真理的多角度观察，因为人在面对复杂的现象时，会有一种寻求其背后的统合原则的心理需求。多神信仰可以被视为不同时地的人对绝对真理的不同

---

1 E. de Rouge, *Chrestomathie Égyptienne, ou Choix de Textes Égyptiens Transcrits, Traduits et Accompagnés d'un Commentaire Perpétuel, et Précédés d'un Abrégé Grammatical*, Paris: A. Franck, 1867–1876.
2 P. le Page Renouf, *The Origin and Growth of Religion as Illustrated by the Religion of Ancient Egypt*, New York: C. Scribner's sons, 1880.
3 C. R. Lepsius, *Denkmaeler aus Aegypten und Aethiopien*, Berlin: Nicolaische Buchhandlung, 1849–1856.
4 J. Vandier, *La Religion Égyptienne*, Paris: Presses University de France, 1944.
5 S. Morenz, *Ägyptische Religion*, Stuttgart: W. Kohlhammer, 1960; *Egyptian Religion*, A. E. Keep, trans., Ithaca: Cornell University Press, 1973.

追求途径。所谓盲人摸象,也许可以作为比拟。所以,古埃及的宗教不应被视为所谓的原始多神信仰,至少,在埃及宗教中其实有一种至上神(太阳神)的概念。[1] 这种说法得到不少新一代的埃及学者的认同,其中著名的学者埃里克·霍农(Eric Hornung)可以作为代表。霍农的名著题为《一与多》(*Der Eine und die Vielen*)。[2] 由书名可知,在西方人(或者至少学者)的意识中,以犹太-基督教为代表的一神信仰与以埃及为代表的多神信仰之间的矛盾,始终是一个必须面对和解决的问题。霍农相当小心地不直接触及有关一神信仰与多神信仰何者较早的问题,他的办法是设法去了解古代埃及人民在其日常生活中是如何体验到神明的力量和作为的。但无论如何,要完全避免埃及多神信仰和犹太-基督教一神信仰之间基本结构上的差异,是相当困难的。霍农认为,在多神信仰的表象之下,仍然可以找到一种内在的统一性,也就是在多中有一。对于具有犹太-基督教背景的西方埃及学者而言,如果有这么一种内在的统一性,那么埃及宗教也就不那么难理解了,因为古埃及人和我们毕竟没那么大的差别。埃及学的例子显示,学者的观点和方法会随时变化或进步,不变的是在变化多端的现象背后找寻一个统合的概念。正如《圣经·新约》中所说:"凡追寻的必寻得。"(Matthew 7.7)学者若在宗教信仰中寻找他们认为有意义而重要的东西,他最后总会找到。

二、西方之中国宗教研究:西方智识传统之产物

西方学者对中国宗教的研究也如同对西方古代宗教的

---

[1] J. Vandier, *La Religion Égyptienne*, p. 239.
[2] E. Hornung, *Der Eine und die Vielen*, Darmstadt: Wissenschaftliche Buchgesellschagt, 1971; *Conceptions of God in Ancient Egypt*, J. Baines, trans., Ithaca: Cornell University Press, 1982.

研究一样,经历了一段类似的智识旅程。[1] 耶稣会士于17世纪到中国时,为了方便传教,将儒家思想描述为一神信仰,因而与基督教没有基本的冲突。而佛教与道教及其他形式的民间信仰就被视为多神的偶像崇拜。这个看法对欧洲知识界影响甚大,直至今日。[2] 19世纪末荷兰学者德格如特(J. J. M. de Groot,1854—1921)在他的巨著《中国宗教体系》(*The Religious System of China*,1892)中说:"中国社会仍然流行着许多只有在低等野蛮民族之中才有可能见到的仪式与信仰活动。"[3] 他利用古代中国的文献记载来证明现代中国的宗教基本上没有改变,这也就意味着他所见到的中国社会大致仍然处在一种低级的发展阶段。他所说的中国宗教信仰的延续性当然有一些道理。因为一直到今日,在台湾或香港的农历本中仍有不少篇章和字句,是与湖北云梦睡虎地出土的公元前3世纪时的《日书》中的材料十分相近甚至相同的。而众所周知,不少中国人仍然相信风水择日之术。但如果说这些信仰活动是野蛮或原始社会才有的东西,恐怕并不妥当。同时,即使我们认为中国社会的文化延续性很高,相似的信仰活动仍然不一定意味着相似的宗教心态。无论如何,德格如特的说法也只是一家之言。与他大约同时代的翻译家理雅各(James Legge,1815—1897)就认为,古代中国的宗教信仰属于一神信仰,儒家关于天的观念就是崇拜一个至上神

---

1 这里所说的中国宗教仅仅指涉在历史上属于中国文化范围之内的土地上所发生的宗教活动。它通常包括所谓的本土信仰,如天地鬼神崇拜,或者佛、道等有组织的宗教,至于其他的外来宗教,如基督教、伊斯兰教、摩尼教、犹太教等,只有在一些特殊的时间地点才会触及。在本文的范围内,我所关心的是地方社会中一般人的宗教生活,或者说,是绝大多数中国百姓的宗教生活。
2 J. Paper, *The Spirits and Drunk*, Albany: State University of New York Press, 1995, pp. 4-5.
3 J. J. M. de Groot, *The Religious System of China*, Taipei: Southern Materials Reprint, 1989, 1, p. Ⅺ.

的证据。[1] 他的说法又与200年前耶稣会士的说法若合符节。

20世纪初法国学者葛兰言（Marcel Granet）开始研究中国宗教[2]，他的思考途径受到社会学家涂尔干（E. Durkheim，1858—1917）的影响，重视宗教在社会结构中所扮演的角色。他显然不认同德格如特的研究方法，也不同意理雅各将中国宗教套入基督新教神学的框架中。他想做的是将中国作为用社会学研究视角来了解人类社会的一个例子。在20世纪初的西方，这是相当具有前瞻性的想法。社会学者弗里德曼（Maurice Freedman）认为他是一个"关怀全人类的人文学者，他之研究中国，是为了找寻一条路径来打破狭隘的欧洲地方主义，以探求其他的文化世界"[3]。葛兰言自己的说法是："就其范围之广、时间之长、人口之多而言，中国文明是人类最重要的创造，没有任何其他人群的经验比它更丰富。但对于地中海地区文明而言，它却是极不为人所知的。……虽然如此，今日每个有教养的人都意识到由西方古典研究所定义的世界的偏狭性。如果有关人的事务都应该是他关注的对象，那么中国为何要被排除在外？"[4] 这些话在今日听来仍然是掷地有声的。由葛兰言开始发展的法国汉学将中国的宗教活动，特别是道教和佛教，放在研究的范围之内，对推动西方世界对中国的了解有重要的促进作用。从一个比他晚了近一个世纪的人的观点而言，我不能确定的是，葛兰言对于应

---

[1] J. Legge, *An Argument for Shang-te as the Proper Rendering of the Words Elohim and Theos in the Chinese Language*, Hong Kong: Hong Kong Register, 1850; *The Religions of China: Confucianism and Taoism Described and Compared with Christianity*, London: Hodder and Stoughton, 1880.
[2] M. Granet, *Danses et légendes de la Chine ancienne*, Paris: F. Alcan, 1926.
[3] M. Freedman, "Marcel Granet, Sociologist", in M. Granet, M. Freedman, trans., *The Religion of the Chinese People*, New York: Harper Torchbooks, 1975, p. 28.
[4] M. Freedman, "Marcel Granet, Sociologist", in M. Granet, M. Freedman, trans., *The Religion of the Chinese People*, p. 28.

用涂尔干社会学理论的兴趣比较高，或者对于了解中国人的宗教经验比较有兴趣。他自己曾经说："我不在乎中国。我有兴趣的是人。"（法语：La Chine, je m'en fous. Ce qui m'intéresse, c'est l'Homme. 英语：I don't give a damn about China. What interests me is Man.）[1] 不论这话应该如何理解，我们都难免会怀疑，他其实是想用中国的例子来建立一套社会学模式。

20世纪下半叶，西方的中国研究由50年代至70年代的注重政治和社会经济，转到80年代的重视文化。愈来愈多的研究力量被放在探讨政治表象之下的文化基础。有关科学、医药健康、文学、教育、性别、社会生活、地方社会、宗教信仰等活动都受到前所未有的关注。这趋势当然反映了西方学界的氛围，而在此氛围中，有关中国宗教的研究也都力图摆脱欧洲中心或犹太-基督教概念之下对于宗教的了解（譬如说，宗教应该是给个人道德生活的一种指引，或者给人在困惑无助时的救赎），而企图得到一种比较没有意识形态的包袱的了解。有些学者因而主张，研究中国宗教应该注意的不是信仰的重要性，而是仪式，因为那才是中国宗教的特色。譬如欧大年（Daniel Overmyer）所说的：

> 中国文化所根基的底层民众所重视的价值及地方宗教活动，是定义并且保障了中国文化许多世纪的原因；它们提供了人们的认同感。这认同感主要建立在共同保有地方仪式传统，崇拜神明和祖先，庆祝年节，依靠个人周边的空间、时间和各种现象来占卜吉凶，并且抵御恶灵的侵害。[2]

---

[1] M. Granet, *The Religion of the Chinese People*, M. Freedman, trans., New York: Harper Torchbook, 1977, p. 29.
[2] D. L. Overmyer, "Introduction", in *Ethnography in China Today: A Critical Assessment of Methods and Results*, Taipei: Yuan-liu Publishing Company, 2002, p. 10.

欧大年的看法可以代表不少当代研究中国民间信仰的西方学者的意见。采取这种观点，强调仪式活动的重要性，可以避免用犹太-基督教式的宗教观点来衡量中国宗教所可能有的问题，即将宗教活动与信仰这两个概念之间画上等号。这就是说，一个宗教文化和社群之形成和维持常常是经由仪式活动而达成的。宗教观念诚然重要，但若没有经由人群的实践，是无法生存或传递下去的。但即使我们同意欧大年的说法，我们仍然可以进一步问，在弄清楚了所有的仪式传统之后，是否就没有其他的事可做了？我们是否真能了解那些兴建庙宇、雕塑神像、组织节庆、参与游行的信徒的感觉？在强调中国宗教的仪式性之余，我们是否可能落入另一个陷阱，忽视了人的宗教感的重要性？我希望在本文最后有机会进一步讨论这问题。

总之，不论是用来替某种霸权秩序做准备，还是用来对抗所谓的欧洲中心主义与东方主义，或者用来作为建构后殖民论述的工具，甚或仅仅是一种热爱中国文化的表现，西方学者研究中国宗教无可避免地一直是西方世界观及文明论述的产物。我个人的宗教研究在一定程度上也可说是这种西方式世界观影响之下的产物。

如今最困难的任务，应该是去发现而且承认这样一种西方式的有色眼镜。不少学者也许认为这是一种常识，而且学界早已超越了这个阶段。但我认为，当今中外学者无可讳言地对中国宗教，甚至中国历史文化的兴趣不断增加，也正反映了一种情况，即中国作为一个国家或者一个文化体，在当今世界上的影响力不断地增加，是造成这种中国热的现实原因。而这中国热也正是一种有色眼镜：只有当中国成为重要的权力主体时，西方学者才会更加重视中国研究。如果这说法有部分说服力，我们也许可以说，西方学者对中国宗教研究的兴趣有部分是由于中国在当今世界上日渐增加的政经力量。当葛兰言说任何一个有教养的人都应该对中国有兴趣,因为任何有关人的问题都不应被忽视,他的说法在逻辑上应该导致一个结论,即中国宗教的重要性除了基于它作为人的现象的一环之外,不一定要基于中国的人口面积或历史之上。我希望这样的看法应该是宗教研究,或者任何人文研究的基本出发点。

三、中国之中国宗教研究:由迷信到地方文化

在讨论我个人的经验之前,作为一种背景,我希望先简单地讨论现代中国的中国宗教研究,因为这段历史也与20世纪以来横扫世界的知识潮流有不可分的关系。

在20世纪20年代,中国知识分子遭遇了前所未见的政治和文化危机。新文化运动的领袖们大多数对于西方的知识和价值观,包括杜威(John Dewey, 1859—1952)哲学或马克思主义,采取欢迎的态度。他们认为宗教和迷信是同义词,是落伍的象征。北大校长蔡元培曾经主张以美育代替宗教,来作为教育现代公民的基础,是一个有名的例子。但有点讽刺的是,在20世纪三四十年代的政治和社会动乱之中,基督新教因为其与科学、现代化和西方强权的关系得到某些政治领袖的支持,因而有些发展上的便利。但中国政府和知识分子一般对宗教是采取批判态度的。尤其在20世纪50年代和70年代中期的一段时间内,宗教一词成为严重的罪名。

到了20世纪70年代中期之后,集体的政治社会氛围发生了转变,宗教才又成为可以讨论的事。但这转变并不容易。反宗教的旧思维仍然普遍存在。举例而言,学者可以宣称,在传统社会中,封建地主剥削了广大人民的生活资源,但人民在这种不利的情况之下仍然力图表达他们的宗教情绪。这些宗教情绪虽然是出于对命运的无知或对自

然现象的恐惧,仍然具有某些好的特质,譬如说保持家族和谐和社会安定。因而对于中国学者而言,研究人们的宗教活动,可以被视为确认"人民"是历史的主角的一种方式。近年来出版的不少作品都将丰富的地方信仰传统视为地方文化的一部分,或者作为了解民间文化的关键,这和近年来地方文化意识因为国家整体经济的好转而成长有关。特别值得注意的是,这个研究地方宗教传统的潮流也部分得到不断增加的国外学者的支持和共同参与,所以也可说是国际合作的结果。这种新的地方主义与西方学者的参与和指导,将来对中国民间宗教研究有可能产生何种新的影响,尚有待观察,但总体看来,对信仰者的感情层面的处理似乎比较缺乏。明显的特点是,学者们大多兴奋地表示他们能够研究乡土文化,同时又能够得到"存其精华,去其糟粕"的机会。

值得注意的是,这种"去其糟粕"的态度,反映出研究者对其研究对象由上而下的态度,而这种态度可能在中国学者之中更明显,因为他们很容易以为,既然是研究自己的文化,当然对中国宗教比较有发言权,而中国传统士人与百姓之间的上下关系又很容易被当代学者所继承。这些应该是值得反省的。

四、个人之反省

在前述我所了解的西方及中国近代宗教研究的大背景之下,我个人的宗教研究的旅程也可以作为一个例子,来显示在中国宗教研究中,个人背景和智识传统之间可能有的联系。我的想法是,先呈现个人对某些中国历史上宗教现象的了解,再用它们来作为反省学界对中国宗教研究的材料。

我对中国宗教的看法不可避免地是个人社会和知识背

景的产物，因此我愿意在此做一些个人背景的剖析。我自小生长在第二次世界大战后台湾台中的眷村，对于眷村四周的农村社会的了解相当有限。在入大学之前，我对于宗教的了解来自几方面：由家母一方，我对基督新教有一些接触，因为我自小就常随她去住家附近的浸礼会教堂做礼拜。至于家父，是空军军官，受过大学教育，留美学航空机械，战后随军至台湾。在他身上所留下的中国传统宗教信仰大概只有除夕烧纸钱，在年夜饭前烧香祝拜。我们家中的日常会话从未触及有关宗教信仰之事。当我在20世纪五六十年代上学时，儒家思想仍是学校中的主要意识形态。当然，我也不能不注意到自己周遭的农村社会的一些现象，包括各种宗教活动，因此开始形成自己对中国民间信仰的一些粗浅的看法，我记得自己当时是个怀疑论者，对于人们为何能够维持他们的信仰实在无法理解。这份怀疑在我进入大学之后并没有太大的转变，而我的注意力也没有放在与宗教相关的问题之上。

当我于20世纪70年代中开始上研究所研读埃及学时，我对埃及宗教的研读基本上是跟随一般的传统：以语言学的方法解读宗教文献，从社会学或功能主义的角度解释宗教现象。我对埃及宗教的兴趣是相当理性的，并没有被埃及宗教的一些奇特的现象所困扰，因为我并没有感情上的牵挂。看来在这方面，我和当时大多数其他的西方埃及学同学的差别并不大。当我开始工作之后，我开始重新注意到古代中国，而年轻时的感觉又开始出现。这些感觉的特点包括我对于人外力量存在与否的困惑；对那些从事宗教人员的嫌恶——因为我认为他们是在欺骗那些无知的百姓；以及我对于那些信徒的怜悯——因为他们无法依仗理性来主导自己的生命。现在我当然知道，在学术性宗教研究中，这些感觉是应该要被扬弃的，我们对宗教的研究应基于客观的了解，全面掌握宗教现象的文化及社会脉络。在阅读古代文献时，我发现自己的感觉其实并不独特，因为古代中国的知识分子早已表达了类似的意见。我也发现，中国古代知识分子对于社会中一般百姓的宗教活动从来就采取一种批判和反对的态度。譬如荀子就曾经说：

> 雩而雨，何也？曰：无何也，犹不雩而雨也。日月食而救之，天旱而雩，卜筮然后决大事，非以为得求也，以文之也。故君子以为文，而百姓以为神。以为文则吉，以为神则凶也。[1]

荀子这种理性的分析，将君子和百姓分为两种不同的阵营，可以代表后世儒者对中国民间宗教活动的基本态度。他认为儒者所参与的或者赞成的宗教性活动是一种社会群体生活的装饰，是增加社会生活的趣味的"文"，人不可以真的以为有神明在背后主宰。否则，这所有的宗教活动就是有害的，是所谓的"凶"。

在汉代，构成政府官僚组织的知识分子基本上对地方宗教活动采取鄙视的态度。我们见到不少地方官员打击巫者，导引民众远离奢侈浪费的祭典活动的例子。官方的态度是，凡是不受政府支持的宗教活动都应该被禁止，是所谓的"淫祠"。这一点直到今日听来仍然相当熟悉。[2] 当佛教和道教在中国社会中建立了基础之后，掌握政权的人可以选择性地赞助他们，但多半的时候仍然坚持以儒家的意识形态作为政权的基础。地方性的宗教活动开始学会与佛教或道教产生联系，接纳他们的仪式和神明，或者也让他

---

[1] 《荀子·天论》，第376页。
[2] 蒲慕州：《追寻一己之福》，第五章。

们自己融入佛、道的版图之中。但知识分子仍然会发出批判的声音：佛教是蛮夷之邦的信仰，道教则充斥着迷信，两者都不如儒家济世淑人的入世精神。明清时期，在受理学思想渗入的民间宗族社会中，除了祭祖之外的宗教活动都被排除在外。这些现象也告诉我们，现代中国知识分子所表现出的反宗教心态，其实并不是现代独有的现象，也不仅是西方强权和思想影响之下的反应，而是有着长远的历史根源。

但另一方面，很显然地，中国社会中从来就一直存在着各种宗教活动。我进一步认识到，在知识分子和一般大众的信仰需要之间的冲突可能有另一个面向。我发觉一般所谓与普通百姓相对的"知识分子"，其实代表的是一个不十分明确、或不十分同构型的社会阶层。至少从帝国时代早期开始，并不是所有的官僚与知识分子都对地方宗教活动采取禁止的态度。他们有的甚至会基于各种不同的原因而参加地方宗教活动。同时，即使是同一个人，在面对不同的情况之时，他所表现出来的理性态度也会有不同的程度。譬如说，不少知识分子在白天工作时写的是严肃的朝代史，但在夜间的消遣却是阅读或收集鬼怪奇闻。在东汉末年到魏晋南北朝的一段时间内，志怪小说的流行透露出当时文人和知识分子对超自然世界的心态。这些志怪小说不仅仅是一种消遣，也代表了这些人面对另一个世界的某种情怀。在这另一个世界中有着一套与人间不同的社会正义，例如一个有关宗岱的故事：

宗岱为青州刺史，禁淫祀，著《无鬼论》甚精，莫能屈。后有一书生，葛巾修刺诣岱，与谈论，次及无鬼论。书生乃振衣而去，曰："君绝我辈血食二十余年，君有青牛、髯奴，所以未得相困耳；奴已叛，牛已死，今日得相制矣。"言绝而失。明日而岱亡。[1]

表面上看来,这个故事最主要的意义是用一种幽默的方式来说明,即使人很难接受鬼神存在的事实,但如果人想要完全否定鬼神的存在,将会是徒劳而无功的。但除此之外,这个故事还可以有一些其他的意义。宗岱作为一个负责的官僚或知识分子,他的作为应该是无可非议的。因而如果从儒家伦理的角度而言,他的死亡是不幸的,或者不应该的。但是从一个相信鬼神的人的角度而言,他的作为使得鬼神的生存产生困难,所以他的死亡是应该的。[2]

从这样的角度来看,宗岱的故事其实可以被理解为对那些自以为是的官员的讽刺,因为他们不愿体会百姓的心理需要,用高高在上的道德标准去摧毁百姓的生活。故事中那位以书生面貌出现的鬼所说的话,可以被理解为对那些受苦的百姓希求报复之心的同情之辞。而鬼魂以书生的面貌出现,又可被视为文人作者将自己的角色投入故事之中的结果。

宗岱故事中这种隐匿的意义,可能并非儒家传统伦理所能接受或鼓励的。但这个故事也显示,在知识分子的思维世界中,一直有着那么一个隐藏的夹层,与百姓和民间宗教活动比较接近,所以我们很难说知识分子的思维世界与民间百姓的宗教情怀是可以截然划分的。

在明了了这样一段中国社会中知识分子与民间信仰之间的冲突与共存的历史之后,我发觉个人年轻时对中国民间信仰和宗教活动的不能赞同的心态,其实根源于荀子所代表的那种理性主义。这种理性主义是可以超越时空的,

---

1 鲁迅:《裴子语林》,载《古小说钩沉》,《鲁迅全集》本1938年版,第28页。
2 Mu-chou Poo, "Justice, Morality, and Skepticism in Six-Dynasties Ghost Stories", in A. Chan, ed., *Philosophy and Religion in Early Medieval China*, Albany: State University of New York Press, 2010.

因为我并不是读了《荀子》之后才有那种思维。以下我再举有关中国百姓所持有的宇宙观的例子,来说明我所了解的中国宗教。

就我们所知,自新石器时代晚期以来,生活在东亚大陆上的人们就认为世界上充满了所谓的人外力量或者超自然存在。所以任何我们视为宗教行为的活动,基本上都是对这些人外力量的反应。而在伊斯兰教和基督教进入中国之前,人们的信仰世界基本上是多神信仰。对于大多数人而言,主要的问题不是一神或多神,而是哪一个神明比较灵验。在基督教或伊斯兰教中,人们多半认为道德伦理与宗教生活是不可分离的,因为宗教的意义就在于过上合乎道德的生活。但这在古代中国的宗教生活中并不是一个主要的问题。这并不是说道德是不重要的,因为如果缺乏一套共同的道德伦理系统,没有任何社会能够生存下去,但中国宗教心态有一个方面的运作是在伦理系统之外、灵验系统之内的。

这种了解显示,中国古代的宗教活动的性质基本上是功能取向,为了改善个人的福祉,避免那些人外力量所造成的灾难,人们选择去执行各种祈求和逐除仪式,而这些仪式基本上是一些与个人道德没有多少关系的方术。譬如在睡虎地秦简《日书》中,记载了不少驱鬼仪式,而并没有任何资料显示个人的道德行为是否为施行这些仪式的条件。这也就是说,任何人只要得到施行仪式的方法,都可以依法操作,得到同样的效果。同时,个人行为是否合乎道德准则,也与鬼怪是否会来侵扰没有关系,罪与罚的概念在这种人与人外力量之间的关系中是不存在的。

当然我们也可以认为,在中国宗教中有所谓的道德因素。学者常常指出,在周代即出现的天命观,就将统治者的道德行为与他的政权合法性接上关系,但事实上天命观只能说是一种政治神学，与一般大众日常生活中的宗教信仰关系不大。一直要到东汉末年道教兴起之后，个人道德行为才与宗教教义结合。当张鲁在汉中发展其教团时，教导信徒的办法是"皆教以诚信不欺诈，有病自首其过"[1]。这种教义的假设应该是说人的病苦来自其所犯的罪行，只要人能够承认过失，神明就会原谅他，而病痛也可以得治。但即使在宗教中有这样的道德性发展，我们仍然可以说，非道德性的心态是构成中国民间信仰的基层因素，不时体现在各个方面。譬如说，只要诵读佛陀名号足够次数，或者诵读某些经文若干遍，就可以让信徒得到某种救赎，即使其中有某种深刻或神秘的心身经验，仍然很容易流为数数字的机械性动作。明清时期流行的功德簿，像是在银行中的存款一般，将个人的善行先行寄存，以便日后兑现取用，将无形的虔敬和善念转化为有形的商品，也是这种非道德性心态的表现。

上面我所举出而且解说的这几个例子，可以说明我个人对中国民间宗教信仰的本质的了解。这些解说不论是否带有偏见，其实正是一个例子，可以显示研究者在看问题时被一种隐而不显的预设所主导，这预设就是：宗教信仰应该与道德和伦理有关。我虽然在中国古代宗教信仰中看不出宗教活动与个人道德有何密切关系，但我之所以会有这样的关心，仍然是受到犹太教或基督教以及西方启蒙思潮的影响。在这种思考模式中，对人的信仰活动有一定角度的了解：信仰或者是一种生活方式，一种因各种身心状态而造成的需要，或者是一种对神明的灵验的响应。但若要说到信徒的宗教经验，仍然是几乎无法理解的。当一个信徒点燃一束香，向神明敬礼之时，到底发生了什么事？

---

1 《三国志》卷八《魏书》，第263页。

我们无法真正得知。这是否正如老生常谈的，宗教经验不能经由理性而了解？

在这种情况之下，若我们能跨越理性与非理性、信徒与非信徒、学者与其研究对象之间的距离，是否就能找到一些解决的方法？也许，我们可以由"信仰"这个概念出发，做一些探讨。在现代中文的用法中，"信仰"一词通常被视为当代英文中"belief"的同义词，而"信"字为"to believe"的同义词。实际上，"信仰"一词在中文的语境中一直到相当晚近，可能是清代，才被用来指称宗教信仰。《清史稿》中有一段："噶布伦中择其为夷情信仰者，令协同办事。"[1] 此处"信仰"一词基本上是"相信"之义，没有宗教含义。唯一有宗教意义的例子是《清史稿·崇绮列传》中的一段："义和团起，朝贵崇奉者十之七八，而崇绮亦信仰之。"[2] 在更早的文献中，用来表达宗教信仰的是"崇信"一词[3]，但当我们在更早的文献中找寻"信"字的意义时，可以知道，"信"的基本意义是"信息"，引申为"可靠的信息"。在儒家传统中，"信"字有真实可靠之意，是一个君子应该有的重要德性。当"信"字用为动词，它的意义是"验证，检验，说服"以及"相信"。这"相信"一义就形成了具有宗教性的引申义"信仰"的基础。[4] 在早期道教经典中，用"信士"一词来指称那些接受道教的人，此处的"信"字就具有完全的宗教意义了。

---

[1]《清史稿》卷二〇，第736页。
[2]《清史稿》卷四六八，第12776页。
[3]《三国志·魏书》卷二，第84页，原文为："十二月，诏曰：'先王制礼……叔世衰乱，崇信巫史。'"《晋书·列传》卷六四，第1733页，原文为："于时孝武帝不亲万机……官以贿迁，政刑谬乱。又崇信浮屠之学。"
[4]《论语注疏》卷五，台北：艺文印书局重印《十三经注疏》2007年版，第76页，原文为："子使漆雕开仕。对曰：'吾斯之未能信。'子说。"《论语注疏》卷五，第78页，原文为："子曰：'始吾于人也，听其言而信其行；今吾于人也，听其言而观其行。于予与改是。'"《论语注疏》卷五，第82页，原文为："子曰：'老者安之，朋友信之，少者怀之。'"《论语注疏》卷七，第93页，原文为："子曰：'述而不作，信而好古，窃比于我老彭。'"《论语注疏》卷七，第99页，原文为："子以四教：文，行，忠，信。"

所以"信"字意义的演变本身是相当有趣的故事：它起初是相当理性而世俗的德性，后来才逐渐发展成为宗教情怀的基本概念。

但我们由此对于"信"字的字源分析也可以看出，至少在中文的语境中，"信"或"信仰"的概念应该建立在真实、可靠、可验证的基础之上。这与我们现在一般使用的"信仰"一词的意义其实有些差别，因为在一般的语意中，"信仰"一词带有非理性的、不需要验证的，甚至所谓空白支票式的完全信任之意义。但根据上面的讨论，所谓的信仰，如果是以中文语境为主来了解其意义，应该要有一种理性的基础，要基于可以验证的事实之上。若信仰的成立建立在信者认为可验证而可信任的基础之上，那么信者的信仰应该是十足的理性行为。也许，信仰者和非信仰者之间并没有根本的不同。所谓信与不信之间的鸿沟，并非理性与非理性的差别，而是一种理性与另一种理性的差别。同时，我们还得注意到，即使是可验证的事，人们仍然会有所谓半信半疑的心态，因为人的理性常常不能让人很容易地看清事实，理解真相。完全没有任何怀疑的信仰者，恐怕是不存在的。人的认知系统其实是理性和感性的综合体，两者的关系可能就像所谓的阴阳相生，信仰中有些疑虑，怀疑中又带有希望，两者相辅相成。总之，如果"信"的产生是基于对人外力量的验证结果，那么用理性与非理性的两分概念来研究宗教是有问题的。

这些观察与中国宗教有什么关系？我认为，如果说学者们其实是一群具有某种特殊信念（现代学术操作方式）的信徒，那么我们并不比烧香的信徒更理性。去除了理性的学者与感性的信徒之间的障碍，也许我们可以得到了解宗教感情的更佳途径。我们也许应该去了解人们的信仰抉择和信仰行为，是在什么样的智识及社会背景或心理情境之下成立的，而不是去讨论信仰内容的真伪问题。能够了解这些，也许就能对所谓"人的存在状况"有多一点的认识。

（原载黎志添主编：《华人学术处境中的宗教研究——本土方法的探索》，香港三联书店2012年版）

作者简介

蒲慕州教授,美国约翰·霍普金斯大学埃及学博士(1984年)。专长为古代埃及史、中国古代宗教社会史,以及比较古代史。他曾在加州大学、哥伦比亚大学、葛林耐学院等地工作,是少数能够从事埃及学及汉学研究的中国学者,近年亦致力于比较古代史的研究。在上述每一个范围内,他都已经有专著发表,中文方面如《墓葬与生死——中国古代宗教之省思》《追寻一己之福——中国古代的信仰世界》《法老的国度——古埃及文化史》,英文方面如 *Wine and Wine Offering in the Religion of Ancient Egypt*,*In Search of Personal Welfare: A View of Ancient Chinese Religion*,*Enemies of Civilization: Attitudes toward Foreigners in Ancient Mesopotamia, Egypt and China* 等。他的近作 *Daily Life in Ancient China* 已由英国剑桥大学出版社出版。

著述年表

中文专著:

[1] 《礼法与信仰:中国古代女性史论考》(编),香港:商务印书馆(香港)有限公司2013年版。

[2] 《饮食传播与文化交流》(编),台北:饮食文化基金会2009年版。

[3] 《西洋上古文化——探索与反思》,台北:三民书局2009年版。

[4] 《生活与文化》(编),北京:中国大百科全书出版社2005年版。

[5] 《鬼魅神魔——中国通俗文化侧写》(编),台北:麦田出版社2005年版。

[6] 《古代宗教与信仰》,台北:台湾大学出版中心2003年版年。

[7] 《法老的国度——古埃及文化史》,台北:麦田出版社2001年版;桂林:广西师范大学出版社2003年第2版。

[8] 《中国文化史》(与熊秉真合著),台北:东华书局1997年版。

[9] 《追寻一己之福——中国古代的信仰世界》,台北:允晨出版社1995年版;台北:麦田出版社2004年第2版;上海:上海古籍出版社2007年修订版。

[10] 《尼罗河畔的文采——古埃及文选》,台北:远流出版社1993年版。

[11] 《墓葬与生死——中国古代宗教之省思》,台北:联经出版

事业公司1993年版；北京：中华书局2008年修订版。

[12] 《西洋文明发展史》（与段昌国、庄尚武合著），台北：空中大学1990年版。

[13] 《高中世界文化史》第二册，台北：台湾编译馆1986年版。

英文专著：

[1] *Daily Life in Ancient China*, Cambridge: Cambridge University Press, 2018.

[2] *Old Society, New Belief: Religious Transformation of China and Rome, ca. 1st-6th Centuries*, edited with Harold Drake and Lisa Raphals, Oxford: Oxford University Press, 2017.

[3] *Rethinking Ghosts in World Religions* (ed.), Leiden: Brill, 2009.

[4] *Enemies of Civilization: Attitudes toward Foreigners in Ancient Mesopotamia, Egypt and China*, Albany: State University of New York Press, 2005.

[5] *In Search of Personal Welfare: A View of Ancient Chinese Religion*, Albany: State University of New York Press, 1998.

[6] *Wine and Wine Offering in the Religion of Ancient Egypt*, London: Kegan Paul International, Egyptological Series, 1995.

图书在版编目(CIP)数据

历史与宗教之间/蒲慕州著. —上海:复旦大学出版社,2020.8
(人文书系/陈平原主编)
ISBN 978-7-309-14942-5

Ⅰ.①历… Ⅱ.①蒲… Ⅲ.①史学-文集 ②宗教-文集 Ⅳ.①K0-53 ②B9-53

中国版本图书馆 CIP 数据核字(2020)第 048293 号

本书中文简体字版本由三联书店(香港)有限公司授权复旦大学出版社在中国内地独家出版、发行。

上海市版权局著作权合同登记号　图字 09-2020-564

历史与宗教之间

蒲慕州　著
出　品　人/严　峰
责任编辑/赵楚月

复旦大学出版社有限公司出版发行
上海市国权路 579 号　邮编:200433
网址:fupnet@fudanpress.com　http://www.fudanpress.com
门市零售:86-21-65102580　　团体订购:86-21-65104505
外埠邮购:86-21-65642846　　出版部电话:86-21-65642845
上海四维数字图文有限公司

开本 890×1240　1/32　印张 8.125　字数 189 千
2020 年 8 月第 1 版第 1 次印刷

ISBN 978-7-309-14942-5/K·722
定价:40.00 元

如有印装质量问题,请向复旦大学出版社有限公司出版部调换。
版权所有　　侵权必究